中國倫理思想研究文叢

三 編

王澤應 主編

第 12 冊

當代中國倫理道德的求索：魏英敏文集
（第四冊）

魏英敏 著

花木蘭文化出版社

國家圖書館出版品預行編目資料

當代中國倫理道德的求索：魏英敏文集（第四冊）／魏英敏 著
— 初版 — 新北市：花木蘭文化出版社，2015〔民 104〕
目 8+248 面；19×26 公分
（中國倫理思想研究文叢 三編；第 12 冊）
ISBN 978-986-404-241-8（精裝）
1. 魏英敏 2. 學術思想 3. 倫理學
190.9208   104012134

ISBN- 978-986-404-241-8

9 789864 042418

中國倫理思想研究文叢
三 編 第十二冊   ISBN：978-986-404-241-8

當代中國倫理道德的求索：魏英敏文集（第四冊）

作　　者　魏英敏
主　　編　王澤應
總 編 輯　杜潔祥
副總編輯　楊嘉樂
編　　輯　許郁翎
出　　版　花木蘭文化出版社
負 責 人　高小娟
聯絡地址　新北市中和區中安街七二號十三樓
　　　　　電話：02-2923-1455／傳真：02-2923-1452
網　　址　http://www.huamulan.tw 信箱 hml810518@gmail.com
印　　刷　普羅文化出版廣告事業
初　　版　2015 年 9 月
全書字數　676626 字
定　　價　三編 12 冊（精裝）新台幣 22,000 元

當代中國倫理道德的求索：魏英敏文集

（第四冊）

魏英敏　著

目次

肆、開幕詞、發言及感懷

魏英敏學術觀點、思想簡介

　　魏英敏，北京大學教授，曾任北京大學哲學學科委員、學位委員、倫理學教研室主任、中國倫理學會資深副會長。

　　魏英敏教授，作爲當代中國馬克思主義倫理學學者，他的治學特點：反對教條主義、獨斷主義和絕對主義，本著「與時俱進、革故鼎新」的精神研究倫理學。

　　其代表性的著作：《倫理、道德問題再認識》（北京大學出版社，1990 年版）、《當代中國倫理與道德》（北京崑崙出版社，2001 年版）、《倫理學簡明教程》（第一作者、北京大學出版社，1984 年版）、主編《新倫理學教程》（北京大學出版社，1993 年出版）等。

　　文章：《倫理學基本問題之我見》（《倫理學與精神文明》1984 年第 4 期）、《市場經濟、集體主義與功利主義》（《長白論叢》1996 年第 2 期）、《關於國民公德建構的思考》（《北京大學學報》1997 年第 2 期）、《爲人民服務倫理意義新探》（《中州學刊》1997 年第 3 期）、《功利論、道義論與馬克思主義倫理學》（《東南學術 2002 年第 1 期》）、《如何認識普世倫理——論道德的普遍性與特殊性之關係》（《倫理學研究》2003 年第 4 期）、《儒家倫理、道德層次論的啓迪》（蘇州科技學院學報，2003 年第 4 期）、《試論黨政幹部的道德建設》（《探索與求是》1996 年第 9 期）等等。

　　其學術研究的貢獻：

　　第一、對集體主義援助有新的詮釋，認爲集體主義是人民大眾的功利主義，本質上是個人利益、集體利益（即部門、團體、單位）與國家利益之關係。強調三者的結合，簡言之就是個人利益與集體利益的結合，即「公私兼

顧」。而不是「個人利益無條件服從集體利益」。「無條件的服從」是特殊情形，「兼顧」才是普遍現象。重新揭示了集體主義的內涵。即謀取正當的個人利益完全是合法的，也是合道德的，應當保護、發展個人的正當利益；以公為先，兼顧個人利益與集體利益；兩者發生矛盾，個人利益應服從集體利益。認為集體主義原則是當今中國社會主義道德的一個基本原則，而不是惟一的基本原則。

第一、對社會主義道德體系，有獨到的闡發。認為「為人民服務」作為社會主義道德的核心，它便是當今中國社會道德的總括詞，是一切道德之根、之母。

為人民服務，有黨德、政德與民德之分。黨德與政德是「官德」，也是政治道德。它有嚴格的階級性，作為民德的為人民服務，則是社會公德、全民道德。

「為人民服務」的本質是「平等、互助」的道德，即「我為人人，人人為我」的道德，其內涵是權利與義務的統一、目的與手段的一致、利己與利他的整合，為人民服務是新道德，是有別於一切舊時代的道德的全新的道德，是社會主義獨有的道德。

為人民服務包涵有集體主義、人道、公正、誠信四原則，此四原則都可以從「為人民服務」中合乎邏輯地推導出來。

對於為人民服務及其四項道德原則，做了層次劃分。例如「為人民服務」有三個不同的層次，憑誠實勞動取得報酬是起碼的層次；不計個人得失、努力為大眾辦實事、做好事是為人民服務的較高層次；不計報酬、不講條件、無私奉獻的工作與勞動則是為人民服務的高層次。

第二、在倫理學界首次撰文闡釋馬克思主義倫理學的性質，即集道義論、功利論與德性論於一身。它是一種全新式的規範倫理學。

認為功利論、道義論是支配人們的日常倫理生活的兩種同等重要的倫理學觀點與評價方式。給予功利論、道義論公允的評價，指出其利弊得失。

著重闡釋馬克思主義規範倫理學是對傳統功利論與道義論的繼承與超越，是全新的規範倫理。

第四、對古今道德層次有特殊的見地。首先是傳統倫理文化的主流派，即儒家倫理、道德的層次，從道德、規範、道德行為、道德理想、道德人格四方面，深入地研究，並分析了它的層次性問題。如「仁」，「親親之謂仁」、

「泛愛眾而親仁」。前者是基礎層次，後者爲高一層次，把親親之愛，推廣到社會大眾即非親之愛，也可以視爲一種「博愛」。

接著便闡釋爲什麼會有層次之分，它的根據是什麼？社會主義倫理道德的層次又是什麼？不只是道德意識、道德行爲、道德人格，還有道德境界的層次。

這種研究問題的方式，既是照著講，也就是把先賢、聖哲的見解講明白，接下來，要講自己的研究心得，自己的見地。這是一個學問家應有的做派，否則就是鸚鵡學舌，充其量是個「宣傳家」。

第五，對普世倫理，或普濟倫理髮表了與眾不同的觀點。認爲普世倫理是存在的，然而它不可能單獨存在，只能存在於特殊的倫理之中。

運用矛盾普遍性與特殊性相統一的原理，闡述了普世倫理，是一般原理，它存在於時代的、民族的、階級的倫理之中。這裡實質上是講倫理、道德的絕對性與相對性相統一的原理，既反對倫理絕對主義，又反對倫理相對主義。

第六、對「官員」道德的研究，率先提出「立黨爲公、執政爲民」。

早在 1996 年在河北省委刊物《探索與求是》第 9 期上發表《試論黨政幹部的道德建設》的文章，講到黨政官員十條道德規範，其中第一條就是「立黨爲公，執政爲民」，並作了具體論證。

這無論在理論界、學術界還是在應用倫理學界而言，都是前所未有的。這一原則，經中央領導同志的理論昇華，得到全黨、全社會的共識。顯然這是一貢獻。

第七、倫理學研究的方法，倡導反教條主義、反絕對主義、反獨斷主義，主張「與時俱進、革故鼎新」。全面論證了再倫理學園地怎樣貫徹「實事求是」的原則，敢於對以往的理論、觀點、思想進行反省、糾正、補充，完善新的觀點、新理論、新思想。

2004 年 5 月 6 日

試論黨政幹部的道德建設

【編者按】

魏教授的這篇文章，既有理論依據，又有實踐基礎。魏教授是一個教授、一個學者，但同時也有過豐富的擔任黨政幹部的經驗。他曾任北京大學哲學系黨委副書記 8 年、北京大學紀檢委員 12 年。據編者所瞭解，魏教授在擔任上述職務時密切聯繫群眾、深入進行調查研究，秉公辦事、盡職盡責。

本文全面闡述了黨政幹部應當遵守的十條道德規範。這十條規範，既是對馬克思主義和馬克思主義中國化的理論成果中的相關內容的總結和發揮，又是對於中國傳統文化中的相關精華的繼承和發揚。如此系統、凝練地概況黨政幹部的道德規範，在學術上是一種創新。尤為重要的是，本文在學術史上第一次明確地將「立黨為公、執政為民」理解為黨政道德的第一規範，並加以了深入的闡述。

這十條道德，有著內在的邏輯聯繫。「第一、立黨為公、執政為民」與「第二、依法辦事、公正無私」大體屬於「公正」的範疇。之所以將「公正」放在最前，是因為公正是制度正義的第一美德。「第三、敬業盡職，忠誠積極，第四、實事求是，力戒虛誇」大體屬於「誠信」的範疇，是「誠信」這一普適道德對黨政幹部提出的特殊要求。「第五、顧全大局，團結協作」、「第六、尊重上級，愛護下屬」大體而言屬於「和諧」的範疇，側重於強調人際關係的和諧互助。「第七、遵紀守法、率先垂範」、「第八、廉潔清正，艱苦奮鬥」大體屬於「法紀」的範疇，「廉潔清正、艱苦奮鬥」同時也是優良作風。「第九、接受監督，自我省察」，「第十、堅持真理，修正錯誤」大體屬於「修養」的範疇，是黨政幹部加強自身的道德修養和提高自身的認識水平所必須遵循

的準則。總而言之，本文從「公正、誠信、和諧、法紀、修養」五個方面提出十條準則，對黨政幹部道德建設作了較爲全面和新穎的探索。

共產黨是執政黨。共產黨的幹部、共產黨領導的人民政府的幹部，他們的道德對全黨全國、全社會主義的風氣，有著舉足輕重的影響。鄧小平同志指出：「黨和政府愈是實行各項經濟改革和對外開放的政策，黨員尤其是黨的高級負責幹部，就愈要高度重視、愈要身體力行共產主義思想和共產主義道德。」（《鄧小平文選》第二卷，第 367 頁）江澤民總書記在紀念中國共產黨成立 75 週年座談會上講話強調：「爲保證黨和國家長治久安，嚴重的問題在於教育幹部。大力加強幹部隊伍建設，提高廣大幹部特別是領導幹部的素質，已成爲擺在全黨面前的一項刻不容緩的重大任務。」不言而喻，提高廣大黨政幹部的素質，自然包括思想道德素質在內。黨政幹部的思想道德素質，用一句話來說，就是全心全意地爲人民服務。全心全意地爲人民服務，既是黨政幹部的人生觀，也是黨政幹部的道德價值觀。全心全意地爲人民服務作爲黨政幹部的道德價值觀，內涵十分豐富，把它規範化，我認爲至少包含下面十點。

第一、立黨為公、執政為民

立黨爲公，是說我們組織共產黨、成立共產黨爲了什麼？不是爲一己之私利，不是爲某一團體之私利，而是爲天下之公利，爲工人階級和廣大勞動人民的利益。止如毛澤東在《爲人民服務》一文中所說：「我們的共產黨和共產黨所領導的八路軍、新四軍是革命的隊伍。我們的這個隊伍完全是爲著解放人民的，是徹底地爲人民利益工作的。」爲解放人民而奮鬥，爲人民利益而工作，歸根到底，就是要消滅剝削階級、消滅剝削制度，建立一個沒有壓迫、沒有剝削、沒有奴役的新社會。這個新的社會就是科學社會主義，她的最高階段是共產主義。共產主義社會是世世代代勞動人民嚮往的美好社會理想的昇華。中國古代儒家經典《禮論‧禮運篇》關於大同社會的描述，康有爲的《大同書》等都提出了「天下爲公」的理想。孫中山先生繼承並弘揚這一思想，提出以「三民主義」實踐這一理想。但他們沒有找到實現這一理想的階級力量和現實途徑。中國共產黨人以馬列主義的理論爲指導，依靠工人階級，結合中國社會的實際，找到了經由民主革命到社會主義革命與建設的現實道路，去一步一步地實現共產主義的理想。

我們今天實行改革開放，發展社會生產力，建立市場經濟體制，加強精

神文明建設，不是爲了別的什麼，而是爲了走共同富裕的道路，將來實現共產主義。實現共產主義，這是我們堅定不移的理想和信念。今天我們所做的一切都是爲了最終的實現這個理想。實現這個理想的物質條件和精神條件是社會生產力的高度發展、科學技術革命的高度發展、人民大眾的思想覺悟的極大提高。千里之行，始於足下。這就要求我們從我做起，從現在做起，從一點一滴做起。

執政爲民，就是要求黨、政幹部樹立全心全意地爲人民服務的思想，把自己的個人利益溶於人民大眾利益之中，先公後私，先人後己，急人民之所急，想人民之所想，爲人民辦好事、辦實事。做人民的勤務員，做人民的僕人，忠心耿耿，認眞負責地爲人民群眾服務，爲人民群眾做事。任何「吃、拿、卡、要」都是違背爲人民服務的宗旨、違背執政爲民的政治與道德要求的。

第二、依法辦事，公正無私

人所共知，現代國家是法治社會，就是說以法治國。過去革命戰爭年代，或階級鬥爭的年代，黨和政府來不及制定系統的法律，也不重視法律，這是有歷史原因的。改革開放以來，我們大力進行法制建設，立了許多法。除國家的根本大法，即憲法之外，還有民法、刑法、財產繼承法、婦女兒童權利保護法、投資法、稅法等等。在實用法律方面，主張在法律面前人人平等，有法必依，執法必嚴，這些都是正確的，都是得民心的。

現在的問題是不按法律辦事，相當普遍。執法不嚴時有發生，貪贓枉法的事也不少。權大於法的現象依然存在。這說明加強法制建設，樹立法制觀念，嚴格執法，任務仍然十分艱巨。黨和政府的幹部必須依法辦事，樹立執法如山的意識，杜絕一切無視法的存在、以權代法的種種不良現象。

所謂公正無私，是說黨政機關的一切工作人員，尤其是領導幹部，要正確地使用權力，依法行政。這就是公正，即日常人們所說的公道。

公正即公道。在利益的分配上，在權利與義務的分配上，力求公平合理，就是公道，否則就是不公道。按勞取酬，就是利益分配的公道原則。勞動者得不到應得的報酬，不勞動者卻得到報酬；多勞者少得報酬，少勞者多得報酬，就是物質利益分配上的不公正。

分配公正之外，還有及時糾正工作中的失誤問題。就是說，當社會或國家對人或事的處理上，違反了法的有關規定，或違反行政紀律、黨的方針政

策而發生了錯誤時，根據有關的法或原則予以糾正，恢復名譽，賠償損失等，這也是堅持公正原則。如改革開放的初期，平反冤假錯案、落實幹部政策等。

公正是法與道德的基本原則。公正的標準就是社會主義的法和黨的方針、政策。黨政幹部依法或黨的方針、政策辦事，就是以公正的原則辦事。若如此，必須公而無私，或因公棄私。如有任何私心、私利的考慮，執行法或政策就很難公正。公正與無私有內在的聯繫。黨政幹部必須加強黨性鍛鍊，講政治，加強道德修養，這樣才能去私存公，依法辦事。

第三、敬業盡職，忠誠積極

敬業、勤業、樂業是中華民族傳統的優秀職業道德。所謂「敬業」，就是認眞做好自己崗位上的工作，兢兢業業，一絲不苟。所謂「勤業」，就是刻苦專研業務、技術，力爭成爲本行業的專家。所謂「樂業」，就是把自己從事的工作，不僅看作是謀生的手段，同時也看作是樂生的方式。

黨政幹部首先應當是弘揚傳統職業道德的模範，忠實於自己的工作，盡心盡職，同時更要對業務精益求精。在改革開放的環境下，更要有開拓、創新的精神，敢於打破清規戒律，做前人不敢想、不敢做的事，但這一切都必須建立在科學的求眞和務實的基礎上，而不是胡想、蠻幹。

第四、實事求是，力戒虛誇

實事求是是中國共產黨思想路線的核心，是毛澤東哲學思想的精髓，也是鄧小平建設有中國特色的社會主義理論的精髓。

毛澤東說：「『實事』就是客觀存在著的一切事物，『是』就是客觀事物的內在聯繫，即規律性。『求』就是我們去研究。我們要從國內外、省內外、縣內外、區內外的實際情況出發，從中引出固有的而不是臆造的規律性，即找出周圍事變的內在聯繫，作爲我們行動的嚮導。」（《毛澤東選集》第三卷，第 801 頁）毛澤東在這裡對實事求是的解釋，是從世界觀、方法論上講的。也就是說，它是我們共產黨人的世界觀，也是我們共產黨人的方法論。實事求是的精神實質，就是忠實於客觀事實，按客觀事物的本來面目去反映它，而不附加以任何外來的成份。

實事求是從道德上說，就是誠實，即說老實話，辦老實事，做老實人。做幹部、當領導樹立實事求是的科學態度，至關重要。這關係到決策問題，

執行上級指示問題，也關係到做人的問題。

說假話，如謊報工作成績，誇大經濟發展的指標等等，都是不老實的表現，有損於黨和政府的形象，有損於個人的人格。實事求是的反面，就是虛誇，就是弄虛作假。所以要力戒虛誇。虛誇是一種欺騙行為，是絕對要不得的。要說真話，不要說假話。毛澤東說：「愛講假話的人，一害人民，二害自己，總是吃虧。」

第五、顧全大局，團結協作

顧全大局，團結協作，就是要有「全國一盤棋」的思想。各部門，各地區，各行業互動合作，向著一個共同目標前進。

毛澤東說：「要提倡顧全大局。每個共產黨員，每一項局部工作，每一項言論或行動，都必須以全黨利益為出發點，絕對不允許違背這個原則。」（《毛澤東選集》第三卷，第 829 頁）為什麼要顧全大局？因為全局與局部是有機統一的，全局由局部構成，沒有局部就不會有全部。但局部又受全局的制約，脫離全局的局部也不會成其為局部。全局具有整體性，局部具有個別性，全局利益往往反映局部利益的根本的長遠的方面，所以全局利益高於局部利益。當兩者發生矛盾時，局部利益要服從全局利益，全局利益亦應照顧局部利益。

從道德上看全局與局部、各部分與全社會的關係，則是小集體與大集體的關係。處理這兩者的關係，要遵循社會主義集體主義原則，即局部與全局統籌兼顧。兩者互相支持，協調發展。當兩者發生矛盾時，局部要服從全局。任何為局部利益，或小團體的利益而損害國家利益的行為都是不道德的，應當受到道德輿論的譴責或法的制裁。如目前市場上的假冒偽劣，屢打不絕，屢禁不止。這是為什麼？因為有地方保護主義作怪。這是在今天的歷史條件下，鬧地方獨立性，企圖擺脫統一的法、統一的政令的不良現象，是絕對不能允許的。中央與地方是上下級的關係，地方服從中央理所當然。但中央與地方也還有一種互助協作的關係，因此，應相互支持，協調統一。

第六、尊重上級，愛護下屬

上下級的關係是領導與被領導的關係。由此可知，下級服從上級，從職權管轄範圍上說，不容置疑。但是上級與下級，也還有一個道德上的關係，這就是人格平等。要做一個好的上級，令下屬尊重的上級，上級必須以平等

的態度與下級相處，尊重下級的工作職權與人格獨立，不可越俎代庖，不可頤指氣使，以勢壓人。上級要善於關懷下屬的工作、學習與生活，體諒他們，幫助他們解決個人無法或無力解決的困難與問題。上級應嚴格要求自己，爲下級作出工作上、學習上、品德上的榜樣。這樣的上級自然會贏得下級的信賴與尊重，工作上也必然得到下級的全力支持。

在上下級關係上，從下級來說，的確有個如何對待上級的問題。尊重上級、服從上級是重要的方面，還有一個重要方面，就是下級要有敢於直言犯顏的精神。任何迎合上級、討好上級都是不正當的，尤其給上級拍馬屁，更是一種極壞的作風。

正確的上下級的關係，應當是一種同志、夥伴的關係，彼此建立一種友誼、信賴感。這是做好工作的重要保證。

第七、遵紀守法、率先垂範

當幹部的人，不管職務高低、權力大小，首先是個公民。作爲公民，任何人都一樣，必須遵守公民應遵守的社會紀律、道德和法。其次對一個幹部來說，他應該成爲遵紀守法的模範。幹部的模範榜樣，對一個單位，乃至整個社會影響都是巨大的。幹部是好樣子，群眾跟著學好，幹部是壞樣子，群眾就跟著學壞。這就是所謂「上行下效」。如果一個幹部不能嚴於律己，他就失去了領導的威信，失去了領導資格，因爲群眾不信任他，再有權，也不行。當幹部的以爲自己特殊，不受紀律、道德與法的約束，認爲這些都是約束老百姓的。這種想法和看法都是錯誤的。這就是所謂對別人馬列主義，對自己自由主義。這不是社會主義國家工作人員，更不是共產黨的幹部應有的態度和作風。

第八、廉潔清正，艱苦奮鬥

所謂廉潔清正，就是爲政清廉，不貪污、不受賄。一言以蔽之曰，不以權謀私，不徇私情，廉潔奉公，公事公辦。以權謀私就是公權私用，就是對公職的褻瀆，對人民利益的踐踏。這是社會主義法和道德所不允許的。

以權謀私的表現甚多，諸如利用職權撈取個人好處，多吃多占，化公爲私，收取賄賂，公款旅遊，超標準用車，更有甚者搞權錢交易等。這是老百姓反映最強烈的問題之一。一切有覺悟的黨政幹部，都應深刻反省自己，眞正做到廉潔自律，否則將遭到黨紀國法的懲處。

艱苦奮鬥，勤儉建國是我們黨的好傳統。在戰爭年代，黨員幹部「衝鋒在前，退卻在後」。在和平建設時期，「吃苦在前，享樂在後」。在今天改革開放的新時期，黨政幹部應繼續保持艱苦奮鬥、勤儉建國的精神，與廣大人民群眾打成一片，同甘共苦。這是拒腐防變的關鍵之所在。那種利用手中的權力大吃大喝，講排場、比闊氣，說的不客氣一點，就是揮霍人民的血汗，不像個黨政幹部的樣子。如果執迷不悟，勢必走向反面。

第九、接受監督，自我省察

黨政幹部手中有權，為保證權力的正確使用、不陷入公權私用的誤區，就必須接受黨與政府監察部門的監督，接受人民群眾、民主黨派的監督，尤其要自覺地接受社會輿論的監督。經驗證明，沒有監督是不行的，沒有監督，濫用權力的可能性極大。

社會的種種監督是外在的，這種監督不可少，但僅此不夠，還得有自我監督，即自我省察，自我檢討。歸根到底，外在的監督，通過內在的自律才能起作用。這就是毛澤東在《矛盾論》中所說的，外因是條件，內因是根據，外因通過內因而起作用。

為此，從道德修養上說，就要達到「慎獨」的境界。《中庸》說：「天命之謂性，率性之謂道，修道之謂教。道也者，不可須臾離也，可離，非道也。是故君子戒慎乎其所不睹，恐懼乎其所不聞，莫現乎隱，莫顯乎微，故君子慎其獨也。」這話意思是說，道片刻也不可離開，如果可以離開，那就不是道了。所以君子在別人眼睛看不到的地方也處處謹慎小心，在別人耳朵聽不到的地方也常常懷著畏懼的心理加以注意。要明白儘管隱藏得好，沒有不被人發現的；儘管極其細微，沒有不顯露出來的。因此，君子在獨處時，十分謹慎，儘管有可能做缺德犯法的事，也不能去做。這就是「慎獨」。「慎獨」是一種修養方法，也是一種修養境界。

做到「慎獨」很不容易。它是自我修養的高境界、高水平，需要經過長期的艱苦訓練和自我改造。

第十、堅持真理，修正錯誤

所謂「堅持真理，修正錯誤」，就是學習馬列、毛澤東思想、鄧小平理論，站穩無產階級、人民大眾的立場，堅持從實際出發、實事求是的思想路線。

　　爲人民利益而堅持好的，爲人民利益改正錯的。爲此，應做到敢講眞話、講實話、辦實事。爲堅持眞理，堅持原則，就得有「五不怕」的精神，即不怕摘烏紗帽、不怕老婆離婚、不怕開出黨籍、不怕坐班房、不怕殺頭。

　　要堅持眞理，修正錯誤，還得發揚黨的三大作風，即理論聯繫實際、密切聯繫群眾、批評與自我批評。這三大作風是我們黨立於不敗之地的根本保證。

在中韓倫理學
第三次學術交流會上的開幕詞

韓國國民倫理會長宋在雲先生、

名譽會長柳達泳先生、

東國大學總長宋錫球先生、

韓國倫理學界諸位教授：

我國倫理學界一行 12 名同仁，應韓國國民倫理學會的邀請，到韓城參加《儒佛道三教與韓中日近現代倫理思想》國際學術討論會，感到非常榮幸。

首先請允許我代表中國倫理學會會長羅國傑教授，代表參加會議的全體中國同仁，向諸位同仁問好！向大會表示熱烈的祝賀。

我們中國同仁非常感謝韓國國民倫理學會的盛情邀請。感謝東國大學的熱情接待。

大家都知道，中韓友誼源遠流長，自古以來，就有非常密切的經濟、政治、文化、思想的往來與交流。近年來我們兩國的交流來往更加頻繁。

中韓倫理學界的學術交流，日益增多，去年的金秋時節，在中國六朝古都南京，我們曾經與韓國倫理學界的同仁就「儒家倫理與當代社會」的關係進行過一次系統的交流。那次會議，時間不長但印象深刻。韓國同仁的發表，我們彼此熱烈討論，都給我們雙方留下美好的記憶。

今天我們在漢城不僅與韓國倫理學的同仁，還同日本倫理學界的同仁，一起討論《儒佛道三教與近現代倫理思想》。我們相信這次學術會議一定會取得圓滿的成功。

　　大家都知道，我們中國正在進行社會主義現代化的建設。我們全國人民奮鬥的目標是建設一個民主、文明、富強的現代化的國家。我們在進行社會主義物質文明建設的同時，在大力進行社會主義的精神文明建設。

　　社會主義精神文明建設、尤其是社會主義道德建設，不能閉關自守。必須以開放的心態，對待人類所創造的一切優秀的文化遺產。

　　首先是博大精深的東方傳統文化，不論是儒家，佛家和道家的文化，都要取分析的態度，凡是對今天我們國家，我們的人民有益處的東西，都要學習和借鑒。

　　其次，對現代東西方發達國家的商品經濟文化、特別是對我們中國的近鄰，如韓國這樣經濟相當發達的國家的一切精神文明的好的成長、管理社會、國家好的經驗，我們都要學習和借鑒。

　　學習和借鑒不是目的，目的是在辯證唯物主義世界觀的指導下，創造具有中國特色的社會主義新文化。

　　這種新文化，將促進我們民族整體素質的提高，將推動我們經濟和社會的進步。

　　通過這次國際學術會議，我們將更多的彼此瞭解，並將進一步加深我們的友誼與交流。

　　祝大會圓滿成功！謝謝大家。

中國倫理學學術代表團團長　魏英敏

1996 年 8 月 19 日　於漢城

黨政幹部道德詩 [註1]

萬事萬物有章法，各行各業有約規。職業倫理行行有，「官員」道德最權威。手中權力如何用，事關國家興與毀。

一

中華文明五千年，歷代官吏有貪賢。大禹治水千秋業，三過家門不歇閒。晉國名臣祁黃羊，不避親仇舉賢良。楊震深夜拒受賄，千古美談到如今。天知地知你我知，怎麼可說無人知。鐵面無私包文正，爲官一生講清廉。秉公執法不留情，清官美名傳千年。賢臣海瑞不阿貴，直面嘉靖冒死諫。爲國爲民生死以，無私無畏勇向前。明代清官有于謙，廉潔自律著詩章。「絹帕蘑菇與線香，本資民用反爲殃。清風兩袖朝天去，免得閭閻話短長。」[註2] 禁煙先驅林則徐，戒毒禁食除惡習。虎門銷煙驚世界，嚇得洋人魂歸西。忠心耿耿爲華夏，爲民除害興社稷。西子湖畔岳墓前，奸賊秦檜低頭跪。千夫所指唾滿面，陷害忠良滔天罪。乾隆寵臣數和珅，貪污鉅款罪惡深。嘉慶當政被清算，沒收財產人亡散。

二

民主革命孫中山，天下爲公有遺篇。推翻帝制建民國，征討軍閥史無前。鞠躬盡瘁死後已，光明磊落照乾坤。英明領袖毛澤東，畢其一生爲了公。領

〔註 1〕原載：《領導者》，1999 年第 3 期。
〔註 2〕于謙，明浙江錢塘（今杭州）人，歷任監察御史、河南、陝西巡撫、兵部尚
　　　　書等職。在任巡撫時，每次進京，都「空囊以入」，惹起權貴們的憎恨與不滿。
　　　　於是寫此詩，以爲回敬。

導民眾齊奮鬥，扭轉歷史建殊功。推倒大山整三座，締造人民共和國。繼往開來鄧小平，一國兩制建奇勳。實事求是做根本，發展經濟爲中心。變革體制建市場，國富民強樂安祥。縣委書記焦裕祿，改變蘭考心良苦。繪製藍圖抗鹽鹼，遍植泡桐把田護。帶領群眾脫貧困，改天換地求致富。人民兒子孔繁森，隻身進藏整十年。百姓生活記心上，訪貧問苦身爲先。因公犧牲爲藏胞，忘我工作堪稱賢。以權謀私王寶森，貪污挪用億萬元。吃喝嫖賭奢靡亂，貪得無厭墮深淵。惡行敗露無顏面，畏罪身亡臭萬年。賣官鬻爵胡建學，欺上瞞下說大話。弄虛作假不害怕，收受巨賄膽可大。觸犯刑律被查處，判處死刑不饒他。

三

以史爲鑒明是非，以人爲鏡知善惡。斗轉星移時境遷，嚴以律己不可變。歷代官德與官箴，可資借鑒正身心。「金甌已缺總須補，爲國犧牲敢惜身。」〔註3〕「人生自古誰無死，留取丹心照汗青。」「先天下之憂而憂，後天下之樂而樂。」但願眾生皆先飽，爲官在後心安得。爲政之本在廉潔，廉潔不受也不污。大臣不廉小臣污，小臣不廉民難服。「公道達而私門塞，公義明而私事息。」〔註4〕公正無偏又無私，公平辦事循義理。「歷覽前賢國與家，成由勤儉敗由奢。」〔註5〕奢侈浪費人生厭，勤勞節儉民快樂。「良藥苦口利於病，忠言逆耳利於行。」〔註6〕好聽之言勿全信，難聽之語深反省。「欲正人者先正己，己不正者難正人。」〔註7〕「不令而行其身正，雖令不從身不正。」〔註8〕「有國由來在得賢，莫言興廢是循環。」〔註9〕國家命運在官員，選官用官還要管。

四

黨政幹部雖是官，人民公僕記心間。「春蠶到死絲方盡，蠟炬成灰淚始

〔註3〕 清末革命烈士秋瑾《書鵲天》。

〔註4〕 見《荀子·君道》。

〔註5〕 唐代李商隱《詠史》。

〔註6〕 見《韓非子·外儲說上》：「良藥苦於口，而智者勸而飲之，知其入而已己疾也；忠言拂於耳，而明主聽之，知其可以致功也。」

〔註7〕 見《論語·子路》：「其身正，不令而行，其身不正，雖令不從。」

〔註8〕 見《論語·子路》：「其身正，不令而行，其身不正，雖令不從。」

〔註9〕 唐張九齡詩句。意思是說，國家興亡，不是天道循環，而在於是否能得到賢才。

乾。」全心全意為人民，真情實意為國家。腳踏實地幹實事，力戒空談不浮誇。廉潔奉公不貪污，守身如玉無沾染。吃了人家嘴就軟，拿了人家手必短。公道辦事不偏袒，秉公執法無私情。法律面前人平等，親子犯罪同判刑。艱苦奮鬥貴自覺，勤儉辦事要記牢。鋪張浪費不可為，揮霍公款罪難逃。廣開言路聽意見，發揚民主受監督。尊重下級不包辦，服從上級不盲目。謙虛謹慎戒驕躁，自我批評不驕傲。輿論監督不可少，嚴格自律最重要。上梁不正下梁歪，中梁不正倒下來。群眾批評置罔聞，終有一日嗚呼哉。

　　幹部不同舊官吏，本是人民勤務員。幹部如何是關鍵，群眾以你做模範。奉勸諸君多自重，天下百姓都稱讚。

敬業奉獻

　　中共中央最近發布的《公民道德建設實施綱要》是社會主義精神文明建設，尤其是道德建設的極爲重要的文件，其中講到公民道德規範有五項，最後一項則是「敬業奉獻」。

　　那麼什麼是「敬業奉獻」呢？如何理解這一項道德規範？

　　敬業奉獻，是職業道德的基本準則，關係到各行各業，關係到全民的生產、勞動、工作、生活的質量問題。這裡先從敬業講起。

　　所謂敬業，就是尊重自己的職業，對自己從事的工作認眞負責，盡心盡職。

　　敬業的前提是對社會職業分工要有一個正確的認識。各種不同的職業是社會分工的產物，是社會生產力發展的結果，也是社會進步的表現。原始社會有農業、畜牧業的分工，接著有農業、手工業的分工。進入階級社會以後，又有體、腦分工。在中國封建社會全盛時期，社會行業或職業分工達 360 餘種，所謂「三百六十行」是也。近代資本主義社會分工越來越多，不僅行業或職業分工越來越多，而且行業或職業內部分工也越來越細微。職業分工與職業協作密不可分。社會是個有機體，各行各業（包括行業或職業內部）有分工，亦有協作。各有各的存在價值，各有各的職能與作用。缺少哪個行業或職業都不行。社會如同一個人。一個人身上有各種組織系統，如神經系統、消化系統、循環系統、免疫系統等等。各系統均有其存在的意義，有特殊的職能與作用。試想，缺少哪一個系統能行呢？缺少哪一個系統也不行。社會亦應作如是觀。社會從一定意義上說，就是由各行各業組織而成。各行各業都有其特定的地位，有其存在的理由和不可替代的作用。各種不同的職業，

就其對社會存在和持續發展而言，對人類的福祉而言，沒有高低貴賤之分，很難說哪個重要，哪個不重要。把行業或職業分成三六九等，是剝削階級等級特權思想的反映，是根本錯誤的。職業本身無高低貴賤之分，人們對職業的態度則有高低貴賤之分。

正確認識自己從事的職業是社會所需要的，是不可缺少的，從而敬重自己的職業，熱愛自己的職業，兢兢業業地做好本職工作，即是說認真負責。

認真負責，就是盡心盡職，即忠於職守盡心竭力地做好自己崗位上的事情。認真負責指的是對社會公眾負責，即對社會公眾的生命、財產、健康、福利、安全、方便負責，對本企業或本公司或本事業單位的形象、信譽負責，對自己的良心負責。

認真負責，就是要求從事各種職業的人，牢固地樹立起責任意識。責任是倫理學中的重要範疇。在義務論的倫理學中，責任是道德的中心範疇。義務論者認為，不是出自責任心的行為，不論怎樣好，都不是道德行為。這種見解頗有道理。共產黨人尤其重視責任問題，叫做對人民負責。已故毛澤東主席在《紀念白求恩》一文中教導我們學習白求恩「對工作極端的負責」、「對同志對人民的極端的熱忱」的精神。重溫毛澤東的教導，令人不勝感慨。今日我們社會生活中缺少的就是責任心。工作馬馬虎虎，敷衍塞責，一推了之，大有人在。

與敬業相聯繫的就是勤業。所謂勤業，就是勤勞作業，勤奮工作，刻苦學習業務，努力鑽研技術。

勤業，首先意味著勤勞。所謂勤勞，就是不辭辛苦，不避艱險地勞動、工作與學習。學習技術、精通業務，尤其需要刻苦努力。

做好本職工作，為社會公眾服務，終究要一點真本事。這真本事，不是誇誇其談，不是擺花架子，而是過硬的技術與業務。技術與業務是重要的生產力。發明一種技術，革新一項業務，改進一項工藝，就可以大大地提高勞動生產率，可以創造出前人不曾想像的經濟效益或社會效益。工業、農業、商業等等，可以說各行各業莫不如此。

勤業還意味著勤奮，勤奮即奮發向上，積極進取，不斷開拓，不停創新，讓技術、業務日新，日新又日新。

勤業，還意味著儉約，即勤儉節約，精打細算，開源節流，力爭少投入，多產出。

同勤業相對立的則是怠惰，即懶散，消極無爲，飽食終日，無精打采，無所用心，無所事事。

作爲職業道德的基本準則只講敬業、勤業還不夠，還要講所謂樂業。這就是說人們從事某種職業，不僅以此爲謀生手段，而且視它爲樂生的方式。須知，我們從事某種職業，不僅是爲了養家糊口，而且也是爲了生活快樂，以爲他人，爲社會做點有益的事情爲快樂。工作就是快樂，勞動就是幸福。爲什麼？因爲工作、勞動，是在爲社會大眾做事，在做事情中，貢獻知識、智慧和心血，一言以蔽之日，勞動者的全部的才能與個性都對象化了，創造了社會財富，創造了舒適的環境，美的享受，人們自我價值眞正的實現了，因此有了成就感。這不就是快樂和幸福嗎？

家喻戶曉、婦孺皆知的先進工作者，模範汽車售票員李素麗就是愛崗敬業的旗幟。她在平凡的崗位上，創造了不平凡的業績。她腳踏實地，勤學苦練，創造了「四多」、「六到」的工作方法。這就是「多說一句，多看一眼，多幫一把，多走一步」。「話到、眼到、手到、腿到、情到、神到」。她還說了一句頗有哲理的話：「公共汽車有終點站，爲人民服務卻沒有終點站」。這將成爲一句歷史名言，載入服務大軍的手冊。

樂業作爲一種職業道德規範，要求從業者，首先樹立起服務的觀念。以自己的職業專長、職業技術或職業技能爲社會公眾服務。這種服務多半是有報酬的，但作爲職業工作者，不管是否取得報酬，只要是以敬業、勤業的精神，做好本職工作，令公眾滿意，就是服務。

我們的一些從業人員，一心想賺錢，而且想多賺錢，但一點也不肯爲社會公眾著想，這就是缺少服務精神。服務好了才有錢賺，服務不好，到哪裏去賺錢？我們政府中一些官員也是這樣。他們不是在爲百姓做實事上下功夫，卻絞盡腦汁，想方設法，當大官、掌大權，撈大錢，這樣下去怎麼得了！

樂業作爲職業道德要求，從業人員不僅要有服務的精神，而且還要有奉獻精神。奉獻精神也是服務精神，不過不是一般的服務精神，而是服務精神的高層次。

奉獻與敬業密切相關，沒有敬業精神，奉獻何以成爲可能？奉獻以敬業爲前提，敬業的結果，必然是奉獻。奉獻就是予，然而予與取是對立的統一。不給予他人以勞動成果，怎麼能夠取得自己需要的東西呢？這是「若要

取之，必先予之」。「予」是爲了「取」，這就是社會分工必然產生的一種交換關係，也是人們生活中的正常現象。這裡的予，也就是爲他人，爲社會大眾提供產品或商品，或服務。而且必須是貨真價實，誠實可信。換言之必須是誠實勞動的產物，必須是爲他人或社會大眾著想，有責任心的行爲。這種行爲無疑的就是一種奉獻。這種奉獻，不一定是無報酬的。有酬勞動，有酬服務也是一種奉獻。不過不是高層次的奉獻就是了。

奉獻的高層次，「取」是爲了「予」，他從他人或社會那裡取得他生活必需的東西，如工資、食物、住房等，目的是爲了更有力量、更有智慧、更有能力爲他人、爲社會大眾服務。這種奉獻是比較高層次的。否則就是一次性的服務。最高層次的奉獻是無私奉獻。所謂無私奉獻，不是時時處處，都講無報酬的工作，無條件的勞動，而是不計較報酬，不講價錢，甚至不指望報酬，或其它形式的回報。在某種情況下無私奉獻，不僅不要報酬，甚至掏自己的腰包，貢獻出自己勞動所得於社會，於大眾，如今日的義工或志願者。其中有些人甚至是貢獻自己的生命於事業。這當然是崇高的職業道德境界，這種無私的精神是敬業奉獻的最高層次，最高水準。如孔繁森就是最典型的代表，他不愧爲全心全意爲人民服務的好幹部，把自己的全部心血、精力與生命都無保留地奉獻給了我們的藏族同胞，貢獻給建設西藏的偉大事業。他雖死猶生，其不朽的奉獻精神永遠銘刻在人們的心中。

2001 年 11 月 16 日

儒家倫理、道德層次論的啓迪

　　摘要：儒家倫理、道德的層次論，是我們社會主義道德建設的寶貴資源。我們以往講倫理道德沒有區分出層次來，要求人們一步到位，效果不佳。我們以傳統倫理爲鏡，研究今日倫理道德層次性，意義重大。

　　關鍵詞：傳統倫理、道德層次、底線倫理、社會主義倫理

　　近年來倫理學界有人寫文章提到「底線倫理」，這個問題的提出是有意義的。有「底線」自然有非底線，即中線與高線。如果只講「底線」倫理，並以此爲滿足，或以此否定中線，特別是高線倫理的存在，認爲講高線就是假大空，則是錯誤的。因爲倫理、道德的特徵之一，是現實性與理想性的統一，顯然現實性就包含底線的內容，而理想性就包含有向上的要求，即中、高線倫理，這恐怕是不言而喻的事實。人所共知，道德的功能之一，就是把人的道德覺悟和社會整體的道德水準，從一個臺階提高到另一個臺階，再向更高臺階邁進。如果只停留在底線倫理的水平，道德的功能將無法實現。道德將不成其爲道德了，道德大概就變成法了。

　　須知「法是最低限度的道德，道德則是不成文的法」。法也是調節個人與他人、個人與社會、個人與國家的關係、還有人與自然的關係的行爲準則。不過它是外在於人的，它的許多規定，歸根到底是不該做什麼，並不規定應該做什麼。

　　而道德與法相比，它是內在於人的，是心中之法，「內在法」，即該做什麼。這個「該」自然包括「不該」在內。所以該做什麼，比之不該做什麼，顯然高了一層。「該」不僅僅立足現實，它包含有行爲者或當事人的願望和事

物發展的必然趨向，包含有理想的追求。

以上是就法與道德比較而言，就道德本身而論，有沒有層次？我的回答十分肯定：「有」。爲什麼？道理很簡單，萬事萬物都有層次，道德作爲一種「觀念事物」，怎麼可以沒有層次呢？不講層次，要求人們一步登天的不良後果，就是使得人們對道德望而生畏，於是索性不講道德了，這是多麼可怕的情景。

歷史的教訓，不可忘記，不可不反省。

一、道德教育、倫理學理論研究之反省

以往的倫理、道德教育，爲何不能入腦入心？爲何不能見諸行動？有些倫理學教科書不受歡迎，學生不願讀，先生不願講，爲什麼？

我們以往講的倫理、道德太政治化了，受「階級鬥爭爲綱」的影響很深，教條主義嚴重。

這些可以暫且不論，這裡要論說與我們題目有關的就是以往講的倫理、道德，沒有區分出層次來，用一個統一標準要求所有的人，且一步到位，令人望而生畏、高不可攀，於是只好棄置一旁。

如要求人人去私爲公，人人「大公無私」。不論黨員群眾都一律要大公無私。這樣辦得到嗎？事實證明辦不到。按理說，應當先講大公有私，從這裡起步，然後才是大公無私，這樣要求人們思考或處理問題自然會「公」字當頭。不講大公有私，只講大公無私，這樣導至許多荒謬的事情發生。如農村取消自留地，不許私人養豬，養雞，一切歸集體，並美其名曰：「割資本主義尾巴」，弄得農民毫無積極性。在知識分子中著書立說，不署個人名，只署集體名，其不良後果是，扼殺了知識分子個人的積極性和他的創造性，取消了他們的責任心。

理想化的要求，高標準的要求，脫離現階段人們覺悟水平，儘管主觀願望很好，可是客觀效果不好，往往事與願違。須知，道德是理想性與現實性的統一，既有理想性、又有現實性。現實性是基礎，必須從現實出發，一步一個腳印地向上發展，向著理想化的方向邁進。如果撇開現實性，逕直達到理想化的水平，越過底線倫理，直奔高線倫理，那就是企圖「一口吃個胖子」，是辦不到的，或者要引起消化不良症。

可見講清層次性，很有必要，且非常重要。

為什麼？

第一，講清層次性，符合人認識事物的客觀必然性，符合道德進步的規律性。

人認識事物從感性到理性，從現象到本質，換言之，從淺入深，從簡單到複雜，從單面到全面。人們認識道德，把握倫理亦應作如是觀。

人總是從不知道德為何物始，到耳濡目染明白道德的 A、B、C，進而知道道德對人生存、生活和成長發展的意義，再進一步才明白講道德的必然性與必要性。

第二，講清道德層次性，有利於正確作出道德判斷，進行道德選擇，擺脫道德上的困擾。

須知，道德是行為主體自覺、自願、自主的行為，即意志自由的行為，因此，必須有選擇的空間，研究道德層次性，其意義正在於此。如我們今年全民抗「非典」，許多醫生、護士不顧個人安危和家庭生活中的困難，義無反顧地走上抗「非典」第一線。也有人臨陣脫逃，辭職不幹了。這不同的表現，就是不同的道德選擇。

從道德義務上分析，面臨瘟疫之災，救死扶傷是醫務人員的首要的社會職業義務。但醫務人員也還有其它義務，諸如家庭中的義務，如照顧病中的妻子，指導子女升學、考試等。兩種義務相互衝突，怎麼辦？

醫務人員的職業義務與家庭中的角色義務哪個更重要？應當優先履行哪個義務？在正常的情況下，醫務人員請半天一天假，照顧一下妻子，解決一下孩子升學、考試問題，是正當的，會得到領導及同事的同情和支持。在這種情況下，家庭角色義務顯然處於重要地位，醫生職業義務暫時退居次要地位。但在「抗非典」的非常時期，不言而喻，履行醫生職業義務就成為第一要緊的事情。顯然，道德義務有層次性，且高低層次因情境不同而不同，人們可以根據道德規範的層次性（等級次序性），選擇行為，擺脫困境。

第三，講清道德層次有利於不同覺悟的人取長補短，相互促進，共同提高。人們的思想覺悟，有不同層次，有先進、中間、後進的區別，政治覺悟有左、中、右之分。人們的道德覺悟，或倫理覺悟，也有先進、中間、後進的區別。這是無可否認的事實，事物的錯綜複雜性與發展不平衡使然。

如在人們的日常生活中，我們可以看到有人自私，有人不那麼自私，有的人根本不自私。這幾種不同道德覺悟的人，相處在一起，就會發生相互影

響、衝撞、感染的作用。久而久之，人們覺得別太自私了，所謂「人奸沒飯吃，狗奸沒屎吃」。還是謙讓，關照別人為好，如果能夠屈己待人，那就更好了。這就是通常人們說的，「不做虧心事」，或「成人之美」。

顯然，這就是講清道德層次的好處嗎。當然我們絕不能奢望人人、處處「成人之美」。那是永遠也辦不到的。但做「成人之美」的人或做「成人之美」的事，會越來越多就是了。

二、儒家道德層次論概述

儒家倫理博大精深，源遠流長，是我們寶貴的精神財富。儒家倫理文化，二千多年來一直是中國的主流倫理文化，對中國，並對周邊國家發生了重大影響。如韓國與日本。不僅如此，儒家經典也相當早地傳人了西方社會，對西方倫理文化的發展亦產生了好的影響。

儒家倫理是我們當今道德建設的寶貴資源，對我們有諸多啟示。

啟示之一，便是道德規範的層次論。

儒家大師們認為，道德規範有它的層次結構。人的思想水平，不是整齊劃一的，有高低不同層次之分。而倫理規範的層次結構，有助於人們逐步提高自己的道德情操與道德境界。換言之，一個臺階一個臺階地上，鼓勵人們積極向上。這種層次之分完全符合客觀事物的內在本質，符合人的認識規律，也符合人性的要求。

例如：孔子道德規範之總括詞「仁」。「仁」的基本含義是愛人，所謂「仁者愛人」。愛人有層次，「孝悌也者，其為仁之本與！」（《論語・學而》）「仁」的低層次是愛敬雙親；中間層次，敬愛兄弟；最高層次則是「泛愛眾而親仁」，敬愛社會大眾。如何「愛人」？這就是「忠恕」之道。盡己之謂「忠」，推己之謂「恕」。忠恕的基礎層次（即低層次），為「己所不欲，勿施於人。」（《論語・顏淵》）高層次則為「己欲立而立人，己欲達而達人。」（《論語・雍也》）

又如「義」。「義」基本含義是「行而宜之謂之義」。就是道義、正義、義務，恰當、合適。「義」的低層次是「見利思義」，「見義勇為」為中間層次，高層次，則為「捨生取義」。「生亦我所欲也，義亦我所欲也，二者不可得兼捨生而取義者也。」（《孟子・告子上》）

又如「孝」。孝的基本含義是養、順、敬。曾子曰：「大孝尊親，其次弗

辱，其下能養」（《禮記‧祭義》）。這裡低層次爲能養，中間層次爲不辱，高層次爲敬親。恰如孔子所云：「今之孝者，是謂能養。至於犬馬，皆能有養。不敬何以別乎？」（《論語‧爲政》）

再如忠的基本含義是「盡其在我」，即盡心盡力。荀子把「忠」分成三個層次。「以德復君而化之，大忠也；以德調君而輔之，次忠也；以是諫非而怒之，下忠也。」（《荀子‧臣道》）依荀子之意，用道德約束君主有三個高低不同的層次，即以德復君、以德輔君、以是諫非。

啓示之二，儒家道德人格，也有層次之分。這裡所謂道德人格，不同於心理學上講的人格，即個人心理與行爲特徵的總和。而是指某種倫理、道德所設計的理想的個體道德標準。

這裡的道德人格，主要是指小人、君子、賢人、聖人。

小人，是道德水準低下之人。「見利忘義」，「同而不和」、毫無原則，「有奶就是娘」。

君子，是道德水準高於一般大眾之人。他們是「仁民愛物」、「見利思義」、「義以爲上」、「和而不同」、「成人之美」等優秀品格的集中體現者。

賢人，是指道德水準與君子差不多，或略高一點的人。德才俱佳，能力強，道德水平高。

聖人，道德水準至高無上之人。「聖人，人倫之至也」。「聖人大公無我，眞天地之氣象」。「發憤忘食」是聖人之志，「樂以忘憂」是聖人之道。「聖人重其道而輕其祿，眾人重其祿而輕其道」。

這就爲做人，提供了循序漸進的方式，永不停止地去追求高尚的人格。

啓示之三，道德行爲（意指踐履，實踐道德要求）也有層次。道德行爲的層次爲：「人孝出悌，人之小行也。上順下篤，人之中行也。從道不從君，從義不從父，人之大行也。」（《荀子‧子道》）

「人孝出悌」爲什麼是小行？因爲局限於家庭範圍內。走到社會上服從上級，對百姓實實在在的辦事，這是一種廣泛的社會舉動，影響較大，故爲中行。而對上的服從，即對君主、領導者、父親的服從，不是盲從的，是有原則的，這可就是大行了。言外之意，不符合「義」，就可以不服從。

啓示之四，人的道德境界也有層次。所謂道德境界，就是道德覺悟水平的高低。馮友蘭先生在其所著《新原人》中，根據人的覺解，把人的道德境界劃分爲自然境界、功利境界、道德境界、天地境界四個層次。境界之分，

表示一種發展。

這四種境界是一種比一種高的臺階式的境界，即層次分明的境界。

處於自然境界的人，行為特徵是「順才或順習」。一切聽其自然，『舊出而作，日入而息，鑿井而飲，耕田而食」，無所欲求，不識不知。

處於功利境界的人，行為特徵是「為利」的，私心太重，行為的動機與目的在追求個人的功名利祿。雖有時也利他，但歸根到底為利己。

處於道德境界中的人，行為特徵是「為義」的，知禮行義，能夠推己及人，從社會有所取，目的在於與。「取是為了與」。

處於天地境界的人，其行為特徵是「事天」的，知性知天，瞭解社會的全，也瞭解宇宙的全，他們與日月齊光輝，與宇宙共長存，這種人可「與天地參」。這是一種崇高的道德境界。

僅此舉凡之一、二、三、四，足以啟示我們反省以往道德教育之不當，即一步到位，用高標準要求人們一步達到高尚的道德境界。人們做不到，索性自行其事，道德教育效果甚微，乃勢所必然。

我們以往不講道德規範層次，不講道德人格層次，不講行為與境界層次，反映了我們道德理論的膚淺，不夠科學。我們的理論水平要提高、虛心學習儒家倫理文化的優良傳統與科學方法至關重要。

三、社會主義倫理、道德的層次性

我們當今講「為人民服務」，認為它是我們社會道德建設的核心，又是社會主義道德的總括詞。它的基本含義是平等、互助，「我為人人，人人為我。」

它的結構有三，即黨德、政德與民德。

作為黨德的核心是「立黨為公，執政為民」。作為政德的核心則是「清正廉潔，秉公執法」。作為民德的為人民服務，就是人民大眾自我服務、相互服務。

作為民德的為人民服務，至少有三個層次：「做好本職工作，人人各司其職，各盡其責或憑誠實勞動取得報酬。這是為人民服務的最基本的層次；努力地為人民多辦實事、多做好事，不計個人得失，則是為人民服務的較高層次；不計報酬，不講條件地工作和勞動，即無私奉獻，則是為人民服務的最高層次〔註1〕。

〔註1〕參見拙著：《為人民服務倫理意義新探》，《中州學刊》，1997年第3期。

再如，集體主義原則，其精神實質，是個人利益，集體利益，國家利益三者統籌兼顧，相互結合。如兼顧不了，結合不成，則以集體利益或國家利益爲先，個人利益自覺地服從集體或國家利益。如果把集體主義簡化爲「公私」利益關係，那麼集體主義的原則可劃分如下三個層次：即公私分明，絕不以私犯公，這是底線倫理；中線倫理則爲公私兼顧，以公爲先；高線倫理則爲因公棄私，或公而無私，或大公無私〔註2〕。

從人己關係上說，「爲己不損人」，屬第一層次；「爲己又爲人」，屬第二層次；「屈己待人」或「捨己爲人」，爲最高層次。

爲己即利己。受中國傳統道德的影響，君子恥於言利。其實何止君子，普通大眾也是如此。利己，人們「襟若寒蟬」，不肯輕易言利己，認爲利己是恥辱。中國有句古話：「人不爲己，天誅地滅」。這是一句千百年來的貶義詞，是對爲己的批判。今天看來對這話要重新解釋，重新認識。這裡我們要問，利己或爲己而不損害他人和社會利益，究竟有什麼不對呢？沒什麼不對。若是爲了一己之私利，傷害他人利益或侵犯社會公共利益，那才是錯誤的，不道德的，應當受到批判或譴責。

正當的利己，合情合理合法的利己，應當肯定，應當允許。利己又利他，主觀利自己，客觀利他人，或者主觀利他人，客觀利自己，都要肯定，都要承認他們的合理性、合道德性，至少合乎大眾功利主義的要求。

先人後己，或「屈己待人」或「捨己爲人」，不但應肯定，表揚，還要歌頌。這是一種很高尚的行爲。

從人格層次上說，第一，做知法、守法的人。現代社會是法制社會。一切行爲均應合法，因此要樹立法制意識。不做違法之事，犯了法，要坦誠面對，承擔法律責任。

第二，做善良的人，即做有道德的人。恪守社會公德和個人的私德，不做缺德的事，不做傷天害理的事，不做虧心事，爲他人爲社會，多做好事。

第三，做道德高尚的人。如同傳統道德中的理想人格，「君子」、「賢人」或「聖人」。

我們這裡所說的做道德高尚的人，是識大體，顧大局，義以爲上，善於關懷他人，幫助他人，努力爲社會做貢獻，把有限的生命投入到無限的爲人

〔註2〕 參見拙著：《當代中國倫理與道德》，崑崙出版社，2001年8月版，第154頁。

民服務中去的人。

從行爲層次看，依次有爲利的行爲，即求取功名利祿，這是基本層次；有既爲利又爲義的行爲，這是較高的層次；有爲義的行爲，即爲實現某種原則、理想、正義而行動，這是最高層次。

從道德境界看，依次爲自私自利的境界，利己的境界（不損人的利己），利己又利人的境界（互利），先利人後利己（成全他人）或不利己（有時有損於己）只利人的境界。

如果我們眞的把道德、倫理層次講清楚了，得到了大眾心理認同，那麼，我們的倫理道德就會有廣闊的「市場」、無限的生命力。

以上關於社會主義倫理、道德層次的劃分，是作者學習研究儒家倫理、道德層次的心得，作者沒有把握說這種劃分就是正確的。然而，在作者看來，把社會公德、職業道德、家庭道德、「五愛」道德即愛祖國、愛人民、愛勞動、愛科學、愛社會主義等等作爲社會主義道德層次的劃分，無論如何都是不科學的，令人難以理解和把握。當然，人們可以有不同的研究視角，但必須合乎邏輯。

青少年思想品德教育工作
若干問題的思考

　　人所共知，未成年人也就是青少年，是我們祖國的未來，民族的希望，他們的成長關係到我國的永續發展，關係到我國興旺發達的大問題。這是大而言之。

　　小而言之，青少年幼年時期養成怎樣的品性，怎樣的習慣，怎樣的行為方式，關係到他們的前程，甚至對他們的一生都將產生不可忽視的影響。

　　當今的中國社會，實行改革開放的政策，建立起市場經濟體制，經濟的發展，社會的進步，人民生活的改善與提高，都是前所未有的。社會處在巨大的變革之中，人們的觀念、思想行為、生活甚至習性都處在激烈的變動之中。

　　青少年生活的自然環境，社會環境，人文環境，同他們的父輩、祖輩比已大不相同。這些不同歸納起來有這樣幾點：

　　第一，生活條件優裕，吃、穿、住、行幾乎都是一流的。吃的好，穿的好，住的好，不是名牌，也是上乘，上下幼兒園或小學，不乘父母的專車，也由爺爺、奶奶替他們背著書包陪他上學去。這是孩子父輩、祖父輩小的時候，不曾夢想的事情。

　　第二，家家戶戶只有一個孩子，這個孩子是家裏的「寶貝」、「小皇帝」，說什麼是什麼，要什麼給什麼。這種獨生子女有三大特點，一是嬌，二是獨，三是脆。所謂嬌，即嬌生慣養。爺奶嬌，外公外婆嬌，父母嬌，自我嬌。不知勤勞、節儉為何物。所謂獨，就是不合群，心裏沒有別人，因為他

們沒有兄弟、姐妹，甚至沒有姑姑、叔叔、舅舅或姨。加上嬌生慣養，所以顯得格外獨。獨是獨，可是沒有獨立性，處處依賴父母，依賴長輩。所謂脆，心理脆弱，經不起挫折，經不起批評，過不了艱苦生活。溫室裏的花草，經不起風吹日曬和雨淋。

第三，電腦、電視、互聯網、電子游戲機等等及各種新鮮玩具，大量的新奇事物刺激青少年的感官，使他們靜不下心來讀書。「心有旁騖」。

第四，學習壓力大，競爭意識深深地刻在年幼的心靈上，各種補習班，各種輔導材料，數不勝數。他們沒有星期日、沒有假期，因此，眼睛越來越近視、書包越背越重，脊背越長越彎曲。總之一句話沒有快樂的童年。

我們面對的未成年人，就是這麼一種情況。他們自己活的很苦，父母們活得很累。

至於品德教育、思想教育、心理健康教育，從家庭到學校，再到社會，再到國家，不能說不重視。說起來都重視，做起來就不那麼重視，真正忙起來就不重視了。學習文化科學知識都忙不過來呢，哪有時間學道德，學做人呢？即使學習道德，學了做人的知識，聽一首流行歌曲，看一場電視劇或美國大片就都衝垮了。教師家長面對著現實，感到困惑、感到無能為力、感到無可奈何。總而言之，對未成年人的思想品德教育，舉步惟艱，困難重重。

那怎麼辦呢？有困難、就有克服困難的辦法，有了辦法，就有了希望。

依我看，對未成年人思想品德教育，應著重解決下列問題：

第一，淨化青少年成長的生活環境

從家庭、社會、到學校、機關、再到社會、國家，應努力創造適合青少年成長的人文環境。黨中央國務院於 2004 年 2 月和 8 月聯合發布的關於未成年人思想道德建設的若干意見、關於進一步加強與改進大學生思想政治教育工作的決議兩個文件已明確地提出營造有利於青少年成長的社會氛圍，淨化青少年成長的環境問題。

中央教育部門早已提「教書育人，管理育人，服務育人」，所謂「三育人」。現在應明確地提出「環境育人」，這樣就是「四育人」。

環境對人的影響幾乎具有決定意義。中國古代「孟母三遷」的故事，還有成語：「近朱者赤，近墨者黑」，足以證明生活環境對人性、人的習性、人的品德的重大影響。

首先從社會來說掃蕩黃、賭、毒醜惡現象，淨化社會環境，應當是經常要做的事情。其次，創造良好人文環境，加強家庭、社區、學校機關、社會的倫理文化建設。故此，應採取諸種措施、掃除目前社會生活中種種不良的醜惡的現象，努力建設適合青少年成長的人文環境。

第二，培養分辨是非的能力

今日社會經濟多元化、觀念多元化、文化多元化、生活方式多元化。善惡、美醜、真假混雜在一起，青少年常常感到困惑不解，不知如何應對。故此培養分辨是非的能力，就成為青少年思想品德教育的重大課題。

分辨是非、善惡與美醜的標準有多種尺度，但總的尺度是情、理、法，凡合情、或合理、或合法，就可以去說、去做。

我們教導青少年做人的根本就是選擇真、善、美，嚮往真、善、美，追求真、善、美。拒絕，鞭打假、惡、醜。這裡必須反對「價值中立」的觀點，即不分是非，聽之任之的絕對自由主義的思想。

第三，思想品德教育層次化

對青少年思想品德教育層次化，臺階論。不可一次性到位，要一步一步地提高，一步一步地前進。

首先把道德層次分清，從底線倫理進到中線倫理，再到高線倫理。對青少年品質教育也要分出層次來，最基本的品質，如仁慈、誠實等等，然後再講從仁慈、誠實派生出的品質如友愛、忠厚等等。

第四，倡導思想互助活動

對青少年來說，他們彼此相互信賴勝過對父母、師長的信賴，「小朋友最聽小朋友的話」，因此要提倡少年，青年同學相互間交朋友，開展思想互助，人人做教師，人人做心理醫生，談心、交心、解疙瘩。

第五，認真進行道德的實踐訓練

道德、倫理與其說是理論問題，不如說是實踐問題更恰當，道德品質的塑造，良好行為的養成，不是教出來的，是做出來的。古希臘哲學家亞里斯多德說，經常彈豎琴的人，才能成為豎琴演奏家，經常做公道事情的人，才能成為公正的人。先秦時代，荀子說：「不聞不若聞之，聞之不若見之，見之不若知之，知之不若行之。學至於行而止矣。行之明也，明之為聖人」。

實踐道德才能成爲有道德的人。這是古今中外一致公認的道理。因此，我們要想把我們的青少年培養成一代新人，一代高尚的人那麼我們就應當改變說教式的道德教育，讓他們離開課堂到社會這個大學校去鍛鍊成長。

學校教育，把體力勞動教育作爲一種課程列入教育體系之中，把做「義工」或「志願者」列爲品德課的重要一環。我想這樣努力做下去，日久天長必有成果。

2005 年 3 月 23 日

《建築的倫理意蘊》序言

　　青年學者秦紅嶺撰寫的專著《建築的倫理意蘊》是一部頗有特色的應用倫理學前沿性著作。

　　倫理學是哲學的顯學，這是國內外「哲學人」的共識；而應用倫理學又是倫理學這門顯學中的顯學。這差不多也是哲學、倫理學者們的一致見解。那麼，究竟什麼是應用倫理學呢？學者們的見解眾說紛紜；迄今為止，尚無統一的見地。

　　有學者說：「應用倫理學是一族倫理學與其他學科的交叉學科，是研究倫理道德在人類各個實踐領域裏應用的科學。它不是現成的倫理學原理的簡單延伸和推演，而是對存在於人類的各種實踐領域裏，在各門科學中的倫理道德問題的理論思考，是具有新的對象、新的視角、新的方法，從最新的科學研究的實踐出發，所形成的一系列科學理論，諸如經濟倫理、生命倫理、環境倫理和科技倫理等等。」

　　還有學者說：「應用倫理學是與基礎倫理學相對應的，而不是與理論倫理學相對應的。」這樣就可以避免人們誤解應用倫理學不研究理論，「無理論屬性」。基礎倫理學包括對道德的經驗描述、理論分析研究和價值建構。將基礎倫理學建構起來的道德體系應用於人生、社群、自然、信仰等實踐活動，這樣就有了人生、社群、自然、信仰四部分應用倫理學，據說這是一個體系。

　　《中國倫理學百科全書‧應用倫理學卷》認為：「應用倫理學在倫理學中只是相對的獨立。它並沒有也不可能脫離其他倫理學分支，相反，它必須而且也應該從元倫理學、描述倫理學、普通規範倫理學中借鑒方法，吸取素材，

獲得原則。」該卷作者尤其認爲，應用倫理學是普通規範倫理學道德原理的應用。普通規範倫理學提供的規範體系，是應用倫理學的出發點和研究現實問題的理論根據。「應用倫理學是普通倫理學的擴展和深化，突出地表現了倫理學的實踐本質和干預生活的能力。」（《中國倫理學百科全書・應用倫理學卷》，吉林人民出版社，1993 年版，第 5～6 頁）

以上僅舉三種不同的見解，當然不止這些，還有其他的看法。總之各有千秋就是了。

以我之見，「應用倫理學」，顧名思義，就是倫理學應用，尤其是普通規範倫理學的應用。這裡所謂應用不是一般的應用，而是有的放矢的應用，是創新性的應用，是與時俱進般的應用。

學者們都知道倫理學是理論理性，它要揭示道德本質及其發生發展的規律，要用哲學思維去把握。但它更是實踐理性，要通過實踐去實行、操作、訓練，才能眞正掌握道德、倫理的精神實質。因此，理論與實踐相結合，道德理論與道德實踐相統一，說與做相一致，這就是它的本質，它的天然特性。倫理、道德從人類的實踐活動中來，又要回到人類的實踐活動中去，這就是倫理、道德生命之所在，青春長在之奧秘。

人類生活實踐的一切領域（生產勞動、階級鬥爭、科學實驗、技術開發等），一切方面都有各種不同的倫理、道德問題，這些問題引起人們的哲學、倫理學的思考，需要用一般規範倫理學理論作指導，加以研究和探討，做出科學的解釋。生活實踐中產生的新的倫理、道德概念、關係與範疇又可形成新的倫理學理論，這樣從實踐中來的應用倫理學理論，又可檢驗、充實、調整、修正原有的普通規範倫理學的理論。

由此可見，應用倫理學與普通規範倫理學的關係是「血肉親情」的關係，普通規範倫理學是一個母系統，而應用倫理學則是子系統。應用倫理學是普通規範倫理學與人的各種社會實踐，或反映各種社會實踐的各種學科相結合的產物。

應用倫理學是倫理學與具體科學的交叉學科，諸如生命倫理學、醫學倫理學、環境倫理學、工程倫理學、職業倫理學、教育倫理學等等。換言之，應用倫理學是一般規範倫理學在生活實踐中創造性的應用，有鮮明實踐特徵或學科特點的新的規範倫理。

應用倫理學不是今日才有。追溯它的歷史，可以發現在古希臘時代，已

有應用倫理學的萌芽。如亞里士多德的《尼可馬哥倫理學》就包含有政治倫理學、兒童倫理學、青年倫理學的雛形。中世紀神學理論家們，拓展倫理學理論解釋神學問題，於是形成了神學倫理學和宗教倫理學。這不是別的，恰好是那個時代的應用倫理學。

在中國古代孔夫子那裡，也有很豐富的應用倫理學的思想和觀點，如官吏道德、教育倫理、家庭倫理等等。因為歷史條件的局限，當時生產力發展有限，科學技術不發達，因此，真正科學的應用倫理學還沒有誕生。

現代意義上的應用倫理學是在 20 世紀初形成並逐步發展起來的。由於第一次世界大戰前後社會矛盾的加劇，科技開發與自然界的緊張，促進人文學者、科學家們開始認真思考現實生活中的諸種問題，於是產生了應用社會學、應用文化學和人類學等。1923 年，德國神學家、哲學家施韋策（Albert Schweitzer）發表《文化哲學》，其中提出一條涉及一切生物的道德原則——尊重生命。這被視為應用倫理學中生命倫理學的最早表現形式。1925 年，德萊塞（Horatiow. Dresser）發表《倫理學的理論與應用》。此後各種應用倫理學迅速發展。20 世紀 40 年代英國倫理學家萊昂波特的《大地倫理學》出版，提出了尊重生態系統的平衡，尊重生物生態權利等生態倫理原則，進一步推動了應用倫理學的進展。20 世紀 50 年代，醫學倫理學得到突飛猛進的發展。此後，應用倫理學迅速普及，諸如企業倫理、政治倫理、經濟倫理、宇宙倫理等紛紛出現。隨著高科技的發展，又相繼出現了核倫理學、計算機倫理學、宇航倫理學等等（參見《中國倫理學百科全書·應用倫理學卷》，吉林人民出版社，1993 年版，第 3 頁）。

中國的應用倫理學起步較晚。大約在 20 世紀 80 年代，由北京大學程立顯教授翻譯出版了美國學者 J·P·蒂洛的《倫理學——理論與實踐》，其中一半的章節是理論倫理學，另一半則是應用倫理學，諸如生命倫理、企業倫理。此外還有 R·T·諾蘭著的《倫理學中的現實問題》，該書分別論述了西方現代生命倫理學、醫學倫理學、企業倫理學、性倫理學、政治倫理學、經濟倫理學等。

進入 20 世紀 80 年代中期以來，中國應用倫理學大步前進，發表了許多優秀的或前沿性的著作，如何兆雄主編《醫學倫理學概論》、杜治政著《醫學倫理學綱要》、邱仁忠著《生命倫理學》、溫克勤主編《管理倫理學》、葉平著《生態倫理學》、安雲鳳著《性倫理學》、厲以寧著《超越市場與超越政府

——論道德力量在經濟中的作用》、劉偉、梁鈞平著《衝突與和諧的集合——經濟與倫理》、王偉著《行政倫理學新論》、肖平主編《工程倫理學》、嚴耕等著《網絡倫理》、魏英敏等著《孝與家庭倫理》等等。

還有倫理學者編寫或翻譯應用倫理學工具書，如《中國倫理學百科全書》中的「應用倫理學卷」（王偉主編）、「職業倫理學卷」（魏英敏主編），杜治政、許志偉主編的《醫學倫理學詞典》，劉寶成翻譯的《布萊克維爾‧商業倫理學百科辭典》。

此外還辦有《醫學倫理學》、《環境倫理學》雜誌。所有這些均為中國應用倫理學迅速崛起的佐證。

應用倫理學處在迅速崛起中，秦紅嶺著《建築的倫理意蘊》便應運而生。這是一本難得的好書，作者用幾年心血與汗水，搜集了許多國內外的資料與圖片，閱讀了大量的哲學、倫理學、建築學、美學和社會學等文獻，寫就了這本書。

迄今為止應用倫理學園地中尚無建築倫理學，本書的出現，無疑是拓荒之作，是填補空白之作。

全書總計 6 章，從第一章建築的倫理功能，中經二、三、四、五章分別闡釋古今建築倫理的內涵、建築的審美尺度、生態建築問題、建築工程倫理，直到該書的第六章城市規劃中的公平問題。全書簡約、凝煉，章節不多，內容豐富，信息充盈，資料全且新，文字酣暢淋漓，有如一氣呵成。

讀者若想瞭解有關建築倫理方面的知識，那就來讀這本書吧，這裡有建築倫理知識，即「善」的知識。何止是「善」，還有「真」與「美」的知識，可以說融建築學真、善、美於一爐。

不僅如此，這裡的知識既很「古典」、「新潮」，又很「前沿」。說很「古典」是說古代建築中的傳統倫理學知識概括、表達得極為恰當，如「貴和尚中」。中國的建築，從宮殿到民居無不體現「貴和尚中」的倫理精神，這一點從故宮的三大殿，即太和、保和、中和到京城的四合院，再遠至山西的晉商民居，以至江南水鄉百姓的住宅，都程度不同地表現出「貴和尚中」的倫理氣質或「禮」的高雅氣派。

再說「新潮」，現代建築有一種新的倫理原則，即「責任」倫理。「責任」倫理是科技時代應用倫理的核心原則，作者以她淵博的倫理知識從馬克斯‧韋伯（MaxWeber）的「責任倫理」講起，到德裔美國學者漢斯‧約納斯

（HansJonas）提出的技術時代的責任倫理學。它不像傳統倫理那樣主要研究人與人之間的道德規範，或專注於良知、動機或道德信念，而是力圖「給科技時代的倫理一個本體論的解釋」。約納斯的責任倫理的核心是要求人對自然、自身及子孫後代承擔責任和義務。作者還援引德國著名技術哲學家倫克（HansLenk）在《應用倫理學導論——責任與良心》一書中對責任的著名定義：某人／為了某事／在某一主管面前／根據某項標準／在某一行為範圍內負責。

作者繼續寫道「如果說責任概念在 20 世紀以前還主要是個法律概念，現在則已拓展為蘊含豐富倫理內容的概念與規範。作為一種社會倫理範疇，責任規範是貫通於個體道德、群體道德與社會法律體系的重要環節。」「應用倫理乃是從具體部門的道德要求出發，制定出特定的責任原理，以規範人們的行為方式，故而應用倫理如果失去了它的責任原理的規範性，甚至可以說沒有存在的必要」（第五章建築工程倫理初探）。毫無疑問，責任倫理之提出，是對普通規範倫理學理論的補充與完善。

再說「前沿」，該書中有許多新概念、新觀點與新思想，讀了之後頗有振聾發聵之感。例如「生態技術」（第四章環境倫理學視野中的生態建築），作者指出目前在建築工程界，無論是我國還是國外有利環境保護的「生態技術」或「綠色技術」正在迅速發展。「生態技術」是個全新概念，它強調生態圈和技術圈的和諧發展，追求高效低耗和無污染，並以可持續發展作為指導原則，體現的是科學技術對人類的終極關懷。可見，「生態技術」絕不只是技術問題，而是一個涉及以人為本的倫理問題。

還有「適宜技術」，它介於傳統技術與高技術之間，適合發展中國家，強調技術選擇上的經濟性、本土性和技術水平的簡單合適性。「適宜技術」蘊含著節約的倫理思想（詳見第四章環境倫理學視野中的生態建築）。

又如關於「弱勢群體」，這也是近年來很流行的一個新概念。究竟什麼是「弱勢群體」？作者援引學界有代表性的觀點，諸如低收入群體論、貧困群體論、民政對象論、競爭弱者論、綜合特徵論等，接著作者講出自己的看法：「其實，理解弱勢群體的含義，首先要明確的是弱勢群體是一個相對的概念，在具有可比性的前提下，一部分人群比另一部分人群在經濟、文化、體能、智慧、處境等方面處於一種相對不利的地位，通常便把處於相對不利地位的人群稱為弱勢群體。」作者進而把弱勢群體的本質特徵揭示出來，首先

是社會性資源分配上具有經濟利益的貧困性⋯⋯其次是生活質量的低層次性⋯⋯其三是社會承受力的脆弱性⋯⋯（第六章城市規劃倫理透視）。作者大聲疾呼，城市建設要實現「居者有其屋」的理想，必須以弱勢群體利益為先，讓他們有合適的房子住，這種站在普通大眾立場上為他們申張正義、主持公道，實在難能可貴。

應用倫理學確實有它的理論性，這種理論性不單單是普通倫理學理論的指導或驗證，而且是從它們的實際活動的經驗中，或從學科本質特徵生長出來的新的理論或新的見解。這些新理論、新見解，無可否認對普通規範倫理學理論是新的補充，新的開拓，新的創意。

例如，關於集體主義這個「老生常談」的原則，作者在「城市規劃倫理透視」一章中講到城市為誰而建的時候，涉及到集體主義原則中的公共利益問題。由此展開了對集體主義原則的論說。作者說：「利益具有豐富的內涵和廣闊的外延，但在龐雜的利益種類中公共利益一直作為一個核心部分左右著人類的發展。公共利益是一個與私人利益相對應的概念，它們構成一個社會最基本的兩種利益形式。」作者接著寫道：「從倫理學上看，公共利益其實就是集體主義原則所理解的集體利益的真實內涵，它相當於整體利益或社會利益的概念，是代表最大多數人根本利益的聯合體，是由廣大民眾組成的利益集團在政治、經濟和文化等諸方面利益的總和，能夠被社會中絕大多數成員同時分享、共同分享。」作者指出：「儘管公共利益與私人利益有時相互排斥與衝突，但兩者本質上具有一致性，是一種有機統一和相互依存的關係。實際上，沒有私人利益就沒有公共利益，沒有公共利益就沒有私人利益，離開一方，任何另一方的存在都不可能，正所謂『公中有私，私中也有公』。因此，在公共利益與私人利益相互排斥與衝突之處，不應一味強調公共利益的重要性與優先性，應當建立起一種良性的協商制度和協調機制，使兩種本質上一致的利益都獲得較好滿足。綜上所述，公共利益的公共性、普遍性和共享性，決定了維護公共利益的優先性和重要性，由此也決定了城市規劃應遵循的基本價值取向是以維護公共利益為先、以維護公共利益為重。具體到『城市為誰而建』，實際上就是確定城市規劃主要服務的社會主體是誰的問題，那就是城市不是為權力階層而建、不是為少數利益集團（如資本擁有者）而建，而應是為全體市民而建，尤其是為占城市絕大多數的普通市民而建，因為，他們的利益便是一個社會公共利益的集中體現」（見第六章）。

　　這裡講到私人利益與公共利益的相互依存性，「你中有我，我中有你」，公共利益的普遍性、公共性、共享性，發生矛盾後建立良性協商制度與協調機制等，均為以往闡釋集體主義原則時，講得不夠或不到位，或缺少辯證思維，或講歪了的地方，這裡作了補充、修正與完善。作者在講到公共利益（即以往講的集體利益）比之私人利益為什麼具有優先性時，一句話就切中要害，因為「公共利益」的普遍性、公共性、共享性決定的。這種見地，頗有說服力，完全合乎事實、合乎邏輯，要知道過去沒有誰這樣講過。接下來作者論述了公共利益容易受到忽視與傷害的情況，讀者可以一目了然地認識到這種傷害，實際上，就是對私人利益的侵犯。可見私人利益與公共（集體利益）的一致性，兩者共存共榮。這裡講的是富有個性化的集體主義，即建築倫理中的集體主義，卻包含普遍性集體主義之眞義。

　　這本關於建築倫理的著作還有一個非常突出的優點，就是文圖並茂。作為一本學術專著，人文科學性質的書籍能夠文圖並茂，每章每節，都有圖片或圖表相配或相呼應，可以說，別出心裁，獨樹一幟。這樣就把感性認識與理性認識有機統一起來，加強了知識的可信度，提升了理論的層次，給人留下深刻難忘的印象。如圖片中有北京故宮三大殿、埃及金字塔、巴黎「雄師」凱旋門、哈佛大學紀念教堂等等。

　　作者的文風是嚴謹求實的，著作中所引前人或當代學人著作均注明出處，並冠有他們的「頭銜」，所用圖片或圖表也寫明了來源。這本來是常識，但近年來為一些學者所忽視。

　　這本《建築的倫理意蘊》，從內容到形式、從框架設計到文字表述，可以說都有創新，說這本書是一本難得的力作，應當說當之無愧。

北京大學　魏英敏

2005 年 6 月　於北京藍旗營

爲七四級同學著
《博雅縈夢》而寫的序言

七四級學生 1974 年入學，1977 年畢業距今整整三十年。

三十年不過是歷史長河中暫短一瞬間，可在這一瞬間，國家、社會、學校的面貌都發生了翻天覆地的變化。

這一屆學生，有幸參加了改革開放全過程。這一過程從 1978 年黨的十一屆三中全會開始，改變了以階級鬥爭爲綱的路線，實行以發展社會生產力爲中心的路線，開闢了改革開放的新時代。

三十年來的改革開放發展進程，學生們有目共睹，感受日深。對國家的未來、對社會的性質、對經濟社會發展的成果，認識的更深刻了。他們是愛國愛民，富有同情心和責任感的一代人。

在這個新時代裏，他們大顯身手，大有作爲，許多人回憶三十年的歷史，寫文章集錄成冊，請我作序，我欣然同意。

我們七四級同學，離開母校，走向社會，三十年來，同學們由青年變爲成年，眞正的成熟起來，成爲國家、社會的棟樑之才。無論在高校教書，在政府機關當幹部，或在宣傳部門做領導，在報刊、雜誌、電臺做編輯、主編等，都做出了重要貢獻。

我當年做七四級班主任，迎接他們入學，又送他們畢業。我們既是師生，又是朋友和同志，用當年的話說：「我們是一個戰壕的戰友。」我們「摸爬打滾」在一起。我們同吃、同住、同學習、同勞動，因而，彼此親密無間，心心相映，息息相通。

　　我瞭解他們，他們也瞭解我。七四級學生，不論生活在湖光塔影的未名湖畔，還是勞動在天堂河農場（當年北大分校），都在我的一生中留下了難以忘懷的良好形象。

　　他們熱心讀書、刻苦學習，像海綿吸水般的吸收各種知識。系裏爲他們開設馬列原著，毛澤東哲學，中國哲學，西方哲學課，他們不滿足，要求增開邏輯學、心理學、中國哲學史，西方哲學史的專題課，如康德哲學、黑格爾哲學、儒家哲學、老子哲學等，這就爲他們日後成才奠定了寬厚的理論基礎和廣博的知識底蘊。

　　七四級學生，有豐富的知識閱歷，是見多識廣的一屆學生，他們在農村、在工廠、在部隊、在機關、在學校，受到長時間艱苦生活的鍛鍊，個個都是好樣的。他們身上沒有驕、嬌二氣。有的是朝氣勃勃的勇氣，戰勝艱難困苦的意志。他們是眞正會生活、會學習、會合作、會做事的一代人。

　　七四級學生，富有正義感，這一點，今年回憶起來仍然讓我感動不已。記得三十二年前，1975 年的上學期，在天堂河北大分校半工半讀，搞教學改革實驗，當時正是學「朝農」（朝陽農學院）的熾熱期，所謂「大學越辦越大，越辦越向下」，在白卷「英雄」「張鐵生現象」的衝擊下（張鐵生考大學交了白卷，一道題也答不上來，他不責怪自己，反而批判教育制度），高校領導在「四人幫」指揮下，忽視業務知識學習，只重視勞動教育。把在校的學生趕到農村、工廠學習鍛鍊，改造思想，邊勞動，邊學習，嚴重地削弱了教育、教學質量，因而受到廣大師生的抵制。

　　我擔任班主任，同時任年級教改組負責人。我在分校，一次教學工作彙報會上發言，批評所謂「六廠二校」（當時是毛主席抓的典型）的先進經驗。我借姚文元（四人幫分子之一）講話批評勞動過多，業務知識學習過少的精神，批評北大。我說「六廠二校」的經驗，未必都先進。我們在這裡半天勞動、半天讀書，讀書時間本來不多，可是星期六、星期天又要義務勞動，這太過分了。沒有時間讀書，怎麼能夠成爲「又紅又專」的人才？此外，我還說，星期六、星期日請假回校，不退糧票，又沒有澡堂，學生不洗澡，女學生洗頭的機會都沒有，長此下去，怎麼堅持得了！

　　聽了我這三條意見，北大工宣隊大興分校負責人之一，外文印刷廠的 X 師傅，立即對我進行批評，說我抵制教育革命，挑撥「工農兵學員」與軍、工宣隊的關係，危害極大。我反駁說，今日開會。讓我們總結工作，提意見，

提的意見甫說是對的，退一萬步說，就算錯了，又何罪之有？難道總結工作，只能說好的，不能說不好的嗎？會場一片沉寂，在場的中文、歷史、經濟、法律諸系的教改組長，對我投以敬佩、同情的目光，他們以沉默不語的方式抵制工人師傅對我的無理批評。

會後大興分校的領導開會，要「整治」我。否則他們太沒面子了，以後的工作不好做了。分校領導之一，現哲學系教授李中華保我說「老魏口快心直，此人就是這樣，他的發言雖不正確，但無惡意」！儘管如此，他們還是到我們哲學系七四級的住地，發動師生準備貼我的大字報，煞一煞我的「歪風邪氣」。會上有的學生說：「魏老師忠於黨，認真組織領導教育改革，有什麼錯誤，批評就是了」。有的教師說：「魏老師是我們的依靠對象，他是可信賴的，不讓他領導我們教改，那麼要誰來領導呢？」這樣他們發動群眾整我遇到了阻力，整不成了。

但他們沒有善罷甘休，以「補課」走「五七」道路為名，調我去農場（農場即分校的一部分）勞動鍛鍊一年，重新扶植一名年青教師，接替我的工作。這樣我在七五年下學期就離開了這個年級，離開了這些可愛的同學們。

1976 年上學期末唐山大地震，九月初毛澤東主席逝世。七四級學生返校不久去唐山抗震救災。這時系領導組建毛澤東著作教研室，命我擔任支部書記。

七四級學生從唐山返校追悼毛主席逝世後，不久四人幫倒臺，他們立即行動起來，揭批四人幫各種罪行，包括他們踐踏教育、打擊迫害知識分子，表現了熱愛黨和主持正義的高度政治熱情。

有一天，他們在 38 樓外面牆上，貼了一張許多學生聯署的大字報，「歡迎魏老師回到班主任崗位上，送我們畢業。」「我們信賴魏老師，要求系領導放他回來！」這樣我就又做了他們的班主任，直到送他們畢業離校。事隔三十二年之久，這個年級許多往事我都忘記了，惟獨這件事我忘不了！這是同學們對我的客觀、公正的評價，也是對四人幫「整治」我的平反。我感謝他們。

三十多年過去了，如今我們的七四級學生都已進入壯年時期，我已經是一個十足的老人了。

《易經》上有句話：「天行健，君子以自強不息，地勢坤，君子以厚德載

物。」生命不止，奮鬥不息。這應該成爲我們共勉的座右銘，讓我們師生共同努力，繼續爲改革開放，爲振興中華，爲建設強大共和國而努力。

魏英敏　於藍旗營

2007 年 8 月

關於如何撰寫
新倫理學教科書的若干意見

原編者按：這是魏教授在 2008 年 11 月馬克思主義理論工程二級學科倫理學教科書編寫徵求意見會上的發表，徵得作者同意，這裡予以刊載，以饗讀者。

一、編撰新教科書的指導思想

第一、明確我們處在一個什麼社會歷史階段？

我們處在社會主義初級階段，這個階段是從傳統農業社會向現代工業社會轉變過程之中，是從計劃經濟時代向市場經濟時代過渡之中。

我們新撰寫倫理學，必須反映時代的特點，故此：

我們的倫理學相應地應該由政治理論，階級鬥爭的倫理轉變爲大眾的倫理，公民社會的倫理。

第二，我們倫理道德建設爲什麼服務？

爲階級鬥爭服務，爲政治服務，爲經濟建設服務，爲建立市場經濟服務？這一切都不科學，不準確，或不正確。

爲階級鬥爭服務，爲政治服務，過去是對的，但也不完全對。今天這樣講，就完全不對。因爲不合時宜，是過時的觀念。

爲經濟建設服務，爲建立市場經濟服務，是爲階級鬥爭服務，爲政治服務的延伸，是舊有的思維定勢。

倫理道德建設可能對經濟發展，對市場經濟的建立有益處，有一定的推動作用。但它的直接作用不是爲經濟建設服務，更不是建立市場經濟服務。

若如此，那麼倫理，道德，就淪為經濟的工具，如同淪為政治工具一樣荒謬。

正確地說法，應當是倫理，道德為提高人的思想道德素質服務，為提高人的精神境界服務，為建立和諧社會服務。

第三，「與時俱進，革故鼎新」。

改革開放三十年，中國倫理學，有革新有發展。倫理學者，德育工作者有許多新見解，新觀點，新思想，應充分吸收，這些人不見得是權威，也不見得是知名學者，但他們的理論研究有創新性，並且是日益受到倫理學共同體的承認，甚至得到共識。如道德權利與道德義務的關係問題，公平正義、自由平等，這樣的普世價值，又如關於集體主義與個人主義的新見解等等都應在新的教科書中得到足夠的反映。

二、新教科書內容的調整與突破

教科書不要三十年一貫制，老面孔，老框架。

第一、要有新的突破。什麼理論篇、規範篇、德性篇或埋論篇、實踐篇不可再原封不動的寫下去，或做些小修改，小的改動，都顯得力度不夠，要大動。原有教科書有些觀點陳舊了，必須大膽拋棄，有的有明顯錯誤，要堅持糾正。

新的教科書一定要有新面貌，新思想，新觀點，新框架，新語言，新思維。

我們的新教科書要有繼承性，也要有創新性，以往教科書好的東西要繼承，但更要注重創新。

第二、開放式的融彙古今，為我所用，古今中外優秀的倫理學研究成果，凡得到共識，經科學與實踐驗證，是正確地就應大膽地吸收，不要再貼封建主義，資本主義的標籤。一切普遍性的東西，具有超時空性，即相對恒久價值的東西，都要採納，或經「改造」之後加以利用。讓他們成為我們倫理建設的資源。

如今的倫理學教科書也好，專著也好，已經是多元化了，這是無可否認的事實。

我們要承認其它倫理學，如功利論倫理學，理性利己主義倫理學存在的合法性，但馬克思主義倫理學的主體地位，主導地位不可削弱，不可動搖。

如何堅持馬克思主義倫理學的主體地位？我想不是教科書的名字（名稱）

是否冠以馬克思主義。好像冠以這個名字它就是主導，或主體地位的倫理學，而是要看它的實質。換言之，看它會否是科學的倫理學，是否反映人類倫理思維發展的規律。

我以爲，馬克思主義的倫理學或唯物史觀的倫理學是科學的倫理學，反映了人類倫理思維發展的歷史大趨勢。

爲什麼？

因爲它是功利論倫理學新發展，又是道義論倫理的新理論，還是德性論倫理的新創造。換言之，它是集功利論，道義論與德性論於一身的新的倫理學。

馬克思主義倫理觀之所以是科學的倫理觀，因爲它反映人性的基本要求，即人對物質利益，和精神愉悅的追求，繼承了數千年倫理學的功利論傳統和道義論傳統。同時又超越了這個傳統，賦予這個傳統以新的意涵，所以它是新功利論，新道義論，即大衆的功利主義與革命的道義論，我們的功利主義是全體社會成員的功利主義，它包含有個人的功利主義，又超出個人功利主義。我們的道義不是爲道義而道義，而是實現世界大同、建立社會主義社會、作爲我們的終極奮鬥目標的道義論。

功利論也好，道義論也好，都是行爲的倫理，或者說都是規則的倫理，這些行爲倫理或規則倫理，指導人們的行爲，一旦行爲重複多次，養成習慣，即構成品質。這就是所謂「習慣成自然」。

由此可見，馬克思主義倫理觀，是集功利論，道義論，德性論於一身。它不單是功利論，也不單是道義論或德性論，而是三者的有機統一。

說馬克思主義倫理觀，或唯物史觀的倫理觀之所以是科學的，還因爲它從勞動、生產方面或從社會物質利益方面，解釋道德的產生與發展的規律，這是唯一科學的解釋。

馬克思主義倫理觀之所以反映倫理學發展的歷史大趨勢，是因爲無論什麼性質的倫理學都在向「德性」論復歸。這就是說，講倫理學歸根結底，落實在人的品質上。即培養優良道德品質的人。這恰好是馬克思主義倫理學的重心之所在。

三、編撰新倫理學教科書的方法論

新倫理學教科書要想眞正「與時俱進」，「革故鼎新」，必須解決撰寫的方法論原則問題。

這個原則是什麼？

首先是「解放思想，實事求是」。思想僵化觀念陳舊，對舊的條條框框不敢越雷池一步，對原有的結論，哪怕是經典性結論，不敢懷疑不敢革新，那是絕對寫不好的。

實事求是，更是需要勇氣。常常為了所謂政治需要，為了迎合上面，甚至於導師保持一致，而犧牲了求真務實的精神，或為了突出某人的觀點，而不能鼓足勇氣，講真話。這一切均為思想上的障礙必須努力祛除。

從事實出發，堅持真理，堅持科學性。廢除假話，空話，套話。尤其要克服教條主義，獨斷主義與絕對主義的思維定勢。

教條主義，不是馬克思主義，它把活的馬克思主義變成僵死的毫無生氣的教條，像「聖諭」一樣生搬硬套，不顧客觀實際情況。

獨斷主義，主觀武斷，「只此一家，別無分店」自詡真理的化身，不許別人講話，不許別人講自己想講的話，他們壟斷話語權，經常拿批判別人不當回事。

絕對主義，把相對的理論觀點絕對化，脫離相對講絕對，這樣把某些原理，觀點看作是永遠正確，絕對正確，反對變革，否定革新。

這三個「主義」不除掉，新編倫理學不可能是新的，可能是舊的再翻版。

此外，新編著的倫理學，要用道德倫理的語言寫作，戒除政治語言，哲學語言，教條語言。

寫作，力求基本概念，基本觀點，基本理論的正確性。篇幅不易過長，30 萬字左右。少做武斷性結論，凡爭議較大問題。慎重對待，給教師學生思考的餘地，發揮想像力的空間。

依我之愚見，新著倫理學教科書不可一本，至少三本，以便不同體系，不同版本相比較，讓教師學生有選擇的餘地，否則難免武斷與絕對。

以上不成熟的意見，僅供撰稿人參考。

魏英敏

2008 年 11 月

參加中國倫理學會
紀念三十週年頒獎會上的發言

倫理學界各位同仁好！

今天有機會參加中國倫理學會成立三十週年紀念頒獎大會，很是高興。我們幾位 70 多歲的老同志獲得終身成就獎，十分暢快！這是一種肯定，一種榮譽！也是一種鼓勵。

感謝中國倫理學會以萬俊人為首的各位領導，各位常務理事，理事以及倫理學界的各位同仁。感謝你們多年來對我們以往工作的支持和幫助，感謝你們這次所給予我們的榮譽。

三十多年來，我們在我們前輩教授李奇老、馮定老周原冰老、周輔成老，張岱年老、還有羅國傑先生率領下，作了一些起步工作，基礎性的工作，為日後倫理學的發展創造了條件，當我們看見中國倫理學從無到有，從小到大，繁榮昌盛的今天，十分的欣慰。

回顧當年我們的工作，應當說是有成績的，但是不值得誇耀。這已經是過去的事情了。

長江後浪推前浪，世上新人換舊人，數風流人物還看今朝，我們相信，中國倫理學的事業，在學會新一屆的領導下，會取得更大更好的成就。我們衷心的祝願，倫理學界的各位同仁奮發努力，德藝雙馨，身體健康，家庭幸福！

魏英敏

2010 年 11 月 19 日

紀念《道德與文明》創刊
三十週年紀念會上的發言

　　《道德與文明》創刊三十週年，成績很大，碩果累累。在此，我表示衷心的祝賀，希望它越辦越好。

　　《道德與文明》的創刊是中國倫理學會的一件大事。

　　它在前老會長、中國社會科學院研究員李奇老的積極倡導下，在天津社會科學院領導鼎力協助下，終於在 1982 年成功創刊。

　　三十年來，《道德與文明》發表了許許多多有分量、有水平的好文章、好報導。對我國社會主義精神文明的建設，對普及道德知識，提高全民道德水準，對提升青少年道德素質，對改進中、高等學校倫理學和道德教育，起了非常良好的作用。

　　據我所知，在東亞大中華文化圈內，無論是韓國、日本、臺灣、越南人文社會科學界，有獨立的倫理、道德大型專刊的，大概只此一家，別無分店。

　　《道德與文明》的知名度、影響力遠遠地超出了國界。

　　《道德與文明》之所以會有今天這麼大的成就，與中國黨與政府的關心支持分不開，與廣大的倫理學、德育工作者的支持分不開，更與編輯同志的嘔心瀝血的工作密切相關。

　　今後如何進一步辦好這個刊物？我有如下的意見：

　　第一，編委會一切成員均不可以終身罔替。編委職務，應當務實化、能幹事。不要掛虛名，掛虛名可以有，但不可過多。

第二，《道德與文明》目前的文章，理論性的、學術性的過多，通俗化的、大眾化的很少。我認爲應該兩條腿走路，有高深的理論學術文章，亦有面向生活、面向社會、面向大眾的通俗性的短小精悍的文章。《道德與文明》應當成爲大日常倫理生活的顧問、道德困惑的嚮導。

第三，《道德與文明》應開闢專欄議論、評說，討論大眾最關心的倫理或道德問題。如啃老問題、司法公正問題、生命與健康的安全問題、中華文明傳繼問題、黨德問題、政府行爲中的道德問題等等。

第四，《道德與文明》的編輯們應學習新聞單位的「走轉改」，不可以蹲在家裏等稿。要深入生活生產第一線。也可以聘用特約記者，就有關道德問題進行深入探訪。

第五，《道德與文明》要形成好的文風、好的學風。不用權力稿，不用金錢稿，不用人情稿。

有的期刊，登載「小人物」文章，要用七千、八千的贊助費（不是版面費，版面費人們習以爲常，這裡不論）。還有報刊與單位合辦，他們包版面，全發他們的文章，這樣做對嗎？這是報刊商業化的表現。我不知道《道德與文明》有無這種事？

我希望《道德與文明》學習當年的南京路上的好八連，「身居鬧市，一塵不染。」

以上純屬個人一孔之見，僅供參考。

魏英敏

2012 年 8 月 21 日

新中國倫理學六十年的變遷

　　內容摘要：筆者以歷史見證人的身份，講述中國倫理學 60 年的歷史演進。舉世公認，倫理學取得了巨大的成就。諸如培養了大批人才，撰寫了不可勝數的教科書、專著、工具書。拓寬了研究領域，應用倫理學得到迅速發展。

　　但倫理學教學與研究中，有教條主義、絕對主義、獨斷主義的不良影響，克服這些不良影響，有個過程。必須始終堅持解放思想、實事求是的原則。爲此需要勇氣、膽量與智慧。

　　關鍵詞：實事求是、公平正義、人道主義、道德原則。

　　新中國成立時，我只有 14 歲，而如今垂垂老矣，七十有五。與共和國，同患難共生長。

　　我早年，在人民大學從事共產主義道德教育工作，自 1970 年調入北京大學，至今從事倫理學教學與研究工作近 40 年。我是北京大學倫理學教研室創建人之一，擔任倫理學教研室主任 15 年（1984～1999），擔任中國倫理學會副會長長達 20 年之久（1984～2004）。

　　經過 60 年的風霜雪雨的考驗和鍛鍊，我從一個青年學子成長爲一名北京大學教授。

　　中國倫理學走過艱難的 60 年，這裡充滿著守舊與革新，專斷與民主的矛盾與鬥爭。我是這段歷史的見證人，參與者，目睹了倫理學是怎樣從無到有，從小到大發展起來的。

　　撫今追昔，感慨萬千。如今的中國倫理學如同經濟、文化、社會建設一

般，朝氣蓬勃，日新月異，取得了令人鼓舞的成就。

概況起來說有四項：

第一，培養了人才，建立了隊伍。一大批優秀的中青年學者成長起來，成為教學、科研的骨幹，他們是中國倫理學事業發展的中流砥柱。

第二，編著、撰寫了一批又一批倫理學教科書、學術專著和倫理學工具書；創辦了三個倫理學刊物，即《道德與文明》、《倫理學研究》、《新德育》（內部刊物）；翻譯並出版了大量的英文、日文、德文、韓文、國外與境外倫理學著作。

第三，拓寬了倫理學的研究領域，除傳統的規範倫理學之外，開展了對分析倫理學與描述倫理學的研究，並有著作問世。

第四，打通了國際交流渠道，與日本、韓國、英國有定期或不定期的國際學術交流。與臺灣、香港、新加坡的學術交流也不時舉辦。還有交換訪問學者，或聯合培養博士生。

這 60 年可劃分兩大歷史階段前 30 年，與後 30 年。

前三十年的前半期為共產主義道德教育時期。為人民服務、團結友愛、互助合作、「五愛」道德即愛祖國、愛人民、愛勞動、愛科學、愛護公共財產，深入人心。集體主義成為共產主義道德最核心的原則。共產主義道德貫穿了社會主義改造的全過程，成為人們精神生活的支柱。

整個國家面貌煥然一新，人們的精神狀態積極向上、生機勃勃。風和日麗，天空晴朗。「路不拾遺，夜不閉戶」。如北京有數百萬人口，卻是無蠅城市，風氣好，秩序好，清潔衛生好，受到國際友人的普遍稱讚。

1957 年整風反右派鬥爭以後，情況不同了。階級鬥爭加大了力度。經過 1958 年大躍進、1959 年反右派和 1960 年開始的三年困難時期之後，人際關係緊張，說大話、說假話、說空話盛行起來。人們不敢說真話。

共產主義道德受到損害。這個時期後半期，即文化大革命，所謂十年動亂時期，破四舊，即舊思想、舊傳統、舊風俗、舊習慣。揪出走資派、打倒反動學術權威。70 年代中期，評法批儒、批林批孔、批周公。

整個國家混亂不堪，國民經濟面臨崩潰的邊緣，科學、文化、教育、衛生、體育全面停頓。

共產主義道德，中國傳統倫理，遭到全面的大破壞，社會風氣大倒退，階級鬥爭為綱，階級鬥爭一抓就靈，階級鬥爭年年講，月月講，天天講，整

天的鬥鬥鬥。弄得人們精神緊張，靈魂不得安寧。

這個時期的共產主義道德理論研究和教育活動，不是倫理學範疇內的事，它隸屬於政治教育範疇。如果說它是倫理學，那麼，它也只能是政治倫理學、階級鬥爭的倫理學；嚴格意義上的倫理學、科學倫理學，還是一個尚待開發的領域。倫理學研究，不是絕對沒有，而是零零散散、微不足道。

如新中國倫理學奠基人之一的李奇老在 50 年代末、60 年代初就「個人利益與個人主義」、「動機與效果」、「道德的階級性與繼承性」等重要倫理問題進行了探討。又如上海華東師範大學副校長周原冰同志，也寫了一些有關倫理學的文章，但由於政治運動的衝擊並沒能引起社會的足夠注意。

當時共產主義道德教育，占絕對主導地位的，這方面的著作出版了不少，其中影響最大的是劉少奇的《論共產黨員的修養》。這是解放前，在延安時代寫成的，解放後再版了好幾次。還有紅色教授、北大副校長、哲學系主任馮定的《共產主義人生觀》也頗有影響。

這兩本書，和其他一些著作可以說是當時共產主義道德教育的教科書，哺育了幾代人，鼓舞了他們為建設新中國而奮鬥。

從倫理學與共產主義道德理論研究的視角看，把倫理道德完全納入政治範疇，雖有客觀原因，但卻似乎不夠妥當，因為這勢必導致倫理學淪為政治的工具，喪失它作為一門學科的獨立性。

更為嚴重的是把政治與倫理等同起來，從而把政治批判與學術批判混為一談，學術問題成為政治問題，抓辮子、扣帽子、打棍子是家常便飯，一律上綱上線。「百花齊放，百家爭鳴」變成了「兩花齊放」，並且是一花盛開，壓倒另一花。「兩家爭鳴」最後乾脆變成了「一家獨鳴」。

還有一個問題，就是把理想與現實混為一談。本來道德的特性之一就是它的理想性，可是當時的理論家們和黨的一些領導人卻把理想當成現實，一律以共產黨人的道德作為標準要求人民大眾。換言之，高起點、高標準否定了人們認識程度、接受程度的差別，否定了底線倫理的客觀存在。在全社會推行共產主義道德勢必脫離群眾，讓人感到高不可攀，其不良影響，直到今天，也還有餘音繞梁。

1978 年十一屆三中全的召開，具有劃時代的意義。隨著四人幫的倒臺和十年動亂的結束，以階級鬥爭為綱的路線轉變為以經濟建設為中心的路線。特別是「實踐是檢驗真理的唯一標準」大討論，糾正了毛澤東時代錯的政治

路線和思想路線以至於若干政策上的錯誤，贏來了改革開放的新時期。

我們的馬克思主義倫理學也因而獲得新生。從此開始了新中國馬克思主義倫理學建立的艱難歷程。

改革開放時期的倫理學發展大致劃分爲兩個階段，從 1978 年至 90 年代初是馬克思主義倫理學教學體系和理論研究開始起步和迅速發展的時期。90 年代中期以後是倫理學從一元獨大到多元並存的時代，即是說倫理學開始分化了。

改革開放以後，首要的任務是恢復倫理學的教學與科研工作，重建馬克思主義的倫理學。

1952 年院系調整時，倫理學、心理學、社會學被當作僞科學砍掉了。約在 1959 年，中宣部的有關領導於光遠、周揚，以及中國社會科學院哲學所所長潘梓年，找到北京大學的周輔成先生、中國人民大學的張騰霄教務長和中國社會科學院的李奇同志，在北海、頤和園多次開會，商議如何恢復倫理學。

此後張騰霄委託羅國傑籌建中國人民大學倫理學機構。於是在 1960 年 4 月，中國人民大學從 1956 年入學的本科生中抽調羅國傑、姜法曾、鄭文林、李光耀，還有許啓賢，組建倫理學教研室，羅國傑被任命爲教研室主任。

北京大學以周輔成先生爲首，組建了三人倫理學教研組。中國社會科學院的李奇同志也成立了一個倫理學研究小組。

中國人民大學編寫了一份倫理學鉛印教材，北京大學周輔成先生編寫了西方倫理學教學大綱。李奇同志 1961 年 11 月 14 日在《人民日報》上發表了題爲《建議開展倫理學的研究工作》的文章。1963 年，李奇同志招收了兩名倫理學碩士研究生，這就是劉啓林和施毓彬。幾乎同時，周輔成先生在西方哲學專業下招收了一名倫理學碩士研究生，就是今天中山大學的章海山教授。他們於 1966 年畢業。劉啓林、施毓彬、章海山三人就是新中國第一批倫理學碩士研究生。

新中國倫理學的奠基人，馬克思主義倫理學的開拓者，有五名教授不可不昭示後人，這就是北京大學的馮定、張岱年、周輔成，上海華東師大副校長周原兵，中國社會科學院的李奇研究員。

他們在解放初期，甚至解放前就從事倫理學的研究，主要是共產主義道德和馬克思主義倫理學，也包括中國、西方倫理學。並且寫有著作。如周原

兵老《道德問題論集》1964 年出版收錄他在上個世紀 40 年代末至 60 年代初對道德科學研究的成果。又如張岱年老《中國倫理思想發展的基本規律》1958 年出版。

李奇老在 60 年代末就寫了一些關於道德的起源、道德的繼承性與階級性，馬克思主義倫理學的變革等的文章，後來收入《道德科學初學集》1979 年出版。

這五位教授對馬克思主義倫理學理論、倫理學學科的建設作出了重要貢獻。由於政治運動的衝擊，他們的研究工作不得不中止。他們的學術影響也隨之湮沒。

11 屆三中全會後他們的著作陸續出版。

如李奇的《道德與社會生活》1984 年出版、《道德學說》1989 年出版。周原兵《共產主義道德通論》1986 年出版，還有馮定、張岱老、周輔成先生的著作也都在倫理學界發生積極的作用。

羅國傑、許啓賢等我們這些後輩學人正是學了他們的著作，而成長起來的。

1980 年夏天在無錫召開了中國倫理學會成立大會。中國倫理學會由中國社會科學院、北京大學、中國人民大學、北京師範大學、華東師範大學聯合發起，會上選舉馮定為名譽會長，李奇為會長，張岱年、周輔成、周原冰、羅國傑為副會長，劉啓林為秘書長，魏英敏、許啓賢、包連宗、甘葆露為副秘書長。

中國倫理學會的成立及其召開的多次全國性學術討論會，對推動我國倫理學的發展起到了非常積極的作用。

從上個世紀 80 年代初至 90 年代初，中國倫理學事業取得了長足的進步，在馬克思主義倫理學科建設及倫理學原理研究方面成績卓著。

首先是羅國傑主編的《馬克思主義倫理學》出版，這是新中國第一本倫理學教科書，對倫理學學科建設作出了重要貢獻。這本書（後來還有 1985 年出版的《倫理學教程》和 1989 年出版《倫理學》）堅持馬克思主義立場，全面系統地論說了馬克思主義倫理學的方方面面，在全國高校乃至社會上都有較大影響。整個 80 年代，學者們撰寫的倫理學教科書與專著幾乎都不同程度地受到它的影響。（當然也有例外，如北京大學編寫的教科書《倫理學簡明教程》）。

　　當然這本書也有它的歷史局限性和不完善之處。比如受蘇聯倫理學教科書影響較多，對集體主義的表述也有不當之處。有一些學者對此有所批評，並提出自己對集體主義的新看法，這是正當的。可是現在還有人，把明明是錯誤的觀點說成是正確的加以宣揚。這是很不好的學風，也許他們自己並沒有認識到這一點。

　　整個 80 年代，倫理學不僅恢復了，而且迅速繁榮和發展起來，倫理學學科體系逐步健全。倫理學原理，中國倫理學，西方倫理學即中國倫理學史，西方倫理學史，在全體同仁的共同努力下，不但開了課，還編撰了大量教科書和學術專著，成績斐然。

　　80 年代中後期，倫理學原理方面的研究有了新的突破，努力擺脫蘇聯的框架，走向自主研發的道路。河海大學的余達淮、周曉桂在《新中國六十年來倫理學理論發展的基本脈絡和基本問題論爭》一文中說：「這階段倫理學界不約而同地開始考慮中國倫理學的大學科體系框架，初步形成了倫理學原理、中外倫理思想史學科研究方向。有些學者在倫理學原理體系上孜孜求索，不斷創新，表現出敢於向權威理論體系挑戰，敢於超越自我的優秀品質和高貴精神。這都使倫理學的理論體系不斷完善，基本理論日趨精進而富有時代氣息。倫理學分支學科日漸獨立而迅速發展」。（「新中國成立六十年來倫理學研究與道德建設學術研討會」論文集，2009 年 10 月於安徽蕪湖）

　　好！這種評價，這種議論，客觀而又公正。比起那些只停留在對某種陳舊理論的過分讚揚，實在是好得多，實事求是得多。

　　在倫理學繁榮、發展的整個 20 世紀 80 年代，在哲學界、倫理學界發生過幾次重要的學術爭鳴。如 80 年代初《潘曉來信》引發了人生觀和人性問題的討論；80 年代中期關於人性、人道主義以及異化問題的討論，關於社會主義道德與共產主義道德關係的爭論；80 年代末關於道德的本質是主體性還是規範性的討論，市場經濟與道德關係的討論，等等。這些爭鳴打破了教條主義對人們精神的束縛，解放了思想，啟發了人們的倫理智慧。

　　這些討論與辯論的過程，充滿了矛盾與鬥爭，這裡有新舊倫理思想的鬥爭，有學術獨斷與學術民主的鬥爭。

　　當時的一批青年學者如今都已是年富力強的大學教授。他們不滿意當時主流倫理學教科書的理論與觀點，走上獨立自主的研究倫理學之路，大膽提出自己的倫理主張。尤其對道德主體性問題的提出具有重要的理論意義

和實踐價值。他們除了著書、寫文章外，還舉辦研討班、學術交流會，很是勇敢。

儘管他們的見解也難免有偏頗之處，但也確實有值得重視的觀點和思想。然而在當時反對資產階級自由化的大背景下很難被理解，甚至會被誤解。他們常常受到批判，甚至被列入「另冊」。這對他們來說，不太公道。當然這其中也不乏眞誠的學術批評。20 多年後的今天，我們反省一下，回頭看看，當時的某些做法是不是過分了呢？

實際上，他們對新中國倫理學科的建設和社會主義道德建設是有貢獻的。別的且不論，僅就對社會主義道德規範體系而言，如對集體主義注入新的內涵，從權利與義務對應的關係上，理解與解釋個人利益與集體利益的關係。還有他們就主張人道主義、公平正義、誠實守信等，這些普世價值，應當成爲我們的道德原則，所有這些都被實踐證明是正確的，並且爲中央文件所肯定，爲倫理學界所認同。可是當時主流教科書裏沒有這些內容。他們的見解是對的，可見他們對中國社會主義倫理道德建設，對馬克思主義倫理學科建設是作了努力的，是有成績的，不該否定他們。

我們回顧倫理學 60 年，或 30 年，不能只講成績，不講問題。講問題是爲分清是非，吸取教訓，團結同仁，共同發展倫理學。

後 30 年裏，我們倫理學理論研究的重大成就之一，就是在對道德遺產的批判繼承問題上實現了正本清源，打破了「左傾」教條主義、絕對主義、獨斷主義的枷鎖，還原了毛澤東關於道德遺產批判繼承的科學論斷的本來面目。

毛澤東說過：「我們是馬克思主義的歷史主義者，我們不應當割斷歷史。從孔夫子到孫中山，我們應當給以總結，繼承這一份珍貴的遺產。」（《中國共產黨在民族戰爭中的地位》）「還有外國的古代文化，例如各資本主義國家啓蒙時代的文化，凡屬我們今天用得著的東西，都應該吸收。」（《新民主主義論》）

毛澤東還講過：「我們決不可拒絕繼承和借鑒古人和外國人，哪怕是封建階級和資產階級的東西。」（《在延安文藝座談會上的講話》）

這些本來正確的觀點，長期以來沒有落實，甚至相反，被扭曲。所謂平行繼承法即是鮮明的例證。這個觀點認爲剝削階級繼承剝削階級的、勞動人民繼承勞動人民的道德遺產，彼此絕對對立。事實相反，剝削者與被剝削者

的道德相互滲透，相互影響，且有許多共同的道德範疇。他們的利益根本上是對立的，但也存在共同的利益，還有某些共同的風俗和習慣。故此有共同的道德，或道德的通適性。改革開放了，我們思想解放了，實事求是了。在道德遺產批判繼承的問題上，終於走上了正途。這是近 30 年來倫理學大發展的重要原因。

後 30 年倫理學理論研究的重大成就之二，是初步建立了社會主義初級階段的道德規範體系。這就是為人民服務、集體主義、人道主義、公平正義、誠實守信；五大原則和六大規範，即「五愛」（愛祖國、愛人民、愛科學、愛勞動、愛社會主義），再加上，愛護生存環境。

這個規範體系，來之不易，是全體倫理學界同仁，經過 30 多年的努力，艱苦鬥爭得來的。也是中央文件一再肯定了的。從 1986 年《中共中央關於加強社會主義精神文明建設指導方針的決議》到 2001 年關於《公民道德實施綱要》，再到十七大，逐步明朗化，系統化了。（參見《魏英敏《親歷改革開放倫理學 30 年來研究的發展與變化》，《黨政幹部學刊》2009 年第 9 期）

若干年來，年青學者們大聲疾呼，寫文章，開研討會，主張要講公平正義等普世倫理，終於有了結果。這裡尤其要提到集體主義問題。在以往的三十年裏，很長時間對集體主義的表述有嚴重的偏差，即闡述集體利益與個人利益的關係時，要求「個人利益無條件地服從集體利益」，或絕對服從。這種表述，偏離了唯物史觀，否動了個人利益存在的合理性與合法性。隨著改革開放的發展，這種錯誤觀點被拋棄。不僅如此，還改變了社會主義道德基本原則，只有集體主義一條的看法。現在承認有好幾條，這是歷史性的巨大進步。

後 30 年倫理學研究重大成果之三，就是倫理學教科書、學術專著從一元化走向多元化，除了馬克思主義倫理學研究之外，還有其他立場和觀點的倫理學研究，如功利主義、自由主義等。

從 20 世紀 90 年代初至今，出版了許多新的著作，如萬俊人的《倫理學新論》、高兆明的《倫理學理論與方法》、江暢的《理論倫理學》、王海明的三卷本《新倫理學》、程煉的《倫理學導論》、譚忠誠和陳少峰的《倫理學研究》、我本人的《當代中國倫理與道德》，等等。這裡既有教科書，也有學術專著。其中不乏新理論，新觀點，新思想，新方法，乃至新體系。

後 30 年倫理學研究重大成果之四，是應用倫理學的蓬勃發展。各種行

業、或職業的倫理，多的不可勝數，其中有許多優秀著作，如秦紅嶺的《建築的倫理意蘊》。該書打通了建築工程學與倫理學的界限，使之融爲一體。中小學的道德教育活動積極推進，由點到面，效果良好。

60 年來倫理學研究的根本的經驗教訓，就是解放思想，實事求是。持久地同教條主義、獨斷主義、絕對主義作鬥爭，這三個主義是倫理學進一步發展的障礙，學術民主的絆腳石。實事求是很難，需要有勇氣，膽量和智慧。

當今倫理學研究存在的問題與今後努力的方向：

一是對社會主義道德規範體系的闡述與論證缺乏深度，尤其是沒有揭示出道德原則間的等級序列。這是解決道德衝突不可或缺的一環，有學者雖然有初步研究，但尚未得到共識。

二是倫理學教科書體系，守舊多於創新，教條習氣嚴重，政治化味道太濃。還有的教科書個性化太強，無普世性，把簡單問題複雜化，平實理論玄妙化，讓人看不清，讀不懂。

關於倫理學教科書，現在需要有一本融彙中西，貫通古今，以唯物史觀爲指導的中、西、馬三結合，有中國氣派的，適合公民社會需要的新倫理學教科書。這些時代的需要，也是倫理學理論建設的需要，然而這樣的教科書，現在尚未出現。

三是馬克思主義倫理思想本身的體系，究竟是什麼？有待研究與探討。

這個體系不同於以馬克思主義觀點寫的教科書體系。馬克思主義倫理思想的研究，依今天中國倫理學界的情況看，「先天不足」、「後天虧損」。所謂「不足」，就是上個世紀八十年代初，匆忙上陣。出於應付教學的需要，多半照搬蘇聯倫理學教科書，或照抄人大教科書。沒有時間深入思考馬克思倫理思想究竟是什麼，更甭說構件一個科學的體系了。

馬恩在他們的眾多著作中，有豐富的倫理思想，但他們生前沒有可能寫出一本專業性的倫理學著作。

在馬恩思想史上，倒是考茨基在 1905 年寫出了一本《人生哲學與唯物史觀》，但那本書，史占五分之四，論只有五分之一，顯然對於人們學習、研究馬恩論理想是很不夠的。

所謂「後天不足」，是在倫理學原理還沒有吃透的情況下，於上個世紀 90年代中期以後，許多學者奔向應用倫理學，無暇顧及馬恩倫理思想的研究。

在目前倫理思想多元化的時代，馬克思主義面臨挑戰。需要有志者認眞

讀馬恩的書，下苦功夫研究馬恩倫理思想，耙疏、整理、分析、整合。這個任務是艱巨的，然而是可以完成的，須知「有志者事竟成」。創造系統的具有新時代精神的馬克思主義倫理思想體系，勢在必行。

關於利益最大化的思考與探討

　　內容摘要：追求利益最大化，合乎人之常情，但不合人之常理。追求利益最大化，勢必破壞利益攸關方的均衡性；違背利益分配的公正原則；更為重要的是背離企業存在的價值與宗旨，最終導致人性的異化。所以追求利益最大化是錯誤的，應修正為「追求最大合理化的利益」。

　　關鍵詞：利益最大化、公正原則、社會公器

　　市場經濟追求利潤、利益最大化，幾乎婦孺皆知。人們普遍接受了這個原則，並按這個原則行事。

　　利潤或利益最大化，不只是經濟原則，如今它已成為社會生活普遍性原則。君不見吃包子、喝啤酒比賽嗎？誰吃得多、吃得快，誰就是優勝者。哪所院校招碩士生越多，數十數百人，哪所院校就越有「水平」！但不論什麼事情都要追求最大化，這樣做是正確的嗎？

　　我以為不正確。為什麼不正確？請看生活中的事實。

　　一般地說，人們都想追求最大化，尤其在利益的方面，誰也不願意得到最小的利益。這是人之常情。所以，追求利益最大化，沒什麼不對，但常情代替不了常理。須知追求利益最大化，一旦過了頭即超過了一定的「度」就要走向反面，所以，人們追求利益最大化時，一定要想到別人的利益，一定要照顧左鄰右舍。

　　博弈論中「囚徒困境」的例子，很可以說明這個道理。那個故事是這樣的：兩名小偷甲和乙，在以此作案時被警察逮住。他們分別被囚禁起來。

當警察審問他們的罪行時，他們都不承認有盜竊行爲。警察很惱火，於是想出一個辦法，促使他們招供。

如果其中一人主動認罪並揭發另一個人的盜竊事實，那麼就立刻釋放此人。而另一個將判 10 年徒刑。若是兩人都承認自己的盜竊罪行，並揭發對方，則各判十年。若是兩個都不認罪，由於證據不足只好拘留一個月放人。

此時小偷甲，爲了追求自身利益最大化，便想「我若是承認盜竊事實並揭發了小偷乙，我就可以立刻獲得自由。否則，我不承認自己的罪行，又不揭發同夥，萬一他把我供出來，我就要獲刑 10 年。」於是小偷甲就承認自己的罪行，並揭發小偷乙的犯罪事實。

小偷甲這樣想，小偷乙也同樣這樣想：「我還是把小偷甲供出來吧，這樣的話，我會得到自由。否則，若是我不供出他來，一旦他把我供出來，那我不就要獲得 10 年的徒刑了嗎？於是小偷乙把小偷甲供了出來。

結果兩人都各自承認了自己的盜竊罪行，並揭發了對方，所以就各判 10 年徒刑。

從「囚徒困境「中，我們可以看出，他們雖然各自都追求自身利益的最大化，不顧別人，結果所得利益反而最小。

倘若當時的情景不是那樣，而是反過來，——甲想：「不供出他來，等他供出我以後，他就可以自由了，大不了給我判刑。「這樣看來，甲現在得到的利益最小化（長達十年的牢獄生活）

此刻甲和乙都選擇了利益最小化，結果兩人各判了一個月的拘留，而眞正得到的利益，反而是最大的。

從「囚徒困境」中我們看到，兩名小偷不但不追求自身利益最大化，反而常想到別人的利益，最後他們各自卻得到了最大利益。

類似的故事還有：

有一個農民聽說某地培養出一種新的玉米種籽，收成很好。於是，想方設法買來一些。他的鄰居們聽說後，紛紛來找他，詢問種籽從哪裏買來的。這個農民害怕大家都種這種高產的玉米，而失去自己的最大利益，便拒絕回答。鄰居們沒有辦法，只好繼續使用原來的種籽。誰知秋收時，這個農民的玉米，並沒有得到預期的產量，跟鄰居的差不了多少。於是他去請教一位農業專家。經專家分析，很快查出了玉米沒有豐收的原因：他的優種玉米接受了鄰居家劣種的玉米花粉。農民之所以事與願違，是因爲他不懂這個道理，

如果只追求自己利益最大化，而不顧別人的利益，那結果反而只能得到很小的利益，甚至毫無利益。（以上參見《禪》2009 年合訂本，河北省佛教協會《禪》雜誌社編輯部，第 52 頁）

從理論上說，最大化與最小化是對立的統一，有最大化，勢必有最小化，否則最大化就不成其為最大化。

問題是究竟什麼是利益最大化？最大化有個標準或尺度沒有？最大化，不是越大越好，也不是越多越好，更不是越好越好！利益或利潤最大化是不科學的，也不合理。

第三、利益最大化往往是無限制的，這樣勢必破壞利益攸關方的相對穩定性。最大化，必須有個合理的限度，這個合理限度是什麼？這個合理的限度就是人們認可的限度，即當事者雙方，甚至旁觀者都可以接受的限度。

倘若，否定這個合理的限度，去追求最大化，那麼，這個最大化，將是無窮的，沒有盡頭的。其最終的結果就是破壞事物的穩定性。

事物都是矛盾的統一體，矛盾雙方處於一個統一體之中。其力量大體上是均衡的，即相互制約，否則失去均衡性，事物不成其為事物。即導致事物的瓦解、分裂或破滅。

追求利益最大化，勢必破壞利益共同體或利益相關方的均衡性，導致共同體的瓦解，無休止地追求利益最大化，就要走向它的反面，這就是所謂「物極必反」、「盛極必衰」的道理。

假如，有一個經濟開發區，基礎設施非常好，許多企業都想進駐。內有十塊土地，招商引資。恰好有十個企業應招，其中有一個企業，追求利益最大化，採取種種手段，得到 5 塊土地。他不滿足，他還企圖再得到 3 塊或 4 塊土地。那麼，其餘的土地只有十分之二或十分之一，充其量十分之五，為那九個商家瓜分。試問，這個開發區還能搞下去嗎？也許能搞下去，但要引起那九家的強烈不滿。

所以企業在追求自身利益或利潤時，不可無限制地追求，一定要想到對手的利益，一定要照顧左鄰右舍的利益。務必樹立一個共存共榮的觀念，這才是企業永續發展的保證。恰如日本經營之神松下幸之助所說：「企業是社會的『公有物』。因此，企業必須與社會共同發展。」「通過企業的經營活動，推動社會走向繁榮……實際上，如果只求自己公司的繁榮，這只能是暫時的，是不會持久的。還必須一起繁榮，或者說共存共榮。這就是自然規律和社會

規律，自然和人類社會本來面貌是共存共榮。」〔註1〕

一個具有社會責任感的企業，在追求它自己的利益或利潤時，必須兼顧相關企業和社會大眾即消費者的利益。

松下幸之助說：「一方面對原材料供應商，要十分照顧其合理利潤。另一方面對於承擔商品銷售的批發商，我們這一方，也要努力降低價格，使他可以取得必要的合理利潤。同時我們製造的商品政策和銷售政策，也能使顧客以合理的價格購買商品。這樣各方面都得到合理利益，走向共存共榮的道路，這是很重要的。」〔註2〕

在中國傳統的倫理文化中，主張「見利思義」，反對放利而行。孔子說：「放於利而行，多怨。」（《論語‧里仁》）

「見利思義」本義是在利益面前必須以「義」為取捨標準。在現代商品經濟社會，企業賺錢天經地義，但必須講究企業道德，其底線是「不缺德」、「不違法」，只能賺取合法合理合情的利潤，這就是所謂「生財有道」。相反，為追求利益或利潤最大化，不擇手段，偷稅漏稅，坑蒙拐騙，假冒偽劣，甚至圖財害命等等無所不用其極，都是極端錯誤的，突破了道德的底線，不可避免地招致人們的怨恨、受到法律的制裁。

唐山豪門集團總經理陳世增先生恪守「見利思義」的價值觀，在贏利時堅持所謂「分利原則」，就是讓經銷商有錢可賺，有利可圖，對顧客讓他們得到實惠，感到方便、安全。〔註3〕

第二，追求利益或利潤最大化，違背物質利益分配的公正原則。

每個人、每個組織、每個單位都有他們自己的利益，這些利益是不同的，甚至是對立的。在利益的分配上，務必求取公正性，即公正地分配他們應得的利益。

如果初次分配不公正，那麼二次分配就一定要力求公正。初次分配是根據勞動貢獻、資金投入或技術投入等予以分配，這裡會有很大差別，甚至會產生兩級分化。二次分配則是政府根據一次分配的情況，動用行政、法律、

〔註1〕 〔日本〕松下幸之助：《實踐經營哲學》〔M〕，滕穎編譯，中國社會科學出版社，1989年版，第47頁。
〔註2〕 〔日本〕松下幸之助：《實踐經營哲學》〔M〕，滕穎編譯，中國社會科學出版社，1989年版，第47～48頁。
〔註3〕 參見葛榮晉著：《中國哲學智慧與現代企業管理》，中國人民大學出版社，2006年版，第139～140頁。

制度的力量，分配社會財富或物質產品，力求公正或公平，抑止貧富懸殊、兩極分化。

眾所周知，當今世界各國都有稅收制度，諸如所得稅、營業稅、消費稅、遺產繼承稅等等，稅收制度的實質是限制某些社會成員、社會群體、社會組織的利益最大化。「反壟斷法」就是抑制利益最大化的一種強而有力的手段。

一些企業依靠其強勢，佔有太多的壟斷利潤，造成社會利益佔有或分配的嚴重失衡，最終危及社會的安定，導致廣大群眾的不滿和憤恨。

目前中國的國有大壟斷企業，名曰全民所有，實際上是不是真正的全民所有？還是個問題。諸如中石化、中石油、中國電網等，他們壟斷市場、壟斷資源、壟斷利潤、壟斷社會財富。他們嚴重地排擠了私營企業的生存與發展，所謂「國進民退」，侵佔了老百姓的利益，私吞了國家財富。他們的職工，尤其是他們的高管享受毫無風險的高工資、高福利、高待遇。他們勢力很大，甚至左右中國政府的決策與法律制定與執行。他們自覺不自覺地把中國的兩極分化推向世界一流的水平。中國的基尼系數據說已超過危險點，從而埋下了社會動亂的種子。

利益佔有分配的失衡，一些人極端富有，一些人極為貧苦，對那些生活在社會底層的人來說，住房、醫療、教育的基本權利被剝奪或根本沒有保障。這是目前中國社會所謂「群發事件」接連不斷的深層原因，也是中國證券、中國社會不穩定的禍根。

可見「利益最大化」不僅違背社會公正原則，而且其後果不堪設想。這個原則要不得，是錯誤的。應修正這個原則：「最大合理化的利益（或利潤）」。

第三，「利益最大化」原則，破壞企業存在的價值。

企業是社會的一種經濟組織，社會有各種組織，除經濟的組織之外，尚有政治、法律、教育、文化、體育、衛生等組織，各組織分工協作，這樣社會才可以生存，才可以發展。各組織都有它的存在價值，都有它的社會職能與作用。

那麼企業的存在價值是什麼？它的職能與作用又是什麼？

企業存在的價值就是為社會創造財富，為大眾謀福祉。

它的職能是生產各種產品滿足人們生活的需要，提高人們的生活水平，

它的作用是通過生產、經營活動維繫社會的存在於發展，創造社會繁榮。所以說，企業是社會的公器，是爲社會大衆服務的。企業的存在首先不是爲了自身的利潤或利益，而是爲社會創造財富，使大衆脫貧致富。

日本松下幸之助說得好：「往往有人認爲，企業的目的就是爲了追求利潤。」「利潤確實是進行健全企業活動中不可缺少的重要因素。但是其本身是否就是最終的目的呢？不是的。根本的目的是通過企業的經營活動來提高共同的生活。而利潤實際更好的實現企業根本使命的重要因素。這一點決不能本末倒置。在這個意義上，從本質上說企業經營不是私事而是公事，企業是社會的公有物。」〔註4〕說得多麼正確！它簡直就是一個「紅色」企業家。

利潤或利益是企業爲大衆服務的一種回報，完成使命的一種反饋。如果扭曲企業存在的價值，把追求「最大利潤」作爲宗旨，那麼企業就會變質，就會「無惡不作」、坑蒙拐騙、無所不爲。

從眼前看，從短期行爲看，企業可能大撈一筆，但從長遠看，企業在社會將無立足之地。

可見，「利益或利潤最大化」對企業來說，不是好事，不是善道。企業能取得略高於平均利潤的利潤就很好，太高了就要走向反面。

第四，追求利益或利潤最大化在實踐上必然造成泛市場化、泛產業化，進而造成市場與社會秩序的混亂不堪。

如今中國的教育、醫療本來是公益事業，都已產業化、市場化，造成廣大群衆看不起病，上不起學。近年來，群衆反映極大，引起普遍的社會不滿，政府做了一定程度的改革與調整，但問題並沒有從根本上解決。

教育方面，追求利益最大化，就是濫招生、亂辦班、亂收費。碩士生教育部有規定，一個導師最多招 2～3 名，有的大學一個學院的院長竟招 40～50 名碩士生。一座藝術院校招表演系學生幾十人，面試者竟達幾百人、上千人，目的是賺大錢。

中小學辦各種補課班，多的不可勝數，家長唯恐孩子輸在起跑線上，所以不惜時間、不吝金錢，送孩子上學，星期六、星期日也得不到休息，家長活得很累，孩子活得很苦。最終結果，敗壞社會風氣，行賄、送禮、請客遍地皆是。更爲嚴重的是孩子產生厭學的情緒。

〔註4〕〔日本〕松下幸之助：《實踐經營哲學》〔M〕，滕穎編譯，中國社會科學出版社，1989 年版，第 27～28 頁。

　　「追求利益最大化」的危害不止如此。它還腐蝕政權，有些地方政府通過經濟開發，販賣土地，企業改制，從中漁利。凡此種種行為，在合法的名義下，幹著侵吞社會財富，掠奪群眾血汗的非法勾當。

　　政府官員的貪贓枉法、有恃無恐，成幫、成夥、成片地貪污、受賄，其數字之大，令人驚詫不已，不是數十萬、數百萬、數千萬，而是數億！這是中國歷史上空前的，史治不清，創世界之最。

　　賣官鬻爵膽大包天，有的地方明碼實價，科長、主任、局長多少錢都有「標的」。官員蛻化變質的地方，甚至與社會黑幫相勾結，黑社會勢力滲入政權之中，政府已經異化，不是人民的政權。例如重慶打黑前的公安系統。這種狀況目前還不是全國性的，卻向全國蔓延。

　　「利益最大化」的最大危害，是使人變質、人性異化。人們對物質利益的追求無止境，變得異常的自私、貪婪、專橫、霸道、狠毒。

　　整個社會正變得沒有秩序、沒有誠信、沒有正義、沒有是非，人變成經濟動物，只認錢，不認人。這樣下去，國將不國，黨將不黨！

　　凡此種種，說明「利益最大化」對社會有百害而無一利。故此要毫不猶豫地放棄這個原則，代之以「機會均等，利益均霑」的原則，給予人們同樣的生存與發展的機會，讓人們付出辛勞之後得到他們該得的利益。即共享改革開放的成果，亦即利益的合理化、均等化。這是政府、社會精英、人民大眾應該樹立的觀念，這也是建設和諧社會的不二法門，捨此無它。

全心全意爲人民服務
是毛澤東倫理思想的核心

　　毛澤東誕生在中國，毛澤東思想產生在中國革命與建設的實踐中，這是中國人民的驕傲，也是全世界勞動者的驕傲。

　　毛澤東是位博古通今、融彙中西文化於一體的現代中國智慧的巨星，也是當代世界上最傑出的思想家之一。正如中共中央十一屆六中全會《關於建國以來黨的若干歷史問題的決議》指出的那樣：「毛澤東同志是偉大的馬克思主義者，是偉大的無產階級革命家、戰略家和理論家」。

　　毛澤東領導中國人民爲爭取解放和獨立而進行的數十年的鬥爭中，創造性地應用馬克思列寧主義於中國社會實際，從而產生了毛澤東思想。毛澤東思想是馬克思列寧主義與中國革命實踐相結合的產物，同時也是全黨智慧的結晶。

　　毛澤東全面地發展了馬克思主義，其中也包括馬克思主義的倫理學說，這就是毛澤東的倫理思想。

　　毛澤東倫理思想，是馬克思主義倫理學在中國革命和建設中的運用與發展，是中國化的，具有中國氣派和中國作風的馬克思主義倫理學。眾所周知，毛澤東一生都在緊張的從事武裝奪取政權和領導偉大的社會主義改造運動、社會主義的經濟建設，無暇寫出專門的系統的倫理學著作來。他豐富多彩、博大精深的倫理思想散見在許多著作、文章、講話、報告、信函、詩詞之中。這是毛澤東留給我們的一筆極其寶貴的精神財富。

　　毛澤東倫理思想內容豐富，寓意深邃，值得我們很好地學習、繼承與弘

揚。諸如關於革命功利主義的理論、關於道德遺產批判、繼承的理論、關於道德規範、範疇的理論、關於道德品質的理論、關於道德教育利修養的理論等等。其中尤其是全心全意地爲人民服務的思想，更值得我們很好地學習與實踐。

今天在我們建設有中國特色的社會主義，在建立社會主義條件下的市場經濟體制新時期，重溫毛澤東全心全意爲人民服務的教導有重要意義。

一

毛澤東一貫教導共產黨員、革命幹部要爲人民服務。爲人民服務是毛澤東政治思想和黨的建設思想的重要觀點，也是他的倫理觀的核心思想。

毛澤東在《爲人民服務》一文中說：「我們的共產黨和共產黨領導的八路軍、新四軍是徹底地爲人民利益工作的。」〔註1〕又說：「因爲我們是爲人民服務的，所以，我們如果有缺點，就不怕別人批評指出。不管是什麼人，誰向我們指出都行。只要你說得對，我們就改正。你說的辦法對人民有好處，我們就照你的辦。」〔註2〕毛澤東在《論聯合政府》一文中指出：「全心全意地爲人民服務，一刻也不脫離群眾；一切從人民的利益出發……；向人民負責和向黨的領導機關負責的一致性；這些就是我們的出發點。」〔註3〕「共產黨人的一切言論和行動，必須以合乎最廣大人民群眾的最大利益，爲最廣大人民群眾所擁護爲最高標準。」〔註4〕毛澤東在《中國共產黨全國宣傳工作會議上的講話》一文中說：「我們國家要有很多誠心爲人民服務，誠心爲社會主義事業服務，立志改革的人。我們共產黨員都應該是這樣的人。」〔註5〕

在《堅持艱苦奮鬥，密切聯繫群眾》中說：「共產黨就是要奮鬥，就是要全心全意爲人民服務。」〔註6〕鄧小平同志說：「提倡和表彰『全心全意爲人民服務』，『個人服從組織』，『大公無私』，『毫不利己，專門利人』，『一不怕苦，二不怕死』」〔註7〕的精神，並說要「大大發揚這些精神。」「如果一個共

〔註1〕 《毛澤東選集》第3卷，第1004頁。
〔註2〕 《毛澤東選集》第3卷，第1004頁。
〔註3〕 《毛澤東選集》第3卷，第1094～1095頁。
〔註4〕 《毛澤東選集》第3卷，第1096頁。
〔註5〕 《毛澤東選集》第5卷，第411頁。
〔註6〕 《毛澤東選集》第5卷，第420頁。
〔註7〕 《鄧小平文選》（1975～1982年），第326～327頁。

產黨員沒有這些精神，就決不能算是一個合格的共產黨員。」〔註8〕

全心全意爲人民服務是共產黨的宗旨，也是人民政府的宗旨。中共 14 大黨章總綱中指出，黨的建設必須堅決實現的四項基本要求之一，就是爲人民服務的問題。原文是這樣寫的：「堅持全心全意爲人民服務。黨除了工人階級和最廣大人民群眾的利益，沒有自己的特殊利益。黨在任何時候都把群眾利益放在第一位，同群眾同甘共苦，保持最密切的聯繫，不允許任何黨員脫離群眾，凌駕於群眾之上。黨在自己的工作中實行群眾路線，一切爲了群眾，一切依靠群眾，從群眾中來到群眾中去，把黨的正確主張變爲群眾的自覺行動。黨風問題、黨同人民群眾聯繫問題是關係黨生死存亡的問題，黨堅持不懈地反對腐敗，加強黨風建設和廉政建設」。

中華人民共和國憲法總綱第 27 條中有這樣的明文規定：「一切國家機關和國家工作人員必須依靠人民的支持，經常保持同人民的密切聯繫，傾聽人民的意見和建議，接受人民的監督，努力爲人民服務」。這就是說，黨和政府，黨的領導幹部或一般工作人員，不論職務高低，資歷深淺，權力大小，都是人民的勤務員，他們的職責就是爲人民服務。

綜合黨章，憲法和毛澤東、鄧小平關於爲人民服務思想諸多論述，可以看到「爲人民服務」的精義，至少有如下幾點：

第一，一切爲了人民群眾，即人民群眾的利益高於一切。共產黨就是要教導人們正確地認識自己的利益，並且團結起來爲自己的利益而奮鬥。換言之，共產黨就是要爲人民群眾謀利益。人民群眾的利益就是共產黨的利益。

然而，在人剝削人的舊社會裏，廣大的人民群眾都是被剝削者。他們創造的財富愈多，他們得到的就愈少。他們喪失了對生產資料、對社會物質財富和精神財富的佔有和享用，過著悲慘的生活。人類歷史上有無數的精英分子，認識到剝削制度的反人道性質，並想改變這種不合理的制度，但找不到科學辦法。只有共產黨人，以馬克思主義的世界觀爲武器，才找到解放人民群眾的正確的道路和使人民群眾共同富裕起來的道路。因此，共產黨和共產黨領導的政府及其官員，只能是忠誠的全心全意地爲人民服務，爲人民謀利益。否則，它就不是共產黨或共產黨領導的政府、眞正的共產黨員、人民的公僕。

第二，一切依靠群眾，即從群眾中來到群眾中去，亦即堅持群眾路線。

〔註 8〕《鄧小平文選》（1975～1982 年），第 327 頁。

一切爲了群眾的邏輯結論，就是一切依靠群眾。倘若不依靠群眾，爲了群眾必然落空。只有深入到群眾中去，瞭解群眾的疾苦、願望、要求、意見與情緒，才能制定出眞正合乎群眾利益的法律、法令、方針、政策、決定或決議。這樣黨的方針、政策，國家的法令、規章才能爲群眾所歡迎，才能被群眾所理解。黨的主張、政府的意圖，才能成爲群眾自覺的行動。

反之，高踞於群眾之上，命令群眾，把自己的意志強加在群眾的頭上，這勢必脫離群眾，遠離了爲人民服務的宗旨。

第三，廉潔奉公，與群眾同甘共苦。

全心全意爲人民服務，這是很高的要求，其中包含有不同的層次。完全、徹底地爲人民服務，意味著無私奉獻，爲了人民群眾的利益，不惜犧牲個人的一切，以至於生命，眞正的是「革命第一，他人第一，工作第一」。這就是全心全意爲人民服務。做到這步，很不容易。這涉及個人的思想覺悟、品德修養、精神境界等問題，顯然是較高的層次。

共產黨員、政府的領導幹部理應做到這一點，並且應力爭做得好 點，否則不足以領導群眾和教育群眾。縱然一時做不到，那麼「先公後私」，「先人後己」即「吃苦在前，得利在後」總應該做得到吧。這也就是說，把公事、人民大眾的利益擺到優先的地位，把個人的私事、個人的利益放到一個其次的位置，這做起來，並不很難。假如這一點也做不到，那麼，最低限度應做到廉潔奉公，與群眾同甘共苦。所謂廉潔奉公，與群眾同甘共苦，就是不貪污、不受賄，秉公辦事，不與民爭利，不以權謀私。如果連這最低限度的要求也做不到，那麼最好的辦法，就是不要做黨員，不要當幹部。我們一些黨員，一些幹部之所以說話不靈，之所以沒有權威，原因就在這裡。他們已經完全喪失了領導權，人民對他們根本不信任。

第四，傾聽人民群眾的意見，接受人民群眾的監督。

全心全意爲人民服務，就要尊重人民群眾的主人翁地位，尊重人民群眾的首創精神，重視人民群眾的意見和建議。廣大人民群眾是社會實踐的參與者，有豐富的生產鬥爭、階級鬥爭和科學實驗的經驗知識。這是我們黨、政府智慧和力量的源泉。離開了群眾的意見和建議，就將把自己封閉起來，就必然產生脫離實際的形式主義和官僚主義。

共產黨員、政府機關幹部，尤其是領導幹部既然是爲人民服務的，就應當本著公正、公平、公開的原則辦事情。人民群眾有意見、有批評、有建議，

應當允許人家充分發表意見。

群眾的意見有的正確，有的不正確，有的又正確又不正確。這是正常的現象。不管什麼樣的意見，都應當允許發表。這對我們改進工作，忠誠地爲人民服務是有益的，我們長期以來養成一種不好的習慣，就是樂意聽讚揚的話，不樂意聽批評的話；高興人家講與自己一致的意見，不高興人家講與自己不一致的、甚至相反的意見。

事實上反面意見，常常具有更多的真理性，這既是所謂「良藥苦口利於病，忠言逆耳利於行」。反面意見，反向思維，可以使我們「兼聽則明」，頭腦更清醒，決策更英明。

如果我們堵塞群眾的言路，或者提出種種清規戒律，限制人民群眾的批評，實際上就是無視人民群眾的主人翁地位，不相信人民群眾，就是拒絕人民群眾監督。

記得 1962 年毛澤東在七千人大會上，嚴厲地批評那些壓制群眾意見的人。他說：「現在有些同志，很害怕群眾開展討論，怕他們提出同領導機關、領導者意見不同的意見。一討論問題，就壓抑群眾的積極性，不許人家講話。這種態度非常惡劣」。﹝註9﹞他又意味深長地說：「讓人講話，天不會塌下來，自己也不會垮臺。不讓人講話呢？那就難免有一天要垮臺」。是的，不讓人家講話，就是拒絕監督，便於爲所欲爲，就是爲自己垮臺創造條件。

二

爲人民的利益而堅持真理，爲人民的利益而修正錯誤，這本是爲人民服務的題中應有之義。

全心全意爲人民服務，要服務得好，服務得群眾滿意，就得有勇氣接受群眾的批評與監督。共產黨員、國家幹部，尤其是領導幹部，首先應該明瞭這一點，並應身體力行。

爲此，要從思想上解決兩個認識問題，其一是主人與公僕的關係問題。

我們是社會主義國家，人民群眾當家作主，即是說，人民群眾是主人，而幹部不管職務多麼高，都不過是爲人民服務的公僕而已。公僕是唯主人之命是從，是按主人的意志辦事的，這個關係不容顛倒。我們現在有些機關，有些幹部不爲人民辦事，以權謀私，或以職謀私。人民群眾找他們辦事，難

﹝註9﹞ 《毛澤東著作選讀》（下冊），人民出版社，1986 年版，第 818 頁。

得很，支吾搪塞，推拖敷衍，或者敲詐勒索，不送禮、不行賄，就辦不成事。這不是主僕顛倒嗎？主人變成了僕人；僕人變成了主人，而且變成了一個很壞的主人，一個自私自利、損人利己、損公肥私，甚至貪得無厭的主人；而主人則變成了一個溫順、服從的僕人，一個受了欺壓，不敢吭聲、不敢告狀的僕人。這完全是一種扭曲。用哲學的語言來說，這就是所謂「異化」。

幹部由人民的公僕，變成人民的老爺，這不是「異化」是什麼？在社會主義初級階段上，私有制的存在是產生異化的經濟根源。對此應有清醒的認識，努力防止異化，或盡可能減少異化造成的危害，否則越來越多的幹部蛻化變質，就是不可避免的了。

其二是權力的來源，向人民負責與向領導負責的關係問題。

黨和政府的各級幹部都有一定的權力。這個權力是從哪裏來的？是黨給的嗎？是頂頭上司給的嗎？表面上看，似乎是這樣。因爲我們的政府的各級幹部多是任命制，黨的幹部雖然是選舉產生的，但任命代替選舉，或者先任命後選舉的事，實在不少。於是人們發生一種錯覺，好像自己手中的權力是某某領導、某某上級給我的。於是只對上級機關負責、對領導負責，只要領導、上級滿意，對他們交代過去，就算齊了。至於群眾有何反映、有何意見，那是無所謂的，人民群眾意見再大，只要我的上級對我印象好，官照舊可以做下去。這是非常錯誤的觀念。說這是種觀念錯誤，一是權力來源弄錯了。黨員幹部、政府官員的權力來自黨員群眾或人民大眾，抑或來自上級領導？應當是前者，而不是後者。

黨組織的權力是黨員群眾賦予的。黨的最高權力在黨的全國代表大會，通過全國黨的代表大會選舉中央委員會，中央委員會選舉政治局和政治局常委。由此觀之，黨的各級領導機關的權力，說到底都是廣大黨員賦予的，黨的領導幹部的權力，自然也是廣大黨員賦予的，也可以說，受黨員群眾的委託，在給黨、給人民做事情。從國家來說，也是如此。人民群眾是國家的主人。人民群眾選舉人民代表，由人民代表組成各級人民代表大會，然後再由各級人民代表大會，選舉各級人民政府的主要領導成員。再由主要領導成員任命一些具體部門的幹部，組成政府，爲人民辦事。所以，從根本上說，政府官員的權力是人民賦予的，是受人民群眾的委託爲他們辦事。由此觀之，黨或政府他們的權力來自黨員群眾或人民群眾。二是錯在把對上級負責與對人民群眾負責對立起來。黨政各級組織的權力既然是黨員群眾或人民群眾賦

予的，因此對上級負責與對人民群眾負責應當是一致的，但是歸根到底是對人民負責的問題。可是在現實生活中常常把兩者割裂開來，只對領導負責，不明白領導與群眾還是有差距的，對領導負責，不等於對群眾負責。這裡尤其要指出，對那些高高在上，脫離群眾的領導負責，實質上就是對人民的不負責。因此，黨的各級領導幹部，政府的各級官員都應該自覺地接受人民群眾的監督；把對領導負責與對人民負責切實地結合起來。

鄧小平同志指出：「要有群眾監督制度，讓群眾和黨員監督幹部，特別是領導幹部。凡是搞特權、特殊化，經過批評教育而又不改的，人民就有權依法進行檢舉、控告、彈劾、撤換、罷免，要求他們在經濟上退賠，並使他們受到法律、紀律處分。對各級幹部的職權範圍和政治、生活待遇，要制定各種條例，最重要的是要有專門的機構進行鐵面無私的監督檢查」。〔註10〕鄧小平同志說得完全正確。

現在看來，沒有人民群眾的監督，全心全意為人民服務很難完全落實。至於人民群眾如何監督，可操作性措施現在還沒有或者有也不多。如何把監督的制度建立起來，這涉及政治體制的改革問題，已越出本文的範圍，故這裡不再探討。

三

全心全意為人民服務是黨和政府的宗旨，要求黨員、黨的領導幹部、政府機關工作人員和各級官員，帶頭做到，這是理所當然的。那麼，對於廣大的社會公眾，即人民大眾來說，有沒有為人民服務的問題呢？

我們現在發展商品經濟，進而建立市場經濟體系，人們一手交錢，一手交貨，還需要講為人民服務嗎？

我們的回答是肯定的，還要講為人民服務。

為人民服務不只是一個政治原則、組織原則，也是一個倫理原則。作為一個倫理原則，為人民服務具有普遍意義。社會主義初級階段上我們倡導的一切道德，愛祖國，愛人民，愛科學，愛勞動，愛社會主義，還有集體主義、人道主義、誠實守信、公道等等，歸根到底就是一句話，即為人民服務。為人民服務是毛澤東倫理思想的核心，也是社會主義道德的最根本的東西。

〔註10〕《鄧小平文選》（1975～1982），第 292 頁。

　　毛澤東爲人民服務的道德觀，其理論根源於馬克思主義的唯物史觀，即人民群衆是歷史的創作者，是推動歷史前進的動力。同時也是對列寧關於社會主義道德原則，即「人人爲我，我爲人人」的思想的進一步發展。列寧認爲社會主義消滅了剝削，消滅了人對人的壓迫和奴役。這個社會是眞正人人平等的社會，這裡既無階級對立，又無階級差別，因此，這個社會的道德，不同於資本主義社會「人人爲自己，上帝爲大家」的舊道德。而是「人人爲我，我爲人人」的新道德。

　　毛澤東爲人民服務的道德觀，也是對現代中國進步道德的批判繼承。衆所周知，民主革命的偉大先行者，國父孫中山先生三民主義的道德觀，就是「爲衆人服務」的道德。孫中山說：「我從前發明過一個道理，說世界人類得之天賦的才能，約有三種：一是先知先覺的，二是後知後覺的，三是不知不覺的……這三種人相互爲用，協力進行，然後人類的文明進步，才能一日千里。天之生人，雖有聰明才力的不平等，但是人心必欲使之平等，這是道德上的最高目的」。又說：「要調和三種人，使之平等，則人人應該以服務爲目的，不當以奪取爲目的。聰明才力愈大的人，當盡其能力而服千萬人之務，造千萬人之福。聰明才力略小的人，當盡其力，以服十百人之務，造十百人之福」，所謂「巧者拙之奴」，就是這個道理。至於全無聰明才力的人，也應該盡一己之能力，以服一人之務，造一人之福。照這樣做去，雖天生人的聰明才力，有三種不平等，而人類由於服務的道德心發達，必可使之成爲平等了」。〔註11〕這既是說，所謂爲衆人服務的道德，即是人人盡其所能，爲他人服務、爲社會造福，這樣就可以發展人類社會的平等。孫中山先生認爲，「爲衆人服務」的道德是一種世界道德新潮流，一種全新的道德。平心而論，孫中山爲衆人服務的道德，的確是一種進步的道德，因爲這種道德，反對人對人的奪取，主張人對人應當相互服務，建立一種眞正平等的社會。這種觀點，今天看來也還有相當的科學價值和進步意義。

　　但是這種比之封建時代的舊道德有顯著不同的新道德觀，其哲學基礎是唯心論的。因爲在孫中山看來，人的聰明才智是天生的不平等，這顯然不符合人的知識與能力來源於社會生活實踐的辯證唯物主義的科學觀點。建立平等的社會，不實行社會制度的變革，單單靠人人盡自己所能爲社會大衆服務，不過是一種無法實現的良好願望而已。毛澤東對孫中山「爲衆人服務」的道

─────────────────

〔註11〕《孫中山選集》下卷，人民出版社，1981 年版，第 706～707 頁。

德觀，在唯物史觀的基礎上，加以革命的改造，提出「全心全意為人民服務」的社會主義、共產主義的道德觀。

全心全意為人民服務的道德觀，從一個方面說是毛澤東對現代中國先進道德思想的繼承與弘揚。從另一個方面說，則是對中國革命百多年來湧現出來的千千萬萬的先進分子，尤其是共產黨人，舍生忘死，一心一意為中國人民的解放、為祖國的獨立與自由，為建立社會主義新社會而奮鬥的大公無私精神的高度概括和科學總結。

為人民服務，作為社會主義新道德，我們實行了 40 餘年，現在發展商品經濟，實行計劃經濟向市場經濟體制過渡，還能實行得通嗎？

筆者認為，還能行得通。不管人們是怎樣的按照「主觀為自己、客觀為別人」的原則行事，也不管人們是怎樣的自私自利，但是，為人民服務，作為社會主義道德原則，不容懷疑，也不容否定。為什麼？

這是因為，一則是社會主義經濟基礎，儘管是多種所有制同時並存，但畢竟公有制占主導地位，儘管有多種分配製度存在，但畢竟以按勞分配為主。這樣的經濟關係規定的人與人的關係是相互合作的、團結友愛的，因此，在道德上，實行平等互助的原則，即人人是服務者，人人又是被服務者，亦即為人民服務是有充分的客觀物質基礎的。二則是我們發展商品經濟，其姓社姓資姑且不論，單就商品經濟存在於發展的重要條件之一，即廣泛的社會分工而言，也需要為社會服務，為人民服務的道德行為原則。商品生產者，雖然主觀為自己，但必須通過客觀為別人的中介，才能實現商品的價值。也就是說，商品生產者生產出的產品，變為商品，一定要能夠滿足他人或社會的需要，可見，倡導、實行為社會公眾服務、或為人民服務的道德，符合於商品經濟運行的客觀規律。事實上商品生產、商品交換，就是要樹立服務的觀點，即為廣大消費者服務。這種商業以至於各行各業服務的準則，提到道德上，就是為眾人服務，即為社會服務。這與我們所說的為人民服務有相通之處。當今日本企業道德中首要的原則就是企業是社會的公器。企業要把社會服務擺到第一位，其次才是獲取利潤。他們說企業的利潤來源於社會，不為社會服務，就斷了財源。這種認識不無道理。資本主義社會尚且講各行各業為社會服務的道德，何況我們在社會主義條件下，發展商品經濟，建立市場經濟體制，其目的是滿足人們群眾日益增長的物質、文化生活需要，怎麼可以放棄為人民服務的道德原則呢？

爲人民服務有不同的層次要求，並不總是要求人民無私奉獻。當然不可否認，無私奉獻是爲人民服務完全、徹底的表現，屬高層次。然而，有償服務，即付給報酬的服務，也是爲人民服務，不過不屬於高層次就是了。依筆者之見只要你按有關規定或章程去服務，不是糊弄人家的金錢，不是欺騙人家，而是忠誠地、認眞負責地爲人家辦事，爲人家工作，就是爲人民服務。簡言之，兢兢業業做好本職工作，就是爲人民服務。這樣地爲人民服務，雖不如無私奉獻崇高，但仍不失爲一種值得肯定的道德行爲。

在商品經濟存在的條件下，人與人的關係難免有手段的一面，即彼此交往以是否對自己有利、有用爲目的，這樣自覺不自覺地把別人當做自己的手段。可是對方也有他自己的目的，他也需要把你當作手段，否則人家也不願與你交往。就此而言，你也是人家的手段。明白了這層道理，筆者以爲在商品社會裏，照樣應當講爲社會服務，爲公眾服務，一言以蔽之，彼此相互服務，不但要相互服務，而且要優質服務。這種服務往往與報酬、好處、實惠相聯繫的，不是高層次的無私奉獻，或自我犧牲，但終究還是一種服務，仍屬道德範疇之內。由此觀之，我們在改革開放的條件下，在發展商品經濟的條件下，應當堅持爲人民服務的道德觀，否則，我們不要說社會主義了，恐怕連資本主義也不如。

再者爲人民服務從本質上說是革命的道德觀，是馬克思主義的道德觀。我們今天的社會道德狀況，雖然處於商品經濟發展階段，但我們的社會是社會主義，是共產黨領導的新社會。在馬克思列寧主義、毛澤東思想的指引下，在建設社會主義物質文明的同時，建設社會主義的精神文明，這就更加需要倡導、實行、弘揚爲人民服務，或全心全意爲人民服務的道德。

黨德、政德與民德

【引言】

中共中央 2001 年發布的《公民道德建設實施綱要》指出：「爲人民服務作爲公民道德建設的核心，是社會主義道德區別和優越於其它社會形態道德的顯著標誌。」對於「爲人民服務」，我們都非常熟悉。然而，對於『爲人民服務』尤其是『全心全意爲人民服務』，長期以來總是有人抱有懷疑乃至否定的態度。有的人認爲，爲人民服務是黨員幹部的事，人民群眾只是被服務的對象。有的人認爲，『爲人民服務』只講義務、不講權利，只講利他、不講利己，因而是無法持續的。也有的人認爲，「全心全意爲人民服務」是過高的道德要求，大多數人都無法達到。這些質疑，聽了魏教授的這番講演之後，都會迎刃而解。

魏教授認爲，爲人民服務不但是黨德、政德，而且也是民德。這是對「與時俱進、革故鼎新」的新理解。只是，對於不同的主體而言，它具有不同層次的要求。對於相同的主體而言，爲人民服務也有不同層次的要求，不要求一步到位。爲人民服務，就其內容而論是目的和手段的相統一、權利和義務相一致、利己和利他相整合的道德。從前講爲人民服務，那是政治道德、階級道德。而今講爲人民服務，不限於此，它更是全民道德、普世道德。爲人民服務，本質上是平等、互助的道德，即你爲我服務、我爲你服務，「我爲人人，人人爲我。」爲人民服務，是社會主義道德的總括詞，其基本結構爲「一個中心、四個基本點。」一個中心：爲人民服務，也就是「我爲人人，人人爲我」。四個基本點也即四個原則：集體主義、人道、公正、誠信。其中的每一個原則，都有各自的要點。例如人道原則，要擴大到一切有生命的事物之

中，逐漸達到「民胞物與」的境界。

趙傑介紹：昨天魏教授語調激揚，生動詼諧而又博古通今地講解了以德治國與提高全民素質問題，他從儒家以德治國論的歷史局限性和某種優越性，從江澤民主席以德治國論的時代創新上，從以德治國和依法治國的互補和辯證關係上，給我們上了一堂生動的倫理學理論課。今天魏教授將結合公民道德建設實施綱要，從倫理學的層面，為我們具體講授黨德、政德與民德問題。

魏英敏：趙副校長這番話，讓我受寵若驚，我昨天講過，我只是一個研究倫理學的人，我沒有那麼大的學問。我是 1956 年考入中國人民大學哲學系的本科生，我在人大受了四年馬克思主義的教育，所以在我身上有中國人民大學學風的痕跡。我又在人大工作了 11 年，前前後後在人大呆了 15 年，後來有一個機會調到北京大學，這是 1970 年的事。我們人民大學是共產黨主掌了全國政權以後建立的新中國第一所社會主義大學。他的前身是陝北公學，人大校長是吳玉璋老先生，我們是按照蘇聯模式建立的中國人民大學，他的科系設置，教學內容、學校領導體制，完全是按照蘇聯的辦法。當時的教學是比較死板的，我們的教授上課都是照本宣科。我當時的系主任叫何思敬，此人 27 歲的時候當過中山大學哲學系的系主任，1946 年國共重慶和平談判，他是毛澤東的法律顧問。他受過西方教育，也在舊中國執教了許多年，所以他對蘇聯教學體制是不滿意的，尤其不贊成照本宣科馬克思主義，因此他受到了不少批評。人民大學在堅持馬克思主義方面做的相當好，但是在有的時候思想不夠靈活，顯得有些僵化。在六十年代初期，陸定一，當時的中宣部長曾經批評人大說，人民大學是教條主義的大蜂窩，這個就成了陸定一文革期間被揪鬥到人民大學，打倒他的重要的一條罪狀。現在看來陸定一的批評不是沒有道理的。當然今天我的母校人民大學已經不同於往昔的人大了，他的學風已有很大的變化。1970 年底我調入北大，分配到哲學系、一幹就是三十年，至 2000 年退休。北大學術民主、思想自由的學風對我的影響是巨大的。我說這番話的意思，就是要大家瞭解我這個人。

一、黨德、政德、民德概念的含義

我今天講的主題就是黨德、政德與民德。這個題目，我想大家會感到新鮮，因為在此之前沒有「黨德」這個說法，實際上「黨德」這個說法早已存

在，那就是在 1924 年前後，孫中山給國民黨黨員講話的時候，提出過黨德的問題。我是讀了孫中山的著作，受到啓發，把這個概念移到共產黨裏來講，所以還是有根據的。黨德，就是共產黨的道德，政德就是「官德」，民德就是人民大衆的道德。我認爲中央關於公民道德建設實施綱要的決定，包含著黨德、政德、民德的思想，因此我就按照這文件內在的邏輯講下來。我首先要解讀一下公民道德建設實施綱要第十二條裏它所含有的內容。第十二條說，「爲人民服務」作爲公民道德建設的核心，是社會主義道德區別和優越於其它社會形態道德的顯著標誌。這是一句話。第二句話，它不僅是對共產黨員和領導幹部的要求，也是對廣大群衆的要求。第三句話，每個公民，不論社會分工如何，能力大小，都能夠在本職崗位上，通過不同形式，做到爲人民服務。第四句話，在新的形勢下，必須大張旗鼓地倡導爲人民服務的道德觀，把爲人民服務的思想貫穿在各種具體道德規範之中。我現在來講這五句話的原本含義是什麼，然後再接著講我對五句話研究心得。這五句話第一句，「爲人民服務作爲公民道德建設的核心，是社會主義道德區別和優越於其它社會形態道德的顯著標誌」。這意味著爲人民服務，是我們社會獨有的道德，在其它社會裏面，沒有，也不可能有的道德。是服務性的道德，即「我爲人人」，「人人爲我」。它是新道德。第二句話：「它不僅是對共產黨員和領導幹部的要求，也是對廣大群衆的要求」，這意味著「爲人民服務」包含有豐富的內容，即黨德、政德與民德。第三句話：「每個公民、不論社會分工如何，能力大小，都能夠在本職崗位上，通過不同形式，做到爲人民服務」，這意味著「爲人民服務」有高低不同的層次。第四句話：「在新的形勢下，必須大張旗鼓地倡導爲人民服務的道德觀，把爲人民服務的思想貫穿在各種具體道德規範之中」，這意味著「爲人民服務」是社會主義道德總括詞，社會主義道德之母。下面接著講我的研究心得。先說「黨德」，「黨德」是共產黨人的道德，社會先進分子的道德，它是代表中國先進社會生產力的發展要求，代表先進文化的發展方方向的，代表中國最廣大人民群衆根本利益的，這就是黨德。黨德是共產黨員的道德，是社會先進分子的道德。

政德是什麼？政德是政治道德、簡言之，它是共產黨、人民政府的官員道德，也就是現代社會通常所說的公務員道德，它本身是政治道德的一部分。政治道德不止是官員道德，包括制度、政策等等的道德。政德是從事黨務工作、政務工作人必須恪守的思想和行爲的道德準則，黨德、政德在中國

來說具有一致性。黨德從一定意義上來說就是政德，政德也可以看作是黨德。因為我們共產黨是執政黨，政府的官員多半都是黨員。如果你不是黨員，你在政府工作也要按黨的宗旨，黨的政策去辦事。所以從這個意義上來說，黨德和政德是一回事，特別是對從政的人來說是這樣的。當然從嚴格意義上來說，黨德包含的內容更寬泛，因為並不是每一個黨員都在作官，都在作公務員，不是的，還有一些普通群眾黨員。要從這個意義來理解，黨德這個概念大於政德。它是一切共產黨員的道德。再寬泛一點說，即使不是共產黨員而準備加入共產黨這個隊伍的人，他也應當按照黨德的要求來指導自己的思想和行為。

什麼叫民德呢？民德是全體人民人人必須遵守的思想和行為道德準則。這種全民道德又可以稱之為國民道德，還可以稱之為公民道德。在這裡有三個基本的概念要搞清楚：「國民」「公民」「人民」，這三個概念有的時候我們是在同等的意義上來使用的，從嚴格的區分界定概念來說這是不一樣的。「國民」，凡是有中華人民共和國國籍的人都可以稱之為國民。你是外國人，入了中國籍，取得了中華人民共和國國籍，你也是我們的國民。「公民」是一個法學概念，公民是指十八歲以上，享有公民權力，並能夠履行公民義務的人才稱之為公民。「人民」這個概念，是一個階級性概念。毛主席在《論人民民主專政》裏，在《關於正確處理人民內部矛盾問題》這本書裏給人民下了個定義：「在現階段是工人階級、農民階級、城市小資產階級和民族資產階級。」人民這個概念現在已有了變化，不完全是階級概念了，更是全民概念。所謂民德就是人民大眾共識的道德。

二、黨德、政德的主要內容和特點

毛澤東在《紀念張思德》一文中，首次提出「為人民服務」這個倫理概念。「我們共產黨和共產黨領導的八路軍、新四軍是革命的隊伍，我們這個隊伍完全是為了解放人民的，是徹底地為人民的利益工作的」。在這裡毛主席首次提出為人民服務的問題，此後毛主席在《論聯合政府》,《在中國共產黨全國宣傳工作會議上的講話》、在《堅持艱苦奮鬥，密切聯繫群眾》等等的著作當中，多次講到為人民服務。無論是在戰爭年代還是在和平建設年代，毛澤東講為人民服務，都是在階級鬥爭的環境裏，在供給制，或在計劃經濟時代講的，在這個歷史條件下講的。這裡所說的為人民服務，或者全心全意為人

民服務是一個嚴格的階級概念。為人民服務是個政治倫理原則。再進一步說，為人民服務對於我們共產黨人來說，它是我們共產黨人的政治觀、歷史觀、人生觀，也是我們的道德價值觀。作為政治觀的為人民服務，就是我們共產黨為之奮鬥的目標，是要解放人民，要人民當家作主，不再受壓迫，受剝削，要成為自己命運的主人，成為國家社會的主人。這叫做政治觀的為人民服務。歷史觀的為人民服務是什麼？這是說，人民，只有人民才是歷史的創造者。也就是說，左右社會歷史發展方向的不是少數社會的精英分子，而是包括他們在內的廣大人民群眾。作為人生觀的為人民服務就是我們共產黨人，革命幹部，要生為人民而生，死為人民而死。作為道德價值觀的為人民服務，就是「民主」、「官僕」。「民主」、「官僕」，就是人民是國家的主人。我們當幹部的，上至國家主席，黨的主席，下至一個村長，都是人民的勤務員，都是在為人民做事情。如果不是這樣的話，就違背了共產黨的宗旨，違背了基本的共產黨的道德價值觀。作為道德價值觀，為人民服務就是給人民當勤務員，也可以說就是要為人民做實事、做好事，為人民謀利益。為人民服務說的更準確的一點，全心全意地為人民服務，就是我們黨德、官德的根本原則。

毛主席在全國宣傳會議上曾經說過，我們要求黨員幹部全心全意地為人民服務，不要半心半意，也不要三分之二的心，三分之二的意為人民服務。所以對於黨德來說，只講「為人民服務」這幾個字還不夠，還要加上一個形容詞「全心全意地為人民服務」，這是我們共產黨的宗旨，人民政府的宗旨，寫在黨章和憲法裏面的。黨德、政德歸納起來，我研究的結果，把黨德政德具體化為科學的行為準則，我認為至少有十條規範。第一條規範叫做「立黨為公，執政為民」；第二條「依法辦事，公正無私」；第三條「敬業盡職，忠誠積極」；第四條「實事求是，力戒浮誇」；第五條「顧全大局，團結協作」；第六條「尊重上級，愛護下屬」；第七條「遵紀守法，率先垂範」；第八條「廉潔清正，艱苦奮鬥」；第九條「接受監督，自我省察」；第十條「堅持真理，修正錯誤」。這十條黨德規範，在 1996 年河北省委機關刊物《探索與求是》雜誌，第 9 期上，同年 5 月在中央黨校成人教育學院，作關於「公務員道德建設」的報告，我已經講過了。後來 1999 年在山西省委組織部辦刊物「領導者」的雜誌裏面，可以看到一篇訪問記《子率以正孰敢不正》——訪中國倫理學會副會長魏英敏教授的文章，對這十條又一次地做了詳細的闡明。在這

裡我揀幾個重點講一講。

首先講「立黨為公，執政為民」。「立黨為公，執政為民」是說我們組織共產黨、建立共產黨是出於公心的，是為了解放全中國人民而組建的共產黨。共產黨人，按照劉少奇的講法，除了人民大眾解放的利益沒有自己的私利。共產黨只有在為人民奮鬥的過程當中實現他的利益，而決不能把他的個人利益置於黨和人民大眾的利益之上。共產黨從事政府工作，就是要為落實黨的宗旨和任務去工作。「立黨為公，執政為民」這個規範，也可以說，要求我們全黨為人民做好事，做實事。現在我們黨風裏存在一個問題，就是我們有些黨員、幹部不是在為人民服務，而是為他個人、家庭、親戚、朋友服務。我們在報紙、電臺上看到揭露一些心術不正，作風不良，還有那些一些貪污受賄的幹部，他們完全忘記了我們共產黨的宗旨。我看過許多材料寫到，我們有些幹部不僅以權謀私，要超標準的住宅，還要給他兒子弄一套房，給他孫子弄一套房，這就不是為人民服務了，老百姓的批評是很有道理的。現在有些幹部花人民大眾的錢一點也不心疼，用公款吃喝，公款旅遊，公款讀博士學位等等，群眾很不滿意。我覺得這些不滿意，這些批評是對的。我們現在在執法問題上，國家規定在法律面前人人平等，有法必依，違法必糾，執法必嚴。但是我們看到相反，一些幹部手裏有權，他們胡作為為，犯了法，不受懲罰，甚至有恃無恐。有個鄉長說：「我上管天，下管地，中間管空氣」，怎麼著，你能把我怎麼樣。他對老百姓講：「你砸我的碗，我就端你的鍋，你提意見？沒門」。這就太不像話了。現在貫徹執行中央的法律，我看有腸梗阻的現象。中國今天的法律可以照顧當官的，所以老百姓就提出一個問題：你這個法律究竟是幹什麼吃的？執法官員為什麼不能挺直了腰杆執法呢？這個原因很簡單，就是老百姓說的，「吃了人家的嘴軟，拿了人家的手短。」你吃了人家的好處，你就不能夠秉公執法，所以我們在政策的執行上，一定要依法辦事，公正無私，這樣群眾才會擁護我們。幹部道德里重要的一條。叫做「實事求是，力戒浮誇」。我們號稱是實事求是的，讓我說一句大實話，我們是最不實事求是的。為什麼？因說大話、說空話、說假話，從上到下都大有人在。泰安前市委書記胡建學，他說大話，論證養牛是如何如何的好，從牛毛到牛尾再到牛的五腑六髒都有用。他說泰安要成為養牛大縣，要養牛致富。中央領導同志到泰安去看，他有把很多地方的牛牽到一個村裏面，一眼望不到邊，黃忽忽的一片都是牛。中央首長參觀完了很高興，回到北京一說，其

他的首長也去了，他照舊演示，又弄了一幫牛到另外一個村子給領導看，領導又滿意了。後來胡建學的問題揭露出來，證明這事全是假的，山東泰安養牛比較好，但是沒有那麼多，他重蹈 1958 年大躍進「放衛星」的覆轍。那時候的事，在座的年齡小不知道，放衛星說小麥畝產 10 萬斤，20 萬斤，全都是假的，不可能的，把麥子集中在一起，把孩子擱那頂上跳都掉不下去，實際是把好多地方的麥子集中在一起，而不是一個地方的，也絕不是一畝地的產量。這是歷史上的故事，今日說給大家聽。最後泰安的老百姓編笑話說，泰安的每一頭牛都認識胡建學，胡建學搞鬼把牛牽來牽去，所以牛都認識他了。我們做領導的，務必要實事求是，不能說假話，說假話坑了國家，害了老百姓，最後自己也要身敗名裂的。胡建學的下場是最好的明證。老百姓說：「數字出官，官出數字」，有一些假話是上級領導逼出來的。有的地方雇人說假話，大話，說完假話以後發獎金，我在北京看過這樣的材料。於是有人說實事求是真難啊。有人說我們人民大學一進校門有「實事求是」四個大字刻在一塊很大很高的石頭上擋住了前行的走路。一進人民大學，校門正面對個橢圓形的花壇，周圍是橢圓形的路，人們說進了人民大學，左走不是，右走也不是，左走要犯左的錯誤，右走要犯右的錯誤，那麼只好筆直走了，立在我們面前的就是鐫刻著「實事求是」四個大字的大石頭，你要走下去嗎？那將碰得頭破血流，這個故事寓意很深刻，不能實事求是，只好來假的吧。這大概是人們編的，但是它說明了真正做到實事求是很難、很難的。說假話不僅能夠暢行無阻，而且有官當。所以老百姓感歎，當今中國社會什麼是真的？

假的是真的。除了媽是真的之外，爹是不是真的，都成了問題。我不相信這個說法，第三者是有的，但是爹十有八九是真的。

還有一點就是「清政廉潔，艱苦奮鬥」。現在我們物質生活好了，大家都想吃的好、住的好，行的好，辦公條件也要好。這個完全都可以理解。但是不該奢侈浪費。我們還要提倡節儉，節儉是一種美德。個人生活，國家經濟建設，文化建設都應當注意這一點。我這裡要講北大的事，北大領導聽了，可能要惱火，不過我講的是實事求是的。我們北大有一次開工作總結會議，大概是許智宏校長剛到北大來不久，會議沒在學校裏開，在校園外開，花了一筆錢。在外面租飯店，總要花錢。我就找一位書記，說：北大放寒假，院裏靜悄悄的，開什麼會開不了啊！為什麼到外面開？他說：這還要問嗎？我們辛苦了一學期，新校長來了，到外面連休息帶開會，一舉兩得有什麼不對？

接著我問書記：艱苦奮鬥，勤儉辦一切事業，包括勤儉辦教育，這個方針還管用嗎？他反問我一句，誰說不管用了？我說：管用就好。那我再問你一句，為什麼不可以在校園內開會，省下這些錢，拿來扶貧也好嗎。他說：你這個話，道理上沒錯，但是你現在看一看，上至教育部，下至一個不起眼的學校，誰開會在校內？我說：你這樣說，沒有道理。他說：我告訴你，我們夠節儉的了，沒洗桑拿就省了一大筆。我說：你這是什麼邏輯？難道沒找小姐不是更節省了嗎！我覺得我們還是要考慮學校是教育人的地方。外面怎麼奢侈浪費，那是他們的事情，我們管不了。但是在我們自己的範圍內，總應當艱苦奮鬥吧，應當勤儉辦事吧？我們的政府部門，現在差不多把艱苦樸素的傳統丟了。經濟發展了，辦公條件要改善，物質待遇要提高，毫無疑問我是贊成的。但是還要不要艱苦奮鬥呢？還是應當要。我們現在有的領導幹部，更換高級轎車，每升一個臺階，他要換一臺車。甚至不升一個臺階，也要換一臺車，這是沒有任何道理的，是不應該的。我到韓村河去，韓村河是北京郊區一個很發達的社會主義的現代新農村，是村鎮建設的模範，集體富裕的模範。這個村的黨支部書記田雄，他們全村所有的農民都住了 340 平方米的房子，年輕人也住上 260 平方米的洋樓之後，他才搬進新樓去。樓有日本式的、歐美式的、中國式的建築，確實很漂亮。有農民家住二層樓或三層樓，每層樓都有一個洗手間，都有一個客廳，四五間房，我是親眼看見的。這樣一個黨支部書記，能夠在所有的人住上好房子之後的第六年住進去，先人後己，先公而後私，了不起。他拿的工資是與他這個管理區的幹部是相同的。他們的工資都是公之於眾的。他坐的汽車，用他的話說，能開就行，沒有別的要求。他們有這麼大的產業韓建集團，擁有幾十個億的資產。作為這個村子的負責人，這個集團的領導人，他沒有特殊化，因而沒不安全感，沒有保鏢，家裏也沒有養狼狗。還有河南新鄉郊區七里營鄉的史來賀，他曾是全國勞模鄉鎮企業工農貿總公司的經理，在計劃經濟時代，他是副地級的待遇。史來賀把工資都交給生產隊，跟生產隊的窮哥們兒一起拿工分。現在大家日子好過了，但他不拿公司的高工資，重新拿原先副地級工資。我在 1992 年去那個地方的時候，管理區的幹部在會上說，至少要給史來賀長三級到四級工資，如果他不接受，我們將集體辭職。史來賀就是那樣，家裏沒有人站崗放哨，他走到哪裏都非常坦然，因為他和群眾打成一片，他艱苦奮鬥數十年如一日，這些人是我們學習的榜樣。我們就是富了，我們也不能奢侈，這一點在我們講幹

部道德的時候，要重新加以提倡。

　　黨德政德的特點是什麼？黨德政德的特點可以概括爲這樣幾點：首先它是職業道德的一種。除了具有一般職業道德特點之處，它的突出特點就是，手裏有各種各樣或大或小、或多或少的權力。黨德政德嚴格地說起來，它是一種權力道德。這裡有一個關鍵的問題，就是公權公用還是公權私用的問題。我們手握權力的人尤其要注意這個問題。有些幹部犯了錯誤，原因就是沒有公權公用，而是公權私用。轟動全國的廈門賴昌星事件，賴昌星是個農民。他就是花錢買通了幹部，幹部給了他許許多多的方便，這就爲他發展他的私人企業，猖狂走私、創造了條件，幹部拿他沒有辦法。而賴昌星這個人非常厲害，最近報紙上揭露，他用先進的攝像機，把那些幹部在這裡尋歡作樂、嫖娼淫亂之事都錄製下來，然後威脅你，讓你爲他幹這幹那，你幹不幹？不幹，那好，就把錄像帶交給媒體，把你醜惡行徑暴光於社會，所以這些幹部完全聽命於他了，這就是公權私用的結果。

　　如果公權公用的話，我認爲這些問題是不會發生的。我們的權力要爲大眾來用，有權力就有責任，權力有多大責任就有多大，權力與責任相對應。有執法權，就有執法的責任，這個責任的後果，你要承擔。你的責任盡到了，就要受到表揚；沒有盡到責任，或犯了瀆職的錯誤，你就要準備接受批評、處罰，甚至於罷官回家。這個責任就是你要承擔的後果，這種責任跟權力一樣具有法律的效應。有權力有責任，權力越大責任越大。在中國有一種現象很奇怪，有一種人有權他不肯做事，下面做事的人，他沒有多少權，但是他有責任，一旦出了問題，領導一推六二五，不負責任，責任推到下面。有問題的時候，大家推來推去，責任是不明確的。所以外國人批評我們中國，是一個無責任的政府。這個批評顯然是過頭啦，但有一定的道理。我們可以看到一些大的國家工程出了問題，到底有多少人被追究責任的？北京西客站就是一個豆腐渣工程，曾被報刊揭露了，但是沒有認真追究這個工程的責任。有沒有追究責任的事？有，不是很多，這使我感到莫名其妙。現在常常有上級政府跟下級政府簽定責任狀的事。責任狀？我認爲這不可理解。什麼叫責任狀？責任狀就是說，這個事情交給你了，你有責任辦好，辦不好我追究你，於是簽了協議叫責任狀。我認爲政府機關上下級如此做法，多此一舉，你有這個工作職權，你就有這個責任，爲什麼還要簽定責任狀呢？這完全是政府工作中的混亂。我認爲沒有必要簽定責任狀。

其次黨風政風帶動民風，黨風對民風，政風有決定性的影響。孔子在《論語》裏面有一句話：「君子之德風，小人之德草，草上之風必偃」。這是什麼意思呢？君子之德風，就是有學問有知識有修養的人的道德，就像風一樣刮起來了。小人，沒有知識，沒有道德的人，他的那個道德就太差勁了，像牆頭草一樣，東邊來風它向西倒，西邊來風它向東倒，這個話有一定的道理。就是說，社會精英分子，社會領導層，他們的道德對整個社會道德風尚，起了決定性的影響作用。在這裡我可以把「四清」運動中老百姓說的話重複一遍。「四清」運動中老百姓總結說：「村看村，戶看戶，社員看幹部，黨員看黨支部。」在這個村里黨支部如何，黨員如何，對這個村裏人，對這個村裏的風尚影響甚大。1992 年我去河南滎陽縣參加農村十星級社會主義文明教育，鄉規民約、共產黨的政策，他們將這些內容都包括進去，做十顆星，成一個門牌，釘在大門框上。當時我帶學生，做社會實踐，在農民當中做了一些調查研究，開座談會，我就問他們，村裏出現盜竊、賭博、打架、家庭糾紛等問題是怎麼造成的？農民對基層幹部意見很大。農民沒有直接回答，只是說：抗戰時期我們這個地方是游擊區，我們把共產黨幹部，八路軍戰士當自己人，自己的子弟呀，冒著生命危險保護他們。現在不會了，現在的幹部欺壓我們，若是小日本再打進來，我就把鄉長拿繩子綁起來交給日本人。我們跟著共產黨走嗎，關鍵是你們把幹部弄好嘛。他說了一句話在我看來是經典名言，我在北京大學高樓深院內無論如何講不出這句話。他說：「要想紅旗飄萬代，重在教育當權派」。當權派問題解決了，我們的一切問題都好解決了。我覺得這話入木三分，太深刻了。

第三點，黨德政德不但是個人的私德，嚴格說起來，他是社會公共道德的一部分，它關係到權力的運作問題，關係到法律法令的執行問題，關係到共產黨的形象和聲譽、前途和命運的問題。所以我們必須要注意黨德政德的建設，而且這不光是黨、政府機關的事情，也是我們全民的事情，大家都應當關心黨德政德建設。

三、民德及其實質

民德就是公民道德。首先講為人民服務跟市場經濟是不是相悖的？有人說我們現在搞市場經濟是講等價交換的，講實惠，講利益的，還講為人民服務過於迂腐了吧。死搬過去的教條，老百姓能認同為人民服務嗎？我的回答

是肯定的。為人民服務在市場經濟條件下能夠講得通。為什麼？道理很簡單，我首先承認市場經濟是講等價交換的。等價交換，這樣一種經濟活動的規則作用在我們的腦子裏，強化了我們的功利意識，這一點是沒有問題的。我們做事情總要講利益，就是老百姓說的無利不起早，起早必圖利嗎。在市場經濟情況下還能不能講為人民服務？這的確是個問題。有人認為市場最計較個人利益的，再講為人民服務就是冰炭不相容。我說你錯了，為什麼？因為你不瞭解為人民服務有高低不同的層次。為人民服務，高層次是無私奉獻，但我們並不是要求人們時時處處都要無私奉獻。無私奉獻是為人民服務的高層次，在關鍵的時候，你能做到這點就很不錯了。在大多數人那裡，在通常的情況下，我認為誠實勞動能夠實實在在的做事情，通過自己的勞動來幫助別人，幫助他解決他要解決的問題，這就是為人民服務。為人民服務有高低不同的層次。就低層次來說，大多數人，為人民服務就是通過自己辛勤地勞動為社會做事，從而養家糊口。只要憑自己的本事掙飯吃，有利於自己，也有利於社會，這就是為人民服務，所以為人民服務跟市場經濟不矛盾。為人民服務跟市場經濟不矛盾還有一點重要的理由，就是市場經濟是交換經濟，為交換而生產，商品生產者要使自己的產品變成商品，實現它的價值，它就必須通過使用價值來實現。使用價值就是商品的用途或功能。商品的功能，這就是商品的使用價值。價值，則是凝結在商品中的社會必要的勞動時間。企業家關心的是怎麼掙錢，即商品的價值和利潤，為此他就要首先關心商品的使用價值，要滿足顧客即大眾對商品的需求，滿足人民的願望要求，否則，他的產品不能變成商品，就不能得到利潤。所以企業家首先考慮到社會大眾的需要，然後才能為自己去賺錢，這可以叫做：「客觀為他人，主觀為自己」。然而更多的是「主觀為自己，客觀為他人」。即為自己是目的，賺錢是目的，為他人是手段。必須通過為他人的手段才能達到為自己賺錢的目的。所以說為人民服務，不管人們主觀上願意不願意，客觀上都要這樣做。市場經濟的一個法則，就是商品的生產者和需要者，彼此要互利，沒有互利恐怕是不行的。而且市場經濟越來越專業化。專業化強調的是社會分工，同時要有社會協作，個人和個人，企業和企業，單位和單位必須互相依託，互相聯繫，互相支持，換句話說要互相服務。雖然彼此有競爭，但是彼此也有協作。在利益上，商品經濟要求的是互利，不是單方面的利，單方面獲利弄不好就是坑蒙拐騙。實際上任何商品真正運作起來的規則應當是，你有利，我也有利。

當然利跟利是不會相等的，但是必須是互利的。換句話說，我要獲得利益，我也要你獲得利益，所以互利是市場經濟的一個內在要求，一個內在的法則。從我爲人人，人人爲我，我爲你服務，你爲我服務的意義上來理解爲人民服務，爲人民服務跟市場經濟是一致的，而不是矛盾的。

　　第二點，爲人民服務，我爲人人，人人爲我是一種全新的道德。爲什麼說它是全新的道德？新在哪裏？這是關鍵性的問題。在人類的道德史上，不曾有過我們現在講的這樣一種道德，因爲我們講的這樣一種道德，它本質上是一種平等的、互助的道德。大家知道在前資本主義社會，即奴隸社會、封建社會、甚至包括資本主義社會，都是不平等的道德或等級道德。我從古希臘，羅馬時代的道德說起，奴隸社會的道德爲什麼是一個階級的道德，又是個等級特權的道德呢？在古希臘羅馬時代的社會裏講四種主要道德。第一是智慧，第二是勇敢，第三是節制，第四是公正。柏拉圖在《理想國》裏說，智慧道德，是用金子做成的人所具有的道德，用金子這種質料做成的人，他的職務是統治國家，他的道德是智慧。用銀子做成的人，他的工作是協助國王來管理國家和社會，即保衛國家，他的道德是勇敢。用銅鐵這種質料做成的人，是手工業者和農民，他們要不辭勞苦的工作，創造社會財富，供統治者享用，他們的道德是節制。那麼什麼是公正呢？公正就是各個等級的人，各司其職，各盡其責。也就是說，人們要安於你的等級名分，你不要有任何非分之想，非分之所爲，這就是公正。很顯然古希臘羅馬時代講的這一套道德，不僅是階級的道德，而且是等級的道德。第一等級是國王，第二等級是武士，第三等級是自由民，奴隸是會說話的工具，只允許他們服務勞動，不許做別的事。奴隸是不能夠對他們講道德的。中國西周之前的社會，跟古希臘差不多。西周社會裏有個說法，叫做「刑不上大夫，禮下不庶人」。什麼意思？大意是這些統治階級中的人犯了罪，他有超越法律之上的特權，可以不受法律制裁。「禮不下庶人」，對那些農民手工業者奴隸來說，是不能講禮的，不能對他們講道德的。所以中國與西方在生產力發展水平大體一致的階段上共通的或共同的道德規範，都是等級特權式的道德。等級制度厲害得很，中國古代社會人分五等，官分九級，天子、諸侯、卿大夫、士、庶民。官從一品宰相到九品縣太爺，在封建社會裏這種等級表現的非常明顯，吃穿住行都有等級的標記。比如說，皇帝死了說「崩」。你要是一個農民，你說我老子崩了，那你是活膩了，不准這樣說。穿的袍子也是有等級規定的，大清帝國，

黃色是皇帝專用色，沒有皇帝的恩賜，你要做一件黃馬掛穿到身上試試看，那就要犯殺頭之罪，所以在這個社會裏面道德是一種等級特權式的道德。中國封建社會講「三綱五常」，「三綱」界限非常明確。綱本是網上大繩，在這裡就有統治服從之意義。「三綱」是不平等的道德。「五常」即仁、義、禮、智、信。還好一點。中國封建社會早期儒家的道德講君禮臣忠，父慈子孝，夫和妻順，以現代眼光看或多或少有一點平等意味。後來就不行了，變成片面的道德了。只講忠、孝、順，不講禮、慈、和。所以中國封建社會道德是不平等的。

現在人們有一個疑問：資本主義社會道德也是不平等嗎？資本主義社會道德反神權、反皇權、反特權，主張人人平等，理應是平等的道德。1776 年美國《獨立宣言》上說：「人人生而平等」，人有生命、自由和對幸福追求的不可讓渡的權利。又如 1789 年法國《人權宣言》「在權利方面，人生來而且始終是平等的」。所以從資本主義社會反神權道德，皇權道德，特權道德主張人權道德來看，它的確是一種平等的道德。但是要知道它是一種金錢自由平等的道德，尤其是在財產關係上沒有廢除資本主義的所有制，不可能有真正的平等和自由，所以這種平等是虛偽的，是形式的，本質上是不平等的。在西方有了孩子的婦女找工作就很困難。年輕的，25、6 歲的婦女找工作，是很容易的。過了 25、6 歲以後，結了婚生了孩子，你再找工作試試看。男女同工不同酬，在西方社會相當普遍。所以不要相信在那個社會裏面是平等的。還有一點，金錢的平等骨子裏是不平等，是沒有窮人的份額的平等，這一點我們也應當明確。而社會主義道德與此不同。我們講的社會主義道德不是維護封建社會的男尊女卑，君尊臣卑這樣一種等級制的道德，也不是像資本主義那樣的虛假的平等道德。我們講的是一種真正平等的道德，這種真正平等的道德是從什麼意義上說的呢？按照鄧小平的解釋，社會主義本質：「解放生產力，發展生產力，消滅剝削，消滅兩極分化，共同富裕」從這樣一個科學的，社會主義的定義理解我們的道德是真正平等的道德。不過我們今天的社會狀況使得這種平等的人際關係與平等的道德不能一步到位，但是我們確實是朝著這個方向前進的。再進一步說：我們講的這個平等的關係和平等的道德雖然不能一次到位，但是道德是一種理想，是現實的又是理想的。從現實的社會來看，我們的社會關係當中人和人有平等的一面，按照社會主義公有制的關係來看還是主導的方面。但是我們今天發展私有經濟，甚至發展資本

主義的經濟，那麼人和人的關係還有不平等的一面，所以我們的社會現實生活裏平等與不平等是同時並存的。從社會的主導方面來看，從國家要實現的理想來看，我們是追求平等的，這一點是不能含糊的。特別是我們的理想是要消滅剝削，實現共同富裕，體現是一種平等的道德。北京韓村河建築集團有好幾萬人，有許多外面進來的工人，我問他們給這些人工資是怎樣的，跟你們村裏人一不一樣？他們回答說：「我們發工資，外面來的農民和我們韓村河的農民一視同仁，沒有歧視，沒有剝削，同工、同酬。我說：如果真正做到了這一點就很好，像社會主義的樣子，我還問，你們是不是按月、足額發放工資？因為現在北京好些建工集團都是一年發一次工資，農民是受剝削的，不是每月發工資，中間弄不好就炒魷魚，把你涮了，拿不到一點工資你沒有辦法。韓建集團不是這樣，按月、足額發放工資。我說很好，這裡體現了平等的勞動，平等的領取報酬。我說你們是社會主義的樣版，社會主義新村鎮建設的樣板。我希望各位有機會到那裡去訪問。我今天不是他們的吹鼓手，我沒有接受他們的賄賂在這裡宣傳他們。我是處於對社會主義、共產主義的真誠信念講這番話的。所以我們說為人民服務道德是一種真正平等互助的道德，除了我剛才從現實生活和理想這個目標來講的之外，我還要進一步揭示這個平等互助的道德，該怎麼理解它。因為我們講為人民服務，就是我為人人，人人為我，即相互服務，我為你服務你為我服務，從這個意義來講，我和人，人和我，毫無疑問是處在一個平等的地位。為人民服務是新道德，這裡我講三點新的內涵。

首先為人民服務，我為人人，人人為我的道德，是目的和手段相統一的道德。這意思是說，我為人人的時候，「我」是手段，「人人」和社會就是目的，或者說，「人人」和社會是以「我」為手段來達到他們的目的的。當人人為我的時候，「我」就是目的，他們、社會就是我達到目的的手段。所以我和人，人和我，我和社會，社會和我，是互為目的，互為手段的。這裡沒有誰始終是目的，也沒有誰一貫是手段，這一點是我們社會主義為人民服務道德裡面的一個深層含義，舊道德沒有這一說。比如說，康德是德國十八世紀偉大的哲學家。他說：人是目的，不止是手段。康德在他的著作《道德形而上學探本》上講的這個話，這是一個偉大的警世名言，目的是在反對封建制度，爭取德國第三等級即自由資產階級平等的權力。但是在封建社會自不必待言，就在資本主義社會裏，人是目的也不可能實現。在資本主義社會裏人幾

乎都是手段，人都是資本的手段，都是資本人格化，少數資本家的手段。比如足球俱樂部足球隊員的轉會，球員要值幾百萬美元，足球俱樂部的老闆發了大財，把足球隊員當球一樣買來買去，踢來踢去，而那些球員感覺挺好，爲什麼呢？因爲球員的錢很多。這就意味著人是金錢的奴隸，不是金錢的主人。什麼「偉大的球員」，原來竟是資本家的偉大的工具，發財至富的手段。我不知道別人對這個問題怎麼看，假如我是著名的球員，別說給我一百萬，給我一千萬元我都不會幹，爲什麼？因爲我是人，我不是球，爲什麼我要人家買來買去呢？讓人家買來買去，賣來賣去，人就不是人，人就是個東西，人就是對象。人的價值尊嚴完全喪失殆盡。這和我們不同啊。我剛才講，我爲人人，人人爲我，這是一個目的和手段相統一的道德。在資本主義的社會裏面，個人，普通勞動者，包括知識分子，要想成爲目的不是沒有可能，有可能，但這種機會，這種可能性太少了，少的可憐。

我們講爲人民服務，它的新的含義還有一點，就是我爲人人，人人爲我，這不僅是目的和手段相統一的道德，而且是權利與義務相一致的道德。這點也很重要。權利與義務是辯證的統一，沒有無權利的義務，也沒有無義務的權利。換句話說，權利與義務和手心手背一樣，它是一個事物不可分割的兩個方面。嚴格的說，自我與他人，社會雙方都享有一定的權利，也都負有一定的義務。在此地我是義務者，在彼時彼地我就是權力者。反過來也是一樣的道理，我爲人人的時候，我是義務的一方，人人或社會是權利的一方。當人人爲我的時候，我是權利的一方，他人和社會就是義務的一方，所以權利和義務是可以互易其位置的，這是我們社會主義道德，爲人民服務獨有的內涵。在我們中國傳統道德里，人們只講義務不講權利，權利和義務是分離的。先秦儒家講君禮臣忠、父慈子孝、夫和妻順的時候，它內在地包含有權利與義務相統一的思想。但是這種思想，在秦漢之後隨專制制度的加強被泯滅了。只有現在才可能把儒家文化裏面的這種合理因素挖掘出來。我們社會主義道德，就要吸收祖國道德文化裏的優秀遺產，在新中國，在社會主義改革開放的今天，權利和義務應當是對應的，每一個人享有法律所規定的權利，同時負法律所規定的義務。所以我們的權利和義務是對應的，平等的，這是在以往社會裏面所不可能有的。香港有一個電視連續劇叫作「貞女、烈女、豪放女」，這個電視劇就講的權利與義務的不平等，非常明顯。電視劇的主角叫佟善群，他是藥店老闆，他是滿嘴仁義道德，懷揣男盜女娼的傢夥，他讓他守

寡的兄弟媳婦，從一而終，不准改嫁。佟善群的兒子早年夭折，他的兒媳婦也守寡，他專門給她們修建了一個貞潔院。兩個寡婦住在那裡。他要求他的妻子對他要盡夫妻的忠誠義務，要求兄弟媳婦，兒媳婦對已故的丈夫盡忠誠的義務，要守節，那好啊。可是佟善群又做的怎樣呢？完全相反。他表面上講要守節呀，暗地裏跟他兄弟媳婦通姦，不僅不遵守起碼的道德，而且亂倫，可見佟善群這個家長是享有道德權利的，他並不履行道德義務。現在我們的社會講夫妻忠誠，男人不能包二奶，女人也不能找相好的，這是男女在愛情上的平等。

第三，為人民服務，我為人人，人人為我，是利己和利他相整合的道德。這是吸收了利己主義，關心自己私人利益的特點，否定了無視他人利益的缺點。

同時也吸收了利他主義關心他人或社會公共利益的優點，拋棄了不關心自己利益這樣一種偏頗。所以為人民服務，我為人人，人人為我是利己和利他的整合。有人說我們的道德是利他主義的，錯了，我們的道德是將利己和利他高度整合起來的，因此我們今天講的社會主義道德不反對人們正當利己。人們要利己，只要不損人，就不違背道德，是合乎道德的最低要求，底線是不違背道德。我們既要利己又要利人，能夠先人後己，或舍己為人，這是我們贊成的，要肯定和表揚的道德先進。做不到這點，能做到兼顧個人和他人的利益，我們也認為是個合乎道德的。如果連這點也做不到，只要不侵犯他人和社會的利益，通過誠實勞動去利己，這也是允許的。這就是我們講的為人民服務三點深層含義。所以我們說，為人民服務是全新的道德，它是目的和手段一致的道德，權利和義務相統一的道德，利己和利他相整合的道德。這就是我們的道德之所以是新道德之所在。

為人民服務是社會主義道德的總綱，是社會主義道德的總括詞。為人民服務就像儒家的「仁」一樣。孔夫子講的「仁」就是儒家道德的總括詞。「仁」裏面包括「忠、孝、禮、義」，還有「溫、良、恭、儉、讓」，「恭、寬、信、敏、惠」等等，「仁」是儒家道德的總括詞。西方道德的總括詞是什麼？在亞里士多德時代是把「公正」看作道德之母。我們的總括詞就是為人民服務。為人民服務等於我為人人，人人為我，本質上是一種平等、互助的道德，或者是一種互惠互利的道德。為什麼？就是我剛才講過的那三點內容。從總括詞上來說，包含有集體主義的原則，人道的原則，公正的原則，誠信的原則。

套用鄧小平一個中心兩個基本點來說，社會主義道德的總體框架，以我的研究，我認為是一個中心，四個基本點。一個中心：為人民服務，也就是我為人人，人人為我。四個基本點：集體主義（公忠），人道、公正、誠信。為什麼為人民服務包含這四個原則呢？這不是我任意說的，有它的客觀的、歷史的、邏輯的根據。這個邏輯的根據是什麼呢？為人民服務即我為人人，人人為我當中，可以引申出集體主義的原則，因為集體主義原則是主張個人利益與他人或社會利益相結合。我為人人，人人為我，從利益觀點來看，就是自我的利益和他人的利益、社會利益相關聯。沒有個人利益，或者沒有對個人利益關心就沒有社會利益存在的可能。個人利益是社會公共利益的源泉。所以我們必須正視個人利益，不能忽視這一點。同樣沒有他人和社會公共利益的存在，也不會有個人利益的實現。可見，社會利益是實現個人利益的保障。比方我們這些公職人員要改善生活，要提高生活水準，如果沒有社會經濟的發展，沒有社會生產力的提高，我們漲工資是絕對不可能的，是辦不到的。為什麼？因為國家沒有這麼大的財力，所以社會公共利益是實現個人利益的保障。如此看來，個人利益跟社會公共利益互相滲透，互相包含。任何個人利益都包含有一定的社會公共利益，任何社會公共利益都包含有相當多的個人利益。可見個人利益和他人利益、社會利益是一致的，集體主義做為一條原則，它的實質是人民大眾的功利主義。要注意，我講的集體主義是人民大眾的功利主義不是憑空而論，人們還記得毛澤東在延安整風期間撰寫的《在延安文藝座談會上的講話》，詳盡地闡明了這種功利主義。我從這裡得到了啟發，悟出集體主義就是一種新的功利主義。

我認為，集體主義原則包含有三點內容，這三點內容就是對集體主義的新界定。我講的這三點內容跟現在的有些教科書講的不一樣。一是，正當的不損人的利己，是合乎人之常情的，至少不違背社會道德。社會承認通過誠實勞動的致富行為，保護和發展個人正當的合法利益。第二是在集體利益或社會公共利益優先的基礎上，實行個人利益和集體利益相結合。結合不了怎麼辦？那就要放棄個人利益，服從集體和國家利益，這便是一種道德的行為。換句話說，我們講的是「三結合」，也就是國家利益、集體利益、個人利益三結合，也就是「公私兼顧」。第三點，一切侵犯個人利益的行為，一切蠶食公共利益或化公為私的行為，都是違法的，違反道德的，要受到輿論的譴責，或受到法律的處罰。為人民服務還可以引申出人道原則。因為為人民服務講

我為人人，人人為我，也就是說，把別人跟我看作是同類，看作是有同等權利的人，所以，尊重他人，承認他人的獨立人格，關愛他人跟關愛自己具有同等價值。人道原則的三個要點，一是尊重人的價值。要知道，人是一切價值當中最偉大的價值。人是創造價值的價值。二是以平等的態度待人，把他人看做是我的同伴，恪守儒家所說的：「己所不欲，勿施於人」，「己欲利而利人，己欲達而達人」。三是關心人，愛護人，保護人。同損害人的尊嚴和利益的行為，同危害社會的公共秩序的行為，作不妥協的鬥爭。人道原則，不止是對人，而且對物，對待萬事萬物都要有人道精神。照此理解，我把「五愛」歸結在人道原則的範圍以內：愛祖國、愛人民、愛勞動、愛科學、愛社會主義。「五愛」在人道範疇之內，也就是中國傳統道德所講的：「仁民愛物，民吾同胞，物吾與也」。天下的人是我的同胞，萬事萬物象我的兄弟姐妹一樣。這符合現代環境保護道德。所以我們已經把人道的原則擴大到一切有生命的事物之中。

從為人民服務即我為人人，人人為我裏，還可以引申請出公正原則。為什麼？因為公正或者公平，講的是平等，這個原則蘊含著目的與手段、權利與義務、貢獻與索取的對應關係。所以我為人人，人人為我包含一種平等的、公正的含義。這個原則也有三個要點，一個是同等的境況、同等的對待；二是在利益分配上，各盡所能，按勞分配，這是利益分配的公正尺度。否則就是不公正。三是，公正原則就是公平和效率益相一致，效率優先，兼顧公平。沒有效率的公平是絕對平均主義，沒有公平的效率將導致兩極分化，所以要保持兩者的均衡。誠信的原則，也可以從為人民服務中引申出來，即也是從我為人人，人人為我中引申出來的。因為人們互相交往，彼此服務，內含有「說話算數，言行一致」的準則，否則人們無法交往，無法溝通。誠信原則也有三個要點，一是真誠無欺，誠實做人，誠實做事。一句話，要忠誠老實。二是，心口如一，言行一致。三是，實事求是，如實反映客觀情況。

以上四條道德原則，就是我們社會主義社會為人民服務，作為道德之母，應當包含的四條原則。講社會主義道德原則，只講一條集體主義，雖然是對的，但是遠遠是不夠的。我們也可以從道德傳統來看，講這四條原則是有根據的。中外道德傳統，都講公正或者公平。在中國來歷來講「仁義」，「義」就是公正，中外倫理沒有不講公正的。至於說「誠信」，那是立國之本，立業

之本，立人之本。沒有誠信人就不可謂人。所以，誠信理應成為社會主義的道德原則，當然我們要重新加以解釋了。人道原則更是如此。「人道」古已有之，儒家仁者愛人，就是古代人道主義。近代有基督教的人道主義，現代有西方資本主義的人道主義。所以，我們講不講人道呢？不能不講人道，這有歷史的道德史的根據。我們要建立新道德，必須是中西合璧的，要繼承中國歷史傳統中的優秀遺產，同時要吸收西方優良道德文化成果，更要從現實出發。今天我們國家的現實證明，不講人道的後果不堪設想。我們現在吃、穿、住、行、用都有危險哪。為什麼？因為，一些不法之徒財迷心竅為了錢，不講起碼的人道不惜圖財害命。吃藥有假藥，如減肥藥，減肥藥有吃死人的。喝酒有瞎眼的，吃菜如韭菜有中毒住院的。外國向中國提出抗議，美國宣佈中國是製假藥第一大國。從這個方向看，我們要不要講人的生命價值，講人道主義原則？不言而喻，要講。至於說「公正」，我們現實生活裏面有「三種歧視」：性別歧視、年齡歧視、身份歧視。這顯然是不公正的，如分房子，房改前只分給男的不分給女的，豈有此理。世界上的男人哪一個不是女人生的？為什麼不給女人分房子。連中央機關都這樣做，這是什麼？這是性別歧視，男女不平等死灰復燃了。企業下崗，女同志肯定優先。年齡歧視，現在三十歲的人就「老了」，三十五歲的人找不著工作了，這完全是錯誤的。不能有性別歧視，不能有年齡歧視，身份歧視也不應當有。農民工，有「農民」兩字的，待遇就不一樣了。幹同樣的活，工資就不一樣。所以我們必須講公平，把公平作為武器，要跟這些歧視現象作鬥爭。

最後講講原則的層次性。以前講道德不講層次性，要求一步到位，所以，我們道德脫離了大眾。我們要講層次性，中國儒家講道德如「孝」，「忠」，「仁」，「義」，都有層次，我們社會主義道德有沒有層次？有！為人民服務這個道德就是有層次的，我認為做好本職工作，各盡其職，各負其責，這是為人民服務的基礎層次。第二層次，努力為民眾辦好事，辦實事，不計個人得失，這是為人民服務的較高層次。為人民服務的最高層次就是無私奉獻。集體主義也有三個層次，集體主義，講的個人與社會與國家的關係，簡化公私的關係，劃分為層次：第一個層次是公私分明，不以私犯公。第二個層次是以公為先，公私兼顧。或者叫做先公後私。第三個層次，大公無私，或因公棄私，屬於高層次。如果我們真正用道德原則或規範的層次原理去做事，我相信我們的道德會好起來。今天就講到這裡。

　　趙傑副校長點評：魏教授今天講的創意迭出，實際上比昨天還生動，魏教授講的「道德的層次論」，他開始講的黨德、政德、民德方面的層次，然後提到集體主義的層次，此外還講「主觀爲自己，客觀爲他人」或者「主觀爲他人，客觀爲自己」的道德利己主義和道德利他主義與市場經濟的關係，特別提到爲人民服務的層次論。憑自己本事掙飯吃，然後爲人民做好事，到無私奉獻，這都是層次論。今天魏教授特別爲我們澄清了市場經濟下的爲人民服務，它的宗旨是「我爲人人，人人爲我」。特別是在黨德、政德、民德內容的區別上作了分析。講了爲人民服務是目的和手段相統一，權利和義務相一致，利己和利他的相整合，把幾十年來我們講的爲人民服務，提高到一個新境界。魏教授給我們講了二講，同學們都沒有離開會場，所以我說是創意迭出，新鮮活潑，吸引了聽眾。而且黨德、政德十條規範，在中央黨校成人教育學院也作了演講。《求是》雜誌，中央文件裏說到「立黨爲公，執政爲民」這八個字，跟魏教授從黨德角度首倡有關。大家知道，理工科有專利，文科沒有專利，將來如果有專利的話，我們要給魏教授申請專利。像這個「總括詞」也如此，這不僅是個詞的問題，也是頗有新意的提法。「立黨爲公，執政爲民」在我們中央文件裏，以後大家再看見這八個字的時候，首先想到魏教授。今天沒有太多的時間再講了，我只是在議論中把一些最經典的東西給大家重複一下。比如說，魏教授今天講的亮點中，就有：爲人民服務是社會主義道德之母；爲人民服務道德內涵與時俱進是「我爲人人，人人爲我」。我們再最後的總覽回眸一下：黨德是先進分子的道德，三個代表的道德；政德是政府官員的道德，民德是全體人民人人遵守的道德。另外特別講三個概念：國民是國籍的概念；公民用年齡的概念；人民是階級的概念，又是普遍的社會概念，這使我們耳目一新。另外有些關於反腐敗的詞彙或者句子也很經典：「上管天，下管地，中間管空氣」。「腸梗阻現象。」什麼「說大話，說空話，說假話可以陞官」，他要求我們「說眞話，辦眞事，作眞人。」還有「權力與權利」不同，權力與責任相對應。權利與義務相對應。權力與責任成正比例。還有引述河南老鄉的話太經典了「要想紅旗飄萬代，重在教育當權派。」「當權派」是文化大革命時的詞彙，在今天指幹部太重要了。另外還有「互利，是市場經濟的原則」。昨天講了馮友蘭的四種境界說，今天講古希臘的四主德。感到很新鮮，智慧是用金子做的人，即統治國家人的道德。「勇敢」，用銀子做成的人，責任是保衛國家即武士的道德。「節制」是廢銅爛鐵做的人，

即農民、手工業者的道德，各個等級的人各司其職，各就各位，就是公正。最後講的是康德的人是目的，不只是手段的局限性。另外最後講的三個總括詞：儒家道德總括詞是「仁」，西方道德總括詞是「公正」，現代中國道德的總括詞是「爲人民服務」。爲人民服務道德講一個中心，四個基本點。過去我們講「一個中心」，「兩個基本點」，是從政治路線上講的，今天從道德上講有創新意義。一個中心是「我爲人人，人人爲我。」四個基本點是「集體主義原則；人道原則；公正原則；誠信原則。」如果光講集體主義原則就片面了，四條原則就兼顧了。我認爲這是一個重大的創新。另外講到人的價值是創造價值的價值，總之妙語連珠，創意迭出，使我們受益匪淺。讓我們以最熱烈的掌聲向他致謝。

伍、良師益友

讀張岱老的書，做張岱老的學生

六年前，張岱年先生逝世，中國哲學界無不爲之痛惜！知這一噩耗時，不可抑止的悲痛湧上我的心靈。

記得 54 年前，當我初入中國人民大學讀哲學本科時，就已聽說北京大學有一位張岱年教授，他掌握的中國哲學資料之翔實無人出其右，就連最有名氣的哲學家遇到難題，也往往屈尊求教。但是，限於當時的條件，作爲一名普通大學生的我沒有機會拜見張老。後來，我有幸從人大調入北大，分配到哲學系任教，這才有緣相見。1974 年年初，正值「批林批孔」熱火朝天之際，爲完成一項所謂的「政治任務」，撰寫一本書籍，即《論語批註》，我又與張岱年老有了近距離的接觸。記得參加這一工作的還有李世繁、朱伯崑、黃楠森諸先生，還有其他幾名青年教師和工農兵學員，大家相處融洽、合作愉快。

張老給我的印象是，言語謹愼，對中國哲學、儒家思想瞭如指掌，如數家珍。他注重原本，解說詳盡、貼切、精當，決不趨炎附勢，決不迎合潮流，堅持實事求是的立場，不愧爲大師級的教授。對我們這些青年學者討論、寫作中的不當之處，他都能友善、謙和地指出，令我十分感動。張老無派頭、無架子，能夠與我們這些「小字輩」平等討論，耐心切磋，對於我們來說，實在是一個難得的學習機會。

此後 30 多年的時光，我與張老有過無數次的交往，竟成了他家裏的常客。我們結成了深厚的友誼。

張老日常生活儉樸、節約，令人感歎不已。老先生多年住在北大中關園，充其量不過 75 平方米。他的書房 10 平方米左右，裏面堆滿了各種書籍

和雜誌。如果進去兩個人，就轉不開身了。人們想像不到，這就是當代中國泰斗級學者的工作條件。直到 2000 年，張老才遷到藍旗營小區，住上 140 平方米的房子。可是張老對以往的一切，從來無怨言，無要求，只知做學問、教學生。

張老的寫字臺，一用就是幾十年；一件藍色呢子大衣，穿得顏色發白，也捨不得扔掉。張老有錢，單他愛惜財物，珍視勞動人民的血汗成果，堪稱中華民族傳統美德的典範。

張老寬容仁慈，體察窮苦學子的處境。生活有困難的青年教師找張老求助，張老無不慷慨應允。1981 年，人大一中年教師因病故去，張老親自去參加追悼會，並對人大的系領導和同人表示：準備把這位中年教師協助他整理出版的《中國哲學史史料學》一書的全部稿酬贈送死者家屬。後採納相關同志的建議，將稿酬大部分贈送遺屬，其餘部分購書分發聽這門課的每一位學生。張老本人則分文未取。

張老對待有求於他的青年學子諄諄教誨，努力提掖。我知道的，如人民大學的葛榮晉教授、姜法曾先生（已故）、中國社會科學院的陳瑛研究員、徐州師範大學的每良勇教授等，他們的成長過程，都得益於張老的鼎力相助。

我作為中國當代倫理學的學習、研究者，從張老的為人為學中學到許多新鮮的思想、觀點與見解，令我終生難忘，受用無窮。我所有的關於中國傳統倫理學的知識，幾乎都來源於張老的著作和向張老面對面的請教。

有一次我去張老家，向他請教如何看待「」三綱、「五常」，尤其是「三綱」，即君為臣綱、父為子綱、夫為妻綱。我說：人們對「三綱」普遍持批判的態度，認為他是維護封建等級秩序的專制主義道德，似乎無任何可取之處。不像「五常」即「仁義禮智信」那樣，有人民性、科學性的因素。您認為這種看法對嗎？

張老說：這種看法肯定不對。誠然，「三綱」又封建性東西。但它有一定程度的合理性，即君主、父親、丈夫要做臣民、子女、妻妾的榜樣。

是啊，這種觀點是正確的，可是我竟然沒有想到。長期以來，我感到困惑的是，什麼都可以一分為二，對「三綱」的認識為什麼不能一分為二呢？經張老的點撥，我茅塞頓開。由此我舉一反三，認識到任何一個道德概念都有普遍性和特殊性兩面。在階級社會有階級性，亦有非階級性。這是倫理認識上的飛躍。

大師的指點，使我眞正體會到「名師出高徒」的道理。今生今世能做張老的學生，實在三生有幸。

張老非常重視「禮尙往來」。所謂「往而不來非禮也，來而不往亦非禮也」。他給我的感覺是，不論平輩還是後輩，不論大人物還是小人物，他都能夠做到平等相待，有來亦有往。記得大約在 20 多年前我在北大附中二號樓住時，有一年春節，我去中關園給張老和師母拜年，沒過幾天老人家就到寒舍回訪，這使我頗受感動。張老這樣的名教授竟不顧年邁上四層樓，看望後輩一位普通教師，實在讓我不敢承受。

張老晚年時，尤其他搬到藍旗營小區後，我們同住一院，去張老家的次數自然多了些。由於他年邁體衰，耳目不是那麼靈了，所以我把在外地講學的見聞，把國家、社會發生的新鮮事講給他聽，讓他及時瞭解世事的變遷。我還多次將朋友、學生送我的土特產品，如精製蕎麥掛麵、新小米等，送一點給老人家分享。沒有別的想法，只是出於對張老的尊敬而已。可張老特別注意「還禮」。有一次，竟讓他的兒子張遵超先生，將一大盒平谷新鮮大桃子，一個足有半斤多，給我送來，讓我受寵若驚。我怎麼好接受這樣的厚禮！於是第二天，我轉送給另一位令人尊敬的老教授。

張老執教 60 餘年，學富五車，著作等身，桃李滿天下。打開張老的書，從他早年的著作如《中國哲學大綱》，到晚年著作如《中國倫理思想研究》，他始終堅持唯物史觀，堅持唯物辯證法，研究學問，教文育人。不論社會上有怎樣的風浪、學界有怎樣的氣候，他都站的穩，立得牢。

當代中國哲學有體系的大家先有馮友蘭、金岳霖、熊十力，後有張岱年。張老岱年先生雖是前三位大家的後輩，然而他的學問卻可以同前三位比肩而立，他的新思維在於創造了集中、西、馬哲學體系的核心思想，即「謙和」。「謙和」乃岱年先生哲學思想一以貫之的精髓。

張老岱年先生對於中國倫理思想史的貢獻，是一般學者不能望其頸背的。他關於中國倫理思想的分期是科學而又精確地，爲今日中國倫理學界所認同。他在《中國倫理思想研究》一書中，對中國倫理思想的重大倫理問題諸如道德的階級性與繼承性問題、人性問題、仁愛學說問題、義利之辨與理欲之辯問題、意志自由問題、天人關係問題、道德修養與理想人格問題等，幾乎囊括無餘，認識深邃而精到，淵博而精深。張老的這些著作，連同他上個世紀 50 年代撰寫的《中國倫理思想發展規律初步研究》是當今每個中國倫

理學人不可或缺的須終生反覆學習的教科書。

張老終其一生不愧爲當代中國最傑出的哲學家、哲學史家、論理學家。學貫中西、融會古今，史論兼通，是學界公認的大師、泰斗級的人物。他做人是我們的典範，做學問是我們的楷模。

我與周輔老的交情

　　周輔成老先生、以 98 歲高齡於 2009 年 5 月 22 日辭世。令我們這些後輩學者十分悲痛。

　　周老是中國倫理學界的一代宗師。新中國倫理學的奠基人之一。周老的逝世是中國倫理學界不可彌補的巨大損失！1952 年院系調整，倫理學、心理學與社會學被稱之為「偽科學」而取消。

　　1978 年黨的十一屆三中全會以後，結束了毛澤東時代以階級鬥爭為綱的路線；代之以發展社會生產力為中心的路線，從此中國進入了劃時代的階段，改革開放的新時期。

　　1979 年北京大學哲學系重建倫理學教研室，任命周老為主任，魏英敏為副主任，兼任支部書記。這樣我與周老開始了長達多年的合作。

　　我與周老的交往，可謂久矣。記得 38 年前即 1971 深秋，北大教師，集體從江西鄱陽湖裏鯉魚洲返校準備復課。根據毛主席的指示「復課鬧革命、大學還是要辦的」，先從北大清華試點招工農兵學員，於是北大教師就得以回校。

　　一天夜裏十點左右，我在北大大講堂前的廣場上，歡迎周老等勝利返校。我用扁擔挑著周老的兩件不大不小的行李，送他回朗潤園家中。這是我們初次相見，談話不多，但彼此印象都良好。

　　不久，周老被分配到我這個排，參加七○級工農兵學員的教學活動。他與我們一起下鄉，在京郊大興縣，餘垈公社半工半讀。我們同住老鄉的火炕上，朝夕相處，無話不談。周老給我留下的印象是有學問，無教授派頭，對人很坦誠。

我們教研室有由 5 人組成，除周老和我之外，還有金可溪、王夢眞和蔡治平。周老帶領我們在他家的客廳裏學習倫理學，以前蘇聯施什金《馬克思主義倫理學原理》爲藍本，逐章逐節進行討論。

周老教導我們，學習蘇聯的書。不要照搬，要走自己的路，編我們自己的教材。在周老指導下，我與金可溪合作編著了《倫理學簡明教程》，這本書經校外專家羅國傑先生的審閱，認爲是一本頗有特色，不同於人大的教科書，可以出版。於是我們的書在 1984 年由北大出版社出版發行。此書由於史論結合，觀點新穎，得到同行的好評。先後被許多院校用作教科書。十年之內發行 12 萬多冊。

我們的書寫的較好，得益於周老的諸多教誨與指導。正是周老指導我們走上倫理學的教學研究之路，我們永遠都會感激並記住這一點。

周老學問高深，不是一般學者能企及的，他早年在清華大學哲學系讀書即進入清華國學院，深受陳寅恪、金岳霖、梁啓超這些大師的薰陶與教誨。清華研究生班畢業，他先後在四川成都華西大學、廣州中山大學和武漢大學執教。1952 年院系調查，調北大工作。

周老學貫中西、通古博今，有豐富的哲學倫理知識，遺憾的是他沒有把這些知識系統化，構建一個屬於他自己的哲學或倫理學體系。

儘管如此，他編撰的《西方倫理學名著選輯》（上下卷）和《文藝復興至 19 世紀西方政治家、思想家和哲學家關於人性論人道主義言論選輯》都是新中國倫理學科建設的基礎性著作，這是今日無數學者走向倫理學教學研究工作的嚮導。若無此書，我們就不知道西方倫理思想爲何物。

周老教了一輩子的書！桃李滿天下，爲社會，爲祖國培養了許無以數計的人才，貢獻可謂大矣！

可是周老在北大工作是不得志的。不被重視。院系調整時爲四級教授，這是教授的最低級，副教授的最高級，我看這不太公正，我對他抱有深切的同情。

周老對人即熱情而又坦誠，當年許多青年學者如肖雪慧、宋希仁、樊和平、程立顯等等都得到過周老的提攜和幫助。

周老很有「個性」。爲人比較尖刻，對同仁很少有寬容精神，且常有偏見。

我與周老相處幾十年，始終尊重他，退休以後，不時的到府上看望他，

我是他家的常客。周老與我的交流談話非常坦誠，不設防，不迴避。儘管到了晚年他的記憶力依然很好，頭腦清楚、談吐利落。關心國家，關心教育，關心天下事。對不正風尤其是學術腐敗深惡痛絕。國家有什麼事，社會有什麼事，學校有什麼事，他都知道。真是「秀才不出門，全知天下聞」。這些都是我非常佩服他的地方。

周老對我一度有非常良好的評價，80年代初他在我們教研室的會上說，他見過不少共產黨，像魏英敏這樣的黨員實在不多，他是一名真正的優秀共產黨人。

後來他對我的看法有改變，且有成見。他始終認為我是人民大學的「常駐」北大的代表。經常說「你們人大如何，如何」。

他甚至認為，我是搞政治的，言外之意不是搞學問的，其實這是誤解我一度當過人大共青團的宣傳部長，到北大也擔任過哲學系黨副書記的工作，這與搞政治不是一回事。

1983年，評副教授時，周老不到會介紹我的情況，藉口有事進城了，投了棄權票。實際上是不贊成我當副教授。對此我沒有怨氣，我心裏有數，贊成我的還有別人嘛，他不贊成沒有關係，這是他的權利，應當尊重。結果我還是當上了。事後我對周老依然如故。

記得80年代中期，人事處下達一名額給老教授提一級，我當時是系副書記還是教研室主任，在會上我力挺周老，搶先發言，盡量說周老的好處，工作表現好，在中國倫理學界的影響大，主張給他升一級，系主任黃楠森主持會議，他問大家還有什麼意見？會場上無人吭聲，於是黃先生說，如果沒有不同意見，就算通過。由魏英敏整理材料，以系名義上報人事處。這樣周老由四級教授晉升為三級。

我可毫不客氣地說此事我是賣了力氣的。這事我在周老面前，從來沒提起過，在周老的家人和學生面前也沒講過。

有一次我與黃楠森先生閒談，他說，「老魏有一件事我有點不明白，你對周先生很好，很尊重他。那年提級，如不是你力主給周先生，他怎麼會由四級變三級呢？我原想給張岱年老升一級。在反右派鬥爭時，張老受冤枉，錯劃右派由一級教授降為二級，現在應當給他，況且張老的學問、貢獻、影響以及人品都非常好。你那樣說周老如何如何，我不好再說什麼，於是「順水推舟」，同意你的意見。不明白周老對你怎麼是那樣的一種態度呢？」是的，

我也不明白，我怎麼得罪了周老？！

周老對人大羅老（羅國傑）有偏見，他大概把我看成與羅老一樣了，周老對我有誤解，也有偏見，他偏聽偏信，常言道「偏見比無知離真理更遠」是的，我從與周老相處幾十年中，體會到這句話是千真萬確的真理。

金可溪故去他不知道，二、三年後周老知道了，電話問我，為什麼不告訴他。我說：「你年事以高，且身體欠佳，告訴你，怕你難過，所以沒及時告訴你。」他電話中竟說：「真是沒想到，他竟走在你的前面，我以為你會走在他的前面呢？」這是什麼話？有這樣講話的嗎？！我們關係再好，也不該這麼講把！我諒解他。他年老了，說話沒準了，所以不去計較。

後來我去拜訪他，閒談之中，他問我多大年紀了，我說 70 有二了。他哈哈笑說，你知道 73，84 嗎？我說知道，那不就是個「坎」嗎？他說，對。孔夫子活了 73 歲，孟子活了 84 歲。看來你要超過孔夫子啊！我說，是的，周老，我是滿族人，遺傳基因非常好，我自信會活的很長！

大家想想看，這樣的談話是不是太過分了呢？坦率是一長處，但也不可過分，談話掌握分寸實在是一門很大的學問。好在我不生氣，對這樣的玩笑方式，講出的不友好的話，我不在意。

2009 年過春節，我去府上給周老拜年，周老說，老魏，你不簡單啊！我說，怎麼不簡單？他說，你由一個共產黨的「萬金油」幹部成為北京大學的教授，這不是不簡單嗎？我回答說，周老，我當過幹部，不錯，但我不是萬金油，不論做團的幹部，還是做黨的幹部，我都是一把好手。就是做學問，我也不差。我說，我對「為人民服務」公民道德建設的核心就有新解。它不只是黨德，也是公民道德。它由階級道德昇華為全民道德，本質上是平等互助的道德。他聽了後說，這有什麼新鮮，早在我上中學時，就讀過克魯泡特金的著作《互助論》，那裡就講平等互助，你讀過嗎？「我當然讀過」。我同時說，我們講平等互助遠遠超過了克魯泡特金的水平，時代不同，所持的立場不同，觀點不同怎麼可以相提並論呢！我又進一步說，我們講「為人民服務」本質上是「平等互助」的道德，它含有權利與義務的統一，目的與手段的一致，利己與利他的整合。這是別人不曾講過的，可是我講了。他聽了之後說「你還是有進步的啊」！

周老是一個很難相處的人，在哲學系除我之外，大概沒有第二個人，會像我這樣對待他。我們之間有不愉快的時候，但終究還是處的很好。

憶啟賢教授

　　我在倫理學界有許多朋友。稱得上知心的也有不少，但其中最知心的朋友非許啟賢莫屬。

　　許啟賢，陝西扶風人，法門寺就在他們村邊上。我去過法門寺，但遺憾的是竟沒有到他的故里參觀。

　　啟賢應當說是農村人，從農村走向城市，後來進入中國人民大學，讀的是馬列主義基礎系，1960 年畢業留校任教分配到哲學系，與羅國傑、李光耀等同志在倫理學教研室工作。

　　從事倫理、道德教育，應當說啟賢教授是「老資格」，新中國從事馬列倫理、道德教育的第一批人。50 年代末 60 年代初，他就與權威人士、歷史學家吳晗討論「孝」的批判、繼承問題，觀點正確與否暫且不論，就勇氣、膽量而言，是值得稱許的。

　　啟賢一生勤奮讀書，努力工作；長期擔任人民大學倫理學教研室主任工作。後來又做馬克思主義倫理教育研究所副所長。

　　他寫了不少倫理學方面的著作，是新中國第一本倫理學教科書《馬克思主義倫理學》的主要撰稿人。還著有《倫理的思考》、《倫理學研究初探》、《新時代倫理的沉思》等。

　　啟賢教授是中國倫理學界頗負威名的學者之一，做過中國倫理學會多年的秘書長，也一度做過副會長。還是北京倫理學會的會長。

　　我與啟賢教授共事多年，我們經常在一起切磋學問，互通信息，交流思想，我們彼此推心置腹，無話不談。

　　我們共同負責中國倫理學會的工作，日常事務主要是啟賢在做。1995 年

以來陳瑛也進入倫理學會領導層，開始參與一些工作。他任勞任怨，不圖名，不爭利，不謀權。

大陸與臺灣中華倫理教育學會聯繫與學術交流，啓賢做了大量工作。功不可沒。

我則是中外倫理學界學術交流的開創者。

我們合作愉快。在 2000 年以前，我們在學會做的工作，在國內外學術交流上，不敢說有什麼大成績，但的確爲日後，爲 21 世紀中國倫理學會的工作奠定了良好的基礎。

啓賢爲人忠厚、熱情、肯幫助人，可以說「有求必應」。

1985 年下半年開始，我們招收倫理學碩士生，要開馬克思倫理思想課，我請啓賢幫忙，他慷慨應允，足足上了一個學期，分文未取。自己來，自己去，連車馬費都沒付過。現在想來，實在對不起啓賢教授，如果他還活著，我肯定會雙倍回報他。

至於全國各地有許多青年學子，有求於啓賢教授的，可以說「來者不拒」他對學者的提掖與幫助，是無私的、無條件的。

啓賢的是非觀念清楚，但不輕易批評別人，批評時也很溫和，被批評者，能夠愉快的接受，從來「不整人」。這是啓賢厚道的一面，所以他人緣好，能夠團結同仁。

啓賢還特別細心，他有一本日記，記錄著中國倫理學會活動大事。什麼時間，在哪裏開了什麼會，會議的主題是什麼？發言者是誰，均有記錄。啓賢故去，我在人民大學倫理學基地，把他生前講授的馬思倫理思想，整理出書，會上焦國成答應整理馬恩倫理思想準備出書。但至今沒見出版。

啓賢每到一地，必搜集地圖，留意那裡的歷史、地理與文化，可見他隨時隨地在學習。

他也願意寫詩，他故去後經陳瑛之手還出版了《許啓賢詩選》（河北人民出版社，2005 年版）。

對於啓賢，駕鶴西去，撒手人寰，我的心裏十分難過，簡直無法用語言形容。我是他家的「常客」，我去人大幾乎必去他家坐坐，不限於倫理學方面的工作。我們促膝談心，毫無顧慮，有時討論學術問題，有時是通報倫理學的信息，有時談論改革開放的大事。

我們相處幾十年，很融洽，很和諧，十分投緣。我們曾一起去日本，去

韓國，去臺灣參加學術談論會。

多次參加並主持全國性的學術討論會，多次在北戴河、承德、大連等地開辦倫理學學習班。

在那已經逝去了的美好時光裏，留下了我們的音容笑貌，留下了我們的足跡。非常值得回憶，值得留戀。

啓賢是我的摯友。他的故去，對我來說是巨大的不可彌補的損失。啓賢的離去，更是中國倫理學會的巨大損失，我們失去了一位沈穩、有知識、有學問、有能力的領導者。令人惋惜啊！令人惋惜！

許昌武教授印象記

許昌武是我第一個認識的韓國倫理學界的朋友，他是當代中韓倫理學文化交流的開拓者。

那是在 1996 年夏季的一天，我去同事楊克明家做客，初識許昌武。楊克明說他是韓國人，剛從韓國來北大不久，準備研究中國當代哲學和倫理學。

我們寒暄之後他就直截了當的說，他與韓國國民倫理學會會長李瑞行先生是朋友，願意促成中國倫理學會與韓國倫理學會的交流。

我回答說很好，先生願意促成這件事，我們十分感謝你，他說回國後立即可以辦理這件事。

許昌武教授在中國逗留一年，這其中，我們多次見面交談，彼此有了一定的瞭解。果然在他回國後的第二年，1997 年秋天，我應邀第一次訪問韓國，參加他們一次關於中國傳統倫理當代價值的研討會，我在會上作了發言，許昌武教授作我的翻譯。

許昌武教授對我十分熱情和友好，介紹我認識韓國精神文化研究院的教授們，他們的校園不大，但非常的整潔優美和清淨。研究院坐落在一個小坡上，院內東側有一條溪流通過。道路方正規整，樹木郁郁蔥蔥，花壇草地院內黃紅藍綠色交相輝映，香氣四溢。教學樓、領導辦公樓，學生宿舍樓的名字多取自中國文化典籍。教授工作室，設備現代化，電腦、打印機、複印機、傳眞機、電話、圖書（公家配發）資料、沙發、寫字臺、都齊全而實用。

學生見到老師迎面走來，不管相識與否，均側立一旁敬禮請先生先行而過。這裡彷彿是世外桃源，人與人和諧融洽，友好謙讓，給我留下極好的

印象。

　　許昌武教授爲人豪爽，坦誠而又熱情。第一次去韓國的當晚，他非讓我到他家裏住下不可，他家是精神文化研究院分配給教授們的住宅，一家一戶獨棟兩層小樓，大約有四五個臥室，兩個衛生間，一間客廳一間辦公室，條件相當好。好像我們北大的燕南園，燕東園舊中國教授們住的一樣闊氣。當然我們現在教授們住房的條件還不及韓國的教授，也不如舊中國的教授。80年代後期開始有所改善。

　　許昌武教授有一段傳奇的經歷，他年輕是在國內，當過政府的小職員，也做過生意，後來欠債太多，偷跑到臺灣，讀一間大學，上的是中國哲學博士班，他無錢讀書，生活窘迫，不得已在中山路上擦皮鞋，常常受到黑社會流氓地痞的欺壓和勒索，趕他出中山路。一天，一個流氓手持無柄雙刃刀按在他的脖子上，兇狠地說，「你走不走！不走就宰了你」。許昌武心想，活到這份上，沒意思了，宰就宰吧，於是把脖子挺得直直的，等那個流氓下刀，可是天助他也，流氓的刀沒有割到他的脖子，反把自己的手掌割破，鮮血如注。許昌武立刻背起流氓奔向附近的醫院，就這樣救了流氓一命。流氓出院後，找到許昌武說，「大哥，你的武藝比我高，從此我拜你爲師。」不久，這個流氓小子找到了他的頭頭，中山路的「大哥」，這般如此的作了彙報。這位大哥說，「好啊，我明天中午設宴招待許先生，你帶他來見我好了！」第二天，許昌武準時赴宴。哪位大哥見到徐先生十分的熱情，坐定後仔細的端詳許昌武，然後驚訝地說道，「你是否做過韓國駐臺灣的外交官？好像我去漢城還是經你的手簽的字啊，」許昌武說是啊，我在這裡的使館工作過一段時間，回國以後做做生意，生意沒做好。這次便到臺灣來讀書，哪位大哥說好啊，看來我們有緣分啊，這次又碰上了，你文武雙全，武藝很高。從此我把中山路上的大哥的位置讓給你，你就是這裡的大哥了！不要去擦皮鞋了，許昌武因禍得福，得到中山路上許多哥兒們的資助。

　　許昌武在臺北政治大學畢業後回到漢城，作了大學教授，在精神文化研究院服務。他熱心中韓文化交流，當中韓還沒有建交時，就跑到中國來，首先到了北大，然後又到中國的其他很多城市，訪問大學和研究機構，他在北大首先認識了楊克明，然後又認識了我。他介紹楊克明到韓國精神文化研究院講學，介紹我與韓國國民倫理學會會長李瑞行先生、秘書長朴東俊先生認識。我們在一起討論過倫理學會的學術交流問題，最後草擬了一份交流協

議，由我代表中國倫理學會簽字，回國再向羅國傑會長彙報，經會長同意就生效。協議的主要內容是，兩國學者交流學術思想，交換學術資料，待條件成熟了互派訪問學者。第一年韓國學者先到中國來，第二年中國學者到韓國去，中國學者到韓國的路費由韓方負擔，他們到中國來是自己負責，大體上是一年在中國一年在韓國。從 1987 年一直持續到今天，中國學者數十人去過韓國，韓國也有數十名學者到了中國。兩國學者就東西傳統倫理價值觀，儒家倫理問題，家庭倫理問題，現代化與傳統倫理的關係等諸多問題進行切磋和交流，大大促進了兩國的學術水平的提高。

1998 年，我作爲中國倫理學會代表團團長，率十多名學著到韓國訪問，開學術會議，受到韓方的熱烈歡迎，宋在雲會長，韓國東國大學的教授，率學會一些領導親自到機場歡迎我國學術訪問團，安排在漢江邊的五星級賓館。風景秀麗，平靜的江水，往來汽輪，岸邊的垂楊柳，五彩繽紛的花壇，映入眼簾令人心曠神怡。

學術討論題目是，傳統倫理與當代社會，會上雙方對等發言，還有提問與答疑，與會者大多暢所欲言，第二天韓國幾家報紙報導了這次會議的消息，韓方倫理學會安排的活動豐富多彩，請我們參觀了他們的國會大廈、議員會議大廳，歷史上王朝宮殿，還有現代化的大企業韓國大宇集團等等

韓國國民倫理學會對我們的熱情接待和友好往來，給我留下的印象深刻難忘。同道間的友誼日益加深。

宋在雲教授印象記

　　喜逢東國大學名譽教授宋在雲先生七十大壽，欣然命筆，抒發胸臆，緬懷往事，不勝感慨。我同宋在雲教授相識，遠在 12 年前，即 1996 年 8 月。我作爲中國倫理學學術代表團團長，率 12 位同仁，參加中韓倫理學第三次交流會。宋在雲教授時任韓國國民倫理學會會長。

　　宋在雲教授協同幾位名教授、學者、學會工作人員前往首爾（當時稱漢城）機場迎接我們，隨後驅車到漢江江邊一處五星級賓館下榻。賓館設施一流，服務一流，使我們同仁有「賓至如歸」的感覺。

　　宋教授親自帶我們到賓館，他先到我住的房間，隨後又到其他同仁的房間，查看住的是否令我們滿意，聽聽我們有什麼要求沒有。宋教授熱心、周到地安排我們的食宿，關懷備至，給我們留下深刻的印象。

　　我們在韓國開學術討論會一周，從 8 月 19 日至 8 月 23 日，除大會兩天之外，其餘幾天都是參觀、遊覽。宋會長考慮十分周到細緻，盡量讓我們多瞭解韓國現代化建設的成就，和它古老而又年輕的優良文化傳統。我們參觀了古時的王宮、現代的國會大廈，宋會長特意請國會副議長接待我們，這種高規格的禮遇，令中國學者深受感動。我們還到大宇集團，參觀他們的汽車製造廠。世界一流的現代化設備和高效率的生產及其在世界各地的經營，他們的職員年輕有爲，我們所接觸到的個個會講流暢的中文或英文，這給我們留下了深刻的印象。

　　宋在雲教授待人熱情、謙和、慷慨大度。他和藹可親，手拿佛珠，時刻以佛的觀念指導自己、感動他人。他是一位虔誠的佛教徒，又是一位頗有造詣的精通佛教與儒學的學問家。在這方面他寫有許多論著，如《陽明學哲學

研究》、《國民倫理》、《陽明學與佛教》、《孔子仁義的價值觀》、《孔子思想的發見》，等等。

我們討論會的主題是「儒、佛、道三教與韓、中、日近代倫理思想」，會上宋教授發表學術論文《塑造向 21 世紀邁進的韓國人的形象》。作者在這篇短文中，言簡意賅地高度概括了韓國歷史上的政治變遷史和倫理思想發展概要、歷史上韓國的形象和 21 世紀韓國人應有的形象。尤其闡釋了現代工商社會、信息社會所需要的新文明、新的倫理觀。拋棄不民主、不自由的觀念，建立真正自由、真正民主的新的市民社會。

向錢看的觀念，妨礙社會的進步與發展。重新建立人與人之間的信任與信賴的關係，是當前世界倫理學的使命。倫理是解決人民生活中各種矛盾的指針。儒教講愛和克己，佛教講無限慈悲，道教講自然主義，他們都排斥利己主義。與他人、與自然的和諧相處，才是理想的生活。

對宋教授諸如此類的見解，我們表示認同。宋教授的講演，充分表現出他有立足韓國、放眼世界的情懷。他是一位愛國的學者，又是一位渴望世界和平、人類進步的救世主義的哲學家。

宋在雲教授集經師、人師於一身。道德文章光彩照人，留給我和我的同仁很深的良好印象。雖時隔 12 年之久，依然歷歷在目。

值此宋在雲教授七十大壽之際，古人云「人生七十古來稀」，這是修來的福氣，我在中國北京遙祝他「福如東海，壽比南山。」

於北京紫城嘉園

黃楠森先生的學術與人品
——黃先生追思會上的書面發言

　　黃先生是國內最著名的馬克思主義哲學家，這是學術界一致公認的事實。他在中國哲學界影響重大且深遠。

　　他孜孜不倦地研究馬克思主義，非常注重文本的研讀，力求理解、掌握其精義，並努力與中國當代社會主義文化建設相結合，創新理論，可以說他真正做到了「與時俱進，革故鼎新。」

　　他編纂《〈哲學筆記〉注釋》以及後來的學術著作《〈哲學筆記〉和辯證法》，獨樹一幟，在中國哲學界為馬列經典文本研究樹立了樣板。

　　他是馬克思主義哲學史學科的開創者，分別在 1980 年、1987 年、1996年出版了馬哲史首卷本、三卷本、八卷本。這恢宏著作的出版不是黃先生一個人的功勞，但卻是以黃先生為首組織、團結北大校內外許多學者專家齊心協力完成的。黃先生作出了巨大貢獻，功不可沒。

　　中國馬克思主義人學的研究、學科的建立和發展，黃先生起了決定性的作用。

　　黃先生是馬克思主義哲學堅定的捍衛者。不惟如此，他還是馬克思主義哲學的創新者。他提出馬克思主義哲學創新論。1993 年與人大肖前教授一起主編了全新的《馬克思主義哲學原理》，後來又以十年磨一劍的精神，帶領 50多學者的團隊在 2001 年推出了《馬克思主義哲學創新研究》四部全書。他親自主編第一卷《馬克思主義哲學體系的當代構建》。

　　黃先生治學為人既謙虛又誠實。毛澤東說過：「知識的問題是一個科學的

問題，來不得半點的虛僞與驕傲，決定地需要的倒是其反面的誠實和謙遜的態度。」黃先生眞正地做到了這一點。他用畢生的心血研究馬克思主義哲學、堅持馬克思主義哲學、發展馬克思主義哲學。他本來是個大家，但從來不以大家的身份自居。在同仁面前、在學者面前、在學生面前謙虛和善，平易近人，沒有教授的派頭，沒有學者的架子。從不說自己有什麼貢獻、有什麼功勞。相反的總是說別人的功勞和貢獻，說集體的成就。

他臨終前，即 2012 年 12 月 27 日寫的《我和哲學》未完成稿，實在令後人感慨不已。如果「上帝」寬容一點兒，再多給他一些時間，該有多好啊！

他在這篇遺作中說，他年輕時，就對哲學產生了興趣，從研讀西方哲學著作轉向研讀馬克思主義哲學。他說：「西方哲學家爲哲學的發展作出了偉大的歷史貢獻。但人類哲學史上，第一個眞正科學形態的還是馬克思主義哲學——辯證唯物主義和歷史唯物主義。我願意爲宣傳和建設馬克思主義哲學貢獻我畢生的時間和精力，這 69 年我究竟做了哪些工作呢？」

「我認爲我所獲得的學術成果，都是適應學術發展的需要與學者們共同討論（包括爭論）、相互切磋、密切合作中作出的，都是集體的成果。沒有一個成果是我自己獨立完成的。」太謙虛了，這是一個偉大學者的胸懷。實際上，黃先生有自己的獨立的著作，這是人所共知的。

黃先生爲人處世平和、中道，不與人爭，從不爲自己爭好處，也不爲本單位爭什麼基地、中心之類。一切順其自然，這是改革開放以來極爲鮮見的。不爲自己爭，不爲本單位爭的人幾乎沒有。不是絕對的沒有，有，也是僅有而已。黃先生就是僅有的一個人。

1985 年到 1996 年黃先生是國務院學位委員會委員、哲學學科評議委員。記得那是 1982 年，黃先生還是哲學學科評議組組長、召集人。我們倫理學申請博士點，他完全可以用自己的影響力、自己的權力，爲北大倫理學教研室爭博士點，可是他沒有。這個點落到別的院校手中。據說，北大美學博士點的建立，也是聽其自然，黃先生從來不爭。

黃先生不爲本單位爭，更不爲自己爭。他對自己的待遇、住房、工資、榮譽，從來不說什麼。他想的就是學問，就是如何堅持發展馬克思主義哲學，培養好學生，如此而已，別無其它。

黃先生是精神的富有者，然而又是物質的清貧之士。當今中國的知識分子，誰沒有自己的私宅？獨黃先生無。1998 年北大清華合建藍旗營小區，他

本有條件購置，但囊中羞澀，銀行因其年過六旬，不予貸款。因此黃先生自始至終都租住北大的公寓。黃先生生活簡單，衣著簡樸，傢具普通，沒有像樣的陳設。

黃先生自 1981 年起擔任哲學系主任。這個主任是真正民選的系主任，哲學系是培養國家棟樑之才的搖籃，有百年輝煌的歷史，但近半個世紀以來又是北大添亂之源。鬥爭哲學盛行一時，改革開放，人心「思靜」，人心「思定」，於是大家一致公推黃楠森做系主任，爲學校高層領導認可。這是第一次，令人遺憾的是僅此一次而已。

黃先生當系主任的時候，我擔任哲學系總支副書記，主管學生的思想政治工作。我們合作愉快，他對學生出現的問題，基本態度是「高擡貴手」，重在教育，一般不採取處分手段。對教師間因工作產生的分歧與矛盾，也是用調和、折中的辦法解決，不選邊站。

大概是 1988 年，爲留碩士生在教研室工作，我與他們的導師周輔成先生發生爭執，周先生主張留下公茜，我主張留下萬俊人，各有理由，互不相讓。最後我說，上報黃楠森好了，請他決斷。黃先生聽了我的陳述之後說，既然兩個學生都好，你們教研室缺少人手，乾脆兩個都留下好了！我高興地說：「那太好了！黃先生，您說的話當真嗎？」他說：「當真。」最後的結果，是那位女學生到美國深造去了！這樣萬俊人就留下了。

事情的圓滿解決，給我一個重要啓示：解決人民內部諸種矛盾，該怎麼辦？毛澤東《關於正確處理人民內部矛盾的問題》一書中有個原則就是「團結——批評——團結」，「講詳細一點，就是從團結的願望出發，經過批評或者鬥爭使矛盾得到解決，從而在新的基礎上達到新的團結。」又說，要用民主的方法、討論的方法、批評的方法、說服教育的方法，多做思想工作。但是沒有說要妥協折衷、調和。相反，在實際工作中，常常批評調和、折衷。實際上，調和折衷是解決人民內部矛盾的一種方法。過去對此種方法的批評是「左」的表現，是不正確的，黃先生以他在實際工作中解決人民內部矛盾的態度，糾正了長期存在人們頭腦中的「左」的錯誤認識，起到了正本清源的作用。黃先生之所以能夠如此，除了有相當高的馬列主義哲學修養之外，應當說，和他早年讀儒家經典，深受儒家中庸思想的影響有關。黃先生到底不愧爲哲學大家。

斯人遠去，思想長在，人們將深深地懷念這位哲人。黃先生學問好、品

性高，集道德文章於一身。正如《論語》所云，「聖人之道」，最爲要緊的是兩條，一條是「博學於文」，還有一條就是「行己有恥。」所謂「博學於文」，就是要具有廣博的知識，而「行己有恥」就是知道，言、行恪倫理、道，知道什麼可言、什麼不可言，什麼可行、什麼不可行。做到這二點，就不失爲聖人。

黃先生可以說他就是當今中國馬列主義的聖人。他的學問與人品將激勵著後學者奮勇向前。

斯人已去，精神永存。

哲學系教授　魏英敏

2013 年 3 月

我和羅老

羅老，即羅國傑教授，他是當今中國著名的倫理學家、中國馬克思主義倫理學的開創者，對馬克思主義倫理觀在新中國的建設與發展作出了巨大的貢獻。

他編寫了中國第一本馬列倫理學教科書，寫了若干本倫理學理論著作，還出版了中國與西方倫理思想史的著作，主編一套《倫理學百科全書》十一卷本、《中國傳統道德》五卷本，培養了數十名倫理學碩士生和博士生，多次舉辦倫理學教師培訓班。他的學生弟子遍佈全國各地、各高校，真是「桃李滿天下」、學識傳千里。

人們有所不知，我與羅老交情甚篤。我們是同學、同道，又是同仁，幾十年的交情深似海。

記得 1956 年，我們同入中國人民大學哲學系。他是調幹生，從上海來。我們是應屆高中畢業生，我從哈爾濱來，時年 21 歲，羅老 30 歲左右，是我們這個年級年歲最大的調幹生，因此我們給他起了個綽號「羅老。」

40 年後他與我們閒談竟說：「唉！時光過的太快了，你們當年叫我『羅老』，終於把我叫老了！」

是的，我們叫他「羅老」，不僅僅因為他年歲大，也是出於我們對他的尊敬。他是上海地下黨人，有豐富的政治鬥爭經驗，又曾在復旦大學法學系就讀過。無論學識、經驗，他都比我們高出一頭。

「羅老」當時是我們哲學系一百四十多名學生的領袖，他任哲學系團總支書記，我做哲學系團總支副書記，盧志超（曾任中宣部理論局長）任系學生會主席，副主席是李冠英（曾任東方私立大學校長）。我們四個人，就是當

年哲學系全體學生的領袖，在黨總支領導下，組織、領導同學們的日常政治學習和課外活動。

1960 年我們哲學系爲加強教學、培養新的師資力量，從學生中抽出 40 人左右，分別派到哲學原理、邏輯、中外哲學史、自然辯證法教研室任教，在老教師帶領下邊幹邊學。

「羅老」被任命爲新組建的倫理學教研室主任。這個教研室成員，除羅老外，還有姜法曾、鄭文林、李光？、許啓賢（從馬列主義基礎系分配來的）。

我當時被分配到哲學原理教研室。我在教研室工作一年左右，調至校團委任校團委常委、宣傳部長。文革起來之後，教學全部停頓，我們都去參加所謂「文化大革命」了。

文革後期，即 1970 年左右，毛主席發話：「臭老九不能走，」「大學還是要辦的。」從北大、清華試點，從工農兵中招收具有初中以上文化程度的生產第一線的人入學。

當時北大急需政治表現好、業務水平好、文革期間行爲端正的青年教師到北大「摻沙子」，組織管理教學。既管教師，又管工農兵學員，還管教學工作。

就這樣，我進了北大。根據中央宣傳部、教育部有關領導的意見，高校恢復倫理學教學工作。於是人大首先復建倫理學教研室工作，編寫教材，培訓教師。北大也在 1978 年組建了倫理學教研室，周輔成老任教研室主任，我任教研室副主任兼支部書記。

1980 年北大、人大、北師大、中國社會科學院四家聯合發起在無錫成立中國倫理學會，科學院李奇當選中國倫理學會會長，周原冰、張岱年、周輔成、羅國傑當選爲副會長，馮定當選爲名譽會長，劉啓林任秘書長，魏英敏、許啓賢、甘蓓蕾、包連仲任副秘書長。從此倫理學開始復活了，並且踏踏實實地開展起教學與科研工作。

這樣我與「羅老」的聯繫越來越多，我們經常交流思想、交流信息，在教材、資料上互通有無，或坐下來開理論研討會。80 年代中期我們同時出現在北戴河、貴陽、鄭州舉辦的倫理學講習班授課。我們親密無間，關係融洽，合作得很好。

記得在 1983 年，我編著了一本倫理學教科書，請羅老審閱。他看了以後，

很高興地對我說：「老魏，你寫這書頗有特色，與我們的書不一樣，很好，可以公開出版。」這書就是後來我與北大同事金可溪共同編著的《倫理學簡明教程》，「羅老」的審閱意見很是重要，此書順利出版。這是羅老對我的支持與幫助，我忘不了他。

還有一件事，旁人無所知曉。我年輕時工資不高，生活拮据，養家費常常到月底，就揭不開鍋了。我只好找羅老借錢，渡過月底生活的艱難。他幾乎二話不說，開抽屜拿錢給我，我不多借，僅借十元而已。他從來不問我何時還賬。「羅老」的慷慨，我至今記憶猶新。、

常言道：「好花不常開，好景不長在。」我在倫理學研究上，開始是向「羅老」學習，學習他的教科書。後來隨著時間的流逝和我學業的長進，漸漸對他的一些觀點產生了疑問，並在一些倫理學講座的課堂上、或者倫理學的討論會上，發表我的獨立見解，也不時地對他的觀點提出批評意見。這是學術問題，本來是可以「求同存異」的，但事實並不這麼簡單。

1990 年國慶前，我們倫理學界許多同仁齊集西南師院（即後來的西南師範大學），討論倫理學教學綱要。我與羅老產生了激烈的對抗。

主持會議的是教育部高教司司長劉風泰，還有巡視員夏治強。這個綱要是「羅老」受教育部委託，在 89 年「動亂」之後，針對當時的政治氛圍制定的，所以在我看來，左的東西不少。我在發言中說，這個綱要思想性強，學術性，藝術性就更差一些。又說要劃清學術問題與政治問題的界限、認識問題與思想問題的界限，並以個人主義為例說明之。

羅老聽不進去，並且多次打斷我的發言。於是我停下來，接著說道：「羅老，您今天怎麼啦？為什麼老是打斷我的發言呢？我這個人不會冷靜，沾火就著，怎麼您今天變成了我呢？」

羅老說：「老魏，您是不是嫌我左啦？」我說：「是。」他說：「您嫌我左，我還嫌您右呢！」

我說：「那好！您就把我右的地方擺一擺好了！」我這時很不冷靜，火氣上來了，竟不管不顧地說：「羅老！您有什麼了不起！不就是個人大的副校長嗎？我若是人大的教師，也許會怕您三分，您知道，我是北大的教師，我怕您什麼！」

會場頓時氣氛緊張起來，「鴉雀無聲」，彷彿掉在地下一根針也能聽到聲音。坐在我一旁的「羅老」的助手宋希仁教授氣得直喘粗氣，竟說不出話來。

羅老的徒子徒孫們個個面面相覷，誰也不敢搭喳。

會議停片刻後，劉風泰宣佈休會。我在洗手間裏碰到了武漢科技大學王福霖教授。他說：「老魏，您的發言，內容是好的。態度不好，方式不好。您得罪了羅老！今後您該得到的東西，什麼都不會得到了！」我說：「我無所求，得不到就得不到。」復會後，我感到先前的發言不妥，沒有給「羅老」留面子。我當時竟忘了他的身份和地位，把副校長不放在眼裏，「真是罪該萬死」！所以我主動走到羅老面前，自我批評說：「我說的話過頭了，不尊重您，請您原諒我吧！我向您賠禮道歉！」

羅老說：「沒什麼！老魏，我還不知道您嗎？以後注意點就行了，我不會生氣。」但實際上，羅老不諒解我，並把這次的衝突記在心裏。

我得罪羅老，還有一件事，就是他主編的《倫理學教程》，1989 年 9 月份在杭州召開過一次哲學教學評獎會，會議主持人是武漢大學校長陶德麟，北大除我之外還有朱德生，人大有王永祥教授，還有北師大研究生院院長等七八名專家學者，人大羅老主編的《倫理學教程》沒評上。會議上我發言，指出該書的若干問題，專家們先後討論三次，沒有通過。有人說，第一次已評過，這次不一定再評了。還有一位專家說，這麼多缺點，不評比評了好！汪永祥教授在休息時對我說：「老魏，倫理學專家只您一人。羅老這書評不上，他不怪您嗎？咱們評他三等獎算了。」我說：「可以，我不堅持一定不評。」回京後在人大參加羅老博士生論文答辯時，我如實報告了羅老。並說，我在會上全面地介紹了這本書的優點和缺點，我明確地表示不贊成評獎，經過反覆討論，還是沒有評上。

我太天真了，把我的意見一五一十地告訴了他。沒成想，這又一次地得罪了「羅老」。因為他指望這書評上獎。

羅老當時沒說什麼，可以看得出來，他是不高興的。他心裏又記上了我一筆。還有一筆，這裡就不贅述了。總共記了我三筆賬。這倒也不要緊，但沒成想連累了北大。1990 年評博士點，羅老使勁說湖南師大的優點，不說北大什麼，力挺湖南師大結果被評上。

從此之後，真是沒有我的好果子吃了。「羅老」對我「冷處理」，排斥我，把我邊緣化了。最明顯的事，教育部委託「羅老」主編《中國傳統道德》等書，北大葉朗推薦我參加，羅老說，老魏搞原理的，他對中國傳統倫理不熟悉，請別人來吧！真是這樣嗎？否。要說熟悉，我確實不熟悉，但也不是一

點不懂，有些撰稿人與我差不多。爲什麼他們可以參加，我不可以呢？

類似的事情還有 2004 年中國倫理學會改選。在羅老家裏，討論如何開好第六屆倫理學會改選會。「羅老」指定前倫理學秘書長劉啓林負責去江西的改選會。可是人們都知道，劉啓林 90 年以後離開中國社科院，他去了宋慶齡兒童福利基金會工作，不再研究倫理學，根本不瞭解倫理學界的情況，竟讓他來主持會議，說明「羅老」對我不信任。

「羅老」不僅對我不信任，而且經常防備我，怕我「篡權」，這實在是多餘的。我根本不可能奪他的權，一沒有這個野心，二也沒有這個本事。

「羅老」周圍的人，他的一些學生、同事對「羅老」的精神心領神會，常常寫文章批判我，或者直截了當地說：「我以爲您同＊＊＊是一夥的！」有一次我在北京市倫理學會一次學術討論會上作了題爲「評中立的哲學、無立場的道德」的發言，會後「羅老」的大弟子夏偉東走到我面前高興地說：「魏老師您轉變了！」

我當即回敬了他一句：「我轉變了什麼？我的觀點、立場是一貫的。」

我不厭其煩地講了這麼多，可以拍著胸脯說，「沒有一點誇張」，沒有任何不實之詞。

我因爲學術觀點與「羅老」不同甚至「相左」而得罪了「羅老」。例如，關於個人主義，我認爲它有合理之處。個人主義主張「思想獨立」，強調個人的「自我奮鬥」都是合理的。我認爲對個人主義不可一概否定。個人主義作爲一種西方人風行的價值觀，我們不可引進。但作爲一種學術思想研究，要持分析的態度，不可把學術與政治混爲一談。我的這些看法過去是對的，今日看也是對的。

還有關於集體主義，有人說「羅老」是「集體主義倫理學家」，他的觀點無可置疑，不容否定。可是我卻不然。我發現他的「集體主義」不是馬克思主義的，如果說「是」，那也是一種極左思維。

請看下面的事實：在「羅老」主編的《馬克思主義倫理學》（人民出版社1982 年版，第 226 頁）一書裏有下面的話：

「共產主義道德的基本原則，只能是忠於共產主義事業的集體主義原則。……在兩者發生矛盾時，個人利益必須無條件地服從集體利益。……」

在另一本書《倫理學》（人民出版社，1989 年版，第 154～162 頁）寫道：「集體主義原則之所以強調集體利益至上，就是因爲在集體主義原則看來，

只有更注重集體利益（眞實的或現實的集體利益），人們的個人利益才可能最好地得到實現。沒有集體利益首先實現的前提保證，個人利益的實現，只是一句空話。……」

對這種觀點，我不敢苟同，而且持批判態度。人們可以閱讀我撰寫的倫理學教科書。

個人利益必須無條件服從集體利益，作爲一種道德行爲準則不妥。因爲道德行爲是自主自願的，不是強制的，必須無條件服從，這不是道德，而是命令或法律。

這種觀點，根本難以成立，它是建築在未經證實的假設的基礎上的，那就是集體利益永遠是正確的，這怎麼可能呢？

這種觀點也抹煞了個人利益的正當性，取消了爲正當個人利益的辯護權，不言而喻，使個人利益與集體利益絕對地對立起來。

由於左的教條主義長期統治學術界，所以容不得不同的聲音，聽不見不同的意見。

沒有思想的自由，沒有平等的討論，怎麼會有學術的繁榮與發展？

總結以往的經驗教訓，必須克服「權威主義」的統治，樹立學術自由、學術民主的思想，努力克服教條主義的馬克思主義的歪風邪氣。

我與「羅老」的齟齬，是學術之爭，不是立場之爭。我自認爲我是馬克思主義者，始終堅持馬克思主義的倫理觀，不過是與時俱進、革故鼎新而已。

2013 年 6 月 15 日

在王連龍先生九十壽辰宴會上的講話

我是 1970 年從人民大學摻沙子來到北大的，當哲學連第四排的排長。當時跟王連龍有一面之識，沒有更多的交往。但是王副政委留給我的印象將永遠記在我的心中。我覺得我們北大能夠有今天，和王連龍帶頭把黨的優良作風發揚光大是有重要關係的！所以我要說的第一句話就是：王連龍同志是我們黨的三大優良作風的模範執行者！理論聯繫實際、密切聯繫群眾、批評與自我批評。

剛才我聽了各位的發言，我想不須要多解釋了，大家都很清楚了。我再說一點王老的為人。因為我是研究倫理的，我可以從中國傳統的倫理思想中提煉幾句話來說。孔夫子講人有幾條很重要的品德叫做：恭、寬信、敏、惠，五個大字。恭就是謙恭，「恭則不侮」，對人恭敬就不會受到侮辱；寬，就是寬容，對人寬厚，就會受到眾人的擁護；信，就是誠實、說話算數，做事實在，就會得到別人的信任，人家就擁護你；敏，就是勤敏，做事當機立斷，「敏則有功」，勤敏做事就能收到成效；惠，就是慈惠，給人以關心和照顧就足以調動人們的積極性。孔子所說的自身修養的最高境界就是這五個字。我覺得王老的為人用這五個字來概括是完全正當的、合乎實際的。

所以我在這裡祝王老身體健康、福如東海、壽比南山。我們永遠記住王老的好作風！我想再多說一句：我們的黨只要堅持這種作風，我們就會立於不敗之地，把黨的三大優良作風丟了會怎麼樣呢？我不講了。掌聲⋯⋯

奮鬥不息的楊辛教授

楊辛老是北大哲學系美學教授，中國著名書法家之一，我與楊相識近 40 年之久，四十年前青年的楊幸與今日楊幸老判若兩人。當時我從人大調到北大工作，初識楊幸，覺得這位中年教師樸實而又平凡，默默無聞不聲不響，在做他的工作。

當時還沒有正式開課，系裏整天在軍工宣隊領帶下大批判，71 年招收第一批工農兵學員，上哲學原理，馬列著作，其他的課程幾乎未開，當時哲學系軍隊編制，哲學系分 4 個排，我是第四排排長，即相當於今日的班主任。教師分到班裏。楊辛在那個排，我已記不清。只記得系裏開什麼紀念會，重要批判會必派楊辛書寫會場橫標，那時他用白紙、鉛筆和尺子，寫美術字橫平豎直的畫，然後剪下來，一黏貼就齊了。

楊辛學書法寫書法字那是退休以後的事。從 1990 年開始至今 20 年如一日，堅持不懈，持之以恒，終成大家。

楊辛教授，學習好，書法好。人亦好。他在美學理論，美學史方面，是卓有成就的人。

年輕時，在北平藝博談書，師從徐悲鴻、董希文，受到大師們極好的教誨和薰陶，爲日後的發展奠定了深遠的基礎。

楊辛教授成爲蜚聲國內外的學問家、書法家不是偶然的，這與他幾十年如一日的刻苦努力，密切相關，今年是楊老先生八十八歲米壽之年。北大又給他辦一書法展。八十八歲高齡的楊老近年揮毫寫字，眼不花，手不顫，退休之後 41 次攀登泰山，充分體現了「自強不息」「厚德載物」的偉大中華民族的核心價值觀。

楊老一生有許多著作，如《美學原理》合著、《建築》合著，除中文出版外，尚有法文，意大利版《師岱堂集墨——楊辛泰山詩畫選》，《楊辛獨字書法》。主編《藝術欣賞教程》等等，其書法、作品先後選入《中國美術書法名人名作選》《二十世紀北京大學著名作學者手跡》、

2000 年楊老自書《泰山頌》刻石於南天門、景區和天外村。此外在岱廟等處均有石刻。

楊老多次在國內外舉辦書展如 1998 年在美國舊金山、休斯敦。在休斯敦市舉辦《楊辛書法藝術展》同年在美國斯坦福大學，戴維斯大學作《中國書法藝術講演》，1999 年又在日本岩手大學講學、2007 年在新加坡講學，題目是《書法與人生》。

「文如其人」「字如其人」。一點不錯。楊老自撰《泰山頌》：

> 高而可登，
> 雄而可視。
> 松石爲骨，
> 清泉爲心。
> 呼吸宇宙，
> 吐納風雲。
> 海天之懷，
> 華夏之魂。

何等偉大的胸懷，恢弘的氣概以物喻人，以景寓情，表現楊老堅貞挺拔，崇高聖潔的人格，超脫自我、溶入宇宙，熱愛祖國，永誌華夏。近年來，楊辛教授屢有新詩問世，如一下這首詩，展現出老當益壯的昂揚情懷：「人生七十已尋常，八十逢秋葉未黃。九十楓林紅如染，期頤迎春雪飄揚。」真可謂「老驥伏櫪，志在千里。烈士暮年，壯心不已！」（曹孟德詩）

我與楊老相處數十載，他的妻子王夢眞是我的同事曾在一個教研室工作多年。因心臟病於 1990 年病故，王夢眞是一位工作勤奮、心地善良、賢惠的好同志。賢妻病逝之後，這麼多年楊老一人單獨生活，但他並不寂寞，更不孤獨，他以書爲友，以學爲伴。每天都高高興興的生活。

楊老爲人樂觀，豁達，寬容，仁慈。不爲名，不圖利。在人跟前，從來不說一句他人的不是。

對其學生，謙虛和藹，沒有大教授，書畫家的派頭。

　　對需要幫助，陷入窘困境地之人慷慨解囊無私相助，令人感動。我知道有一次，我們的一位同事的朋友，在京做生意，賠了本。生活，無著落，這位同事帶著他的朋友楊老，請求幫助，楊老一次借給 8000 元。

　　楊老書畫、文房四寶不留給兒女，捐獻給北大圖書館。其中有些很值錢的東西。像楊老這樣的老教授，道德，文章，不是一般教授所能望其項背。

　　楊老的成就是他個人的光榮，哲學的光榮，也是北大的光榮。

　　他是我們的學術榜樣、生活標尺。

朱德生其人其事

朱德生 1978～1987 年擔任哲學系黨總支書記，1987～1993 年擔任哲學系主任。這兩段時間，我與他共過事。我於 1980～1984 年做過系總支副書記，主管學生工作，後來我做倫理學教研室主任（1984～2000 年）。

我們相處得很好，工作合作的很好。他留給我的印象，德生同志有學問，有修養，有水平，對人對事，對先生、對學生都很平和、中道。他本人學習西方哲學，講授西方哲學，依我之見也或多或少地受了西方哲學的影響。比如 78 屆西方哲學碩士生胡平，他與女朋友談戀愛多年，後來兩人分手，女方到哲學系控告他忘恩負義，朱德生曾派人調查。調查結果不了了之，胡平確實有錯誤，但沒給處分。是否給予批評，我不得而知。這件事，我看就是西方人的價值觀起了作用，對個人的私生活，組織、單位、尤其是政府不應加以不必要的干涉。

朱德生沒有博導的頭銜。系裏雖然通過，學校沒有批准。原因據說他不務正業，研究西方哲學卻發表哲學原理方面的文章，還有不懂英語。這些理由統統不能成立。這叫「欲加之罪，何患無辭。」研究西方哲學，能寫出哲學原理方面的文章是長處抑或短處？當然是長處。

不懂英語只是不會口語而已，查資料閱讀文獻應當是沒問題的。他這一代的人，不能講英文口語的多的是，難道都不夠博導的條件嗎？

其實朱德生就其學問而言，當博導沒有問題。不給他當，不大公正。所以哲學系有人說：「朱德生當不上博導，哲學系恐怕沒誰可以當博導。」

事實上，全國許多重點大學，如復旦、南開，西方哲學專業博士生答辯，請朱德生評閱論文、主持答辯會議的事情實在不少。

　　朱德生在做學問方面求眞務實，力戒陷入階級鬥爭爲綱的思維中去。我的一個博士生，去臺灣師範大學進修 4 個月，回校撰寫畢業論文，寫的中山先生的倫理思想。論文對中山先生三民主義倫理觀持肯定態度，並有所欣賞。我們一些校內外導師不敢苟同，甚至持否定態度。情急之下（只剩一周時間）我找朱德生同志審閱，他給通過了，肯定這篇論文寫的是好的。事後看，德生同志是對的，對學術問題持寬容態度，不要再搞「極左」的一套。

　　德生同志有些場合講話，太直截了當，敢說心裏的看法，因此得罪了人。但我認爲，講心裏話是好的，都說「牙外話」或不講眞話，總是不對的嘛！可是，要知道，講眞心話的確很難。

陸、書信往來

如何辦好北京大學
——致許智宏校長、閔維方書記函

北京大學、自改革開放以來，辦學取得很大成績、這是事實。

但存在嚴重危機，值得重視。為辦好北大，特提出如下一些意見，僅供參考。

第一，北大 8000 名教職員工，據說幹部、職工、管理人員竟有 4000 名左右，這大概是「世界一流」。沒聽說，世界上哪個大學有這麼多幹部與管理人員。

這是北大衙門化、官僚化，辦事找不到門，或進門難的原因之所在。也是效率低的根本原因。

建議「退官還民」，精簡機構，下放幹部，能幹什麼就幹什麼去，或者「辦私立大學」，民辦公助。

第二，與此相關辦公用房佔用太多，一個人事部竟占一座樓，派頭太大。宣傳部一個部長，二或三個副部長每人一間辦公室有這個必要嗎？一個校史館還嫌不夠，還設一個檔案館。

建議壓縮、減少辦公用房、騰出房子作圖書館、閱覽室、閱報室、學術研討室、留學就業指導室用。

美國普林斯頓大學有十個大小不等的圖書館，北大只一個，裏面還有許多辦公用房，太不像話了！

第三，北大要改革學年制，實行真學分制，夠了學分就畢業，四年之內，學二個專業，豈不更好嗎，這樣可以為學生拓寬知識面，打開就業門路，創

造良好條件。何樂而不爲？

不願意多學下去，即刻畢業工作不也是很好嗎？

第四，實行「教授治校」教授委員會取代校務委員會或教代會。

各系成立由學術帶頭人組成的教授委員會聘任教授、副教授、講師經上一級如哲學系經「文史哲」教授委員會批准即生效。校學術委員會備案。

有一種說法，把現有教師隊伍減掉 1／3。不知準備往那裡減？「十年樹木，百年樹人」，培養一個教授不容易。13 億人口的大國，教授多了麼？不多。北大教授是多些，可以分流，在西北或西南地區成立北大分校，但不可以讓他們失業。教師隊伍必須相對穩定，否則教育上不去。

第五，北大要端正辦學方向。「教育產業化」不論誰說的都是錯誤的。

產業化，就是商業化。有的系辦班辦瘋了，一個未完另一個接上來，再一個又要上馬。

教師成了「教書機器」，賺錢沒完沒了。根本無時間備課查資料，或作實驗、教學、科研水平直線下降。這樣下去怎麼得了？

辦班不可不辦，不可多辦。有的單位、招生廣告，擡高自己貶低別人。青鳥就是一例，請看：「一張就業王牌！」的廣告，他們說：「大學擴招，學歷貶值，本科生就業難。……而北大青鳥卻屢創畢業學員全部就業，半數進入外企的奇跡，成爲求職者的就業一張王牌」！（見《北京晚報》9 月 12 日都市信息／科教生活 73）

就在同一張晚報上《都市信息／科教生活》68，標題：找工作的「秘密武器」！——北大青鳥。一個人現身說法，說自己在青鳥學習 IT，結果在考試錄用過程中，打敗了眾多大學生，他應聘了！

這個廣告，給人的印象是雇用的「托」兒。請北大領導閱讀一下這些廣告，看看到底有多少上眞實的東西？建議審查打著北大招牌種種不良商業行爲，並立即整治。

第六，建議北大繼承、蔡元培時代的開明，民主的精神、廣開言路、設立校長、書記接待日、廣泛聽取批評建議、研究如何辦好北大。北大校刊、電視臺、不時出現某「領導視察」什麼單位。「視察」用在北大領導身上，不成體統、官架子太大了。嚴重脫離群眾。

第七，「穩定」固然重要。但不是辦學的根本方針。北大應進行「治理整頓」。出一流人才、教材、學術著作之外，應出學校體制改革、管理改革，教

學改革、領導作風改革的先進經驗。求穩怕亂、軟弱無力的狀況應徹底改變。應走出辦公樓，減少應酬，離開餐廳，走向教師、幹部、學生之中、研究如何改革、任何安於現狀不求有功，但求無過都是錯誤的。須知「無功即為過」。

各級領導，以我之愚見，樹立「憂患意識」至關重要，不要吃老本，要立新功。

進諫人哲學系教授（已退）

魏英敏

2003 年 10 月 13 日

閔維方書記回信

尊敬的魏英敏老師：您好！

11 月 24 日來函收悉。您對「如何辦好北京大學」所提出的 7 點意見非常中肯，對我們改進工作有很大幫助，謝謝您的提醒！我們將以您的建議和意見為鞭策，從自己做起，從身邊做起，嚴於律己，以身作則，切實改進工作中的不足，加快創建世界一流大學的進程，努力以腳踏實地的行動和令人信服的成績來回報全校師生員工的信任與黨和國家的重託！

歡迎您繼續對我們的工作提出寶貴的建議與意見。值此新春將臨之際，祝您身體健康，萬事如意！

2003 年 12 月

許智宏校長回信

尊敬的魏英敏教授，您好

　　11 月 24 日大函收悉，非常感謝包括您在內的我校老一輩教授學者對學校工作的關心和支持，您信中提出的問題和建議非常中肯，需要學校在今後的工作中認眞研究、不斷改進。我已經將您的來信轉給有關部門，請他們瞭解一下具體的情況，對確實存在的問題提出解決辦法。

　　老教授是我校寶貴的資源，您們不僅在學術上造詣精深，在教學上經驗豐富，更以主人翁的責任感時刻關注著北大的建設和發展。學校方面也非常注重發揮老教授在學科建設和教學育人上的作用，學校已經成立了老教授督導組，許多院系也相繼成立了老教授調研組，爲學校的教學和科研工作出謀劃策。在此，我謹代表學校對您們一如既往的關心和支持表示崇高的敬意和深深的謝意。

　　順頌多安！

許智宏

2003 年 12 月

致哲學系領導的一封信

趙敦華、吳國盛、胡軍、豐子義、束鴻俊等諸位主任、副主任、書記、副書記：

關於系慶 90 週年編寫系史、教研室演變史等問題，我們有如下意見，提出供您們參考。

第一、編寫 90 週年系史是一件大事，應嚴肅認真地對待，應有極大的透明度。

像目前的樣子，有少數人在房子裏憑一知半解的知識，或借助於以往片面的資料，或找幾個年青人去寫，我敢斷言，很難做到客觀公正。

您們這些當政的領導，在哲學系工作的時間並不長，最多的不過 10 多年，究竟對哲學系不要說歷史，就是現狀瞭解多少呢？教師們寫了多少東西，在社會上，在學術界是有影響的？是得到共識，得到好評的？

您們作為系的負責人，有幾個人下去聽過教師的課？他們講些什麼？您們知道嗎？

如倫理學課，作為倫理學碩士生必修課，馬列倫理思想史，還講嗎？隨著主講教師的退休，這門課也就停了。

粗枝大葉，馬馬虎虎的作風，應當改一改。

第二，哲學系歷史悠久，且很複雜。我在北大哲學系工作整整三十年，我不敢說我瞭解哲學系的歷史，何況在哲學系工作沒有多久的人。因此，態度應該謙虛一些，耐心聽一聽不同意見。

不要以為提出不同意見，就是與領導過不去，就是找麻煩。相反，敢於直言的人，是真正關心系裏建設的人，是支持領導工作的人。

現在北京大學校、系兩級領導，群眾很難見到他們。他們聽不得不同意見。希望領導端正態度、改變作風，俯身向下，聽取普通教師的意見。寫系史、教研室演進史等，尤其要如此。

第三，我們要寫的是哲學系史，寫 90 年系史。不言而喻，歷史是重點，現實不當是重點。如果現實是重點，那麼，就不是寫史了。寫當前情況介紹好了。

如果把歷史作襯，重點突出現職的人，則是錯誤的。為什麼錯？一則因為它不是史，二則是因為哲學系今天的成就，主要是數代前輩老教授辛苦努力的結果，當然也包括當今現職的教師在內，三則過分突出現任教師的貢獻，什麼著作、得獎、開什麼課（有些是虛的，根本沒開，只是可能開）等，而對剛剛退下的教授們一筆帶過，甚至寫個名字，有的名字也不寫。

這樣太不公平了！且有「貪天功為己功」之嫌。須知近 25 年來，他們在教學、科研、學科建設上，作出了巨大貢獻，沒有他們，怎麼會有哲學系的今天？

第四，哲學系系史該怎麼寫？

我建議：90 週年重點放到後 50 年即新中國成立之後的 50 年，重點之重點則是改革開放的近 25 年。

這 25 年國家的經濟、政治、文化教育等都有巨大的進步。高等教育亦是如此。哲學系系史，應當把 60 年代畢業，包括 50 年代中期畢業，工作至 2000 年左右，退下的教師，作為重點來寫。這些人在哲學系工作至少 30 年，有的 40 年或 50 年。他們培養一批又一批的黨和國家領導層、學術界、教育界、新聞出版界的優秀人才。他們寫了許多有分量、有影響的學術著作、教科書和有思想的文章。這是良心尚未泯滅的人，不能不承認的事實。

現在有的人，急於突出自己，好像「一切都從我這兒開始」。「我才是這一學科的帶頭人」。「我才是亙古第一位哲人」。

是這樣嗎？我實在不敢認同。

第五，50 年以前的教授們應當好好寫，但也不可著墨太多。須知過分地「向後看」也不正確。

關鍵的問題，對新中國成立以來的這一大批老教授，怎麼看？

我認為，寫系史，到底該怎麼寫？重點是什麼？非重點是什麼？哪些改寫？哪些不該寫？不可主觀地確定。

　　好好開幾次討論會，弄清情況，求得共識（大體上）才能寫好。

　　我認為寫系史工作，從長計議，不可操之過急。條件成熟之後，再出些書也不遲嘛！何必匆匆忙忙地上馬。

　　以上意見，如有不妥之處，歡迎領導批評、指正。

　　最後贈一言：

　　「良藥苦口利於病，忠言逆耳利於行」。

哲學系退休教師　魏英敏

2004 年 3 月 8 日

沈忠俊、江汀生來信

老魏、國秀：你們好！

　　老魏來我院作兩場精彩的學術報告，在學員中反響強烈，十分受歡迎，有耳目一新之感。但老魏辛苦了，站了一天，眞過意不去，深表感謝。昨天院領導還說：「今後要多請老魏給學院作報告。」我說：「魏教授很忙，視情況而定吧。」

　　赴太原開會買票事，我決定託人買飛機票前往較省時間，所以，你們就不必爲我代買火車票了，由我自己解決。

　　祝健康。

　　到太原見。

沈忠俊、江汀生

89 年 4 月 4 日

寫給克寧先生的信

克寧先生：

您好！多年不見，四月 16 日收到您的信，並收到《運城高專學報》，甚為高興。

非常感謝您對我那篇關於「個人主義再認識」文章的良好評價。不過，這也使我極為不安！因為此文，大約七年前在北京市團的系統辦的內部刊物上發過，1990 年在「高校社會科學」上（第 4 期）經過修改後正式發表。《運城高專學報》發的是發在內部刊物上的原始稿件。這篇文章今日看來寫的是站得住的，問題是又發一次，等於「一稿兩投」，我陷於「不義」。人家不瞭解情況的人會這樣說：「原來魏老師也是這樣。」今日幾乎人人「向錢看」，我的那住在「左家莊」一號的朋友們，會說，「老魏怎麼樣，不也是向錢看嗎！」「一稿兩投」。他們對這篇文章很不滿，認為我肯定了個人主義的一些合理性，不時對我「批判」和排擠。這次如果他們發現了，很可能又批判一頓。不過，我也不怕就是了，我的為人，校內外許多同志都瞭解。

這次是作為「教訓」吸取，以後咱們多聯繫，多溝通，也就不會出現這種情況。

您多年來從事青年思想教育工作卓有成效，令我敬佩。您給河南大學張放濤同志《大業鑄魂工程論》寫的序非常好，從中可以看到克寧先生有非常廣博的知識和深邃的見解，以及對青年思想工作的滿腔熱忱。文字之流暢更似行雲流水，這是我所不及的，願意多向您學習。以後有時間進京，歡迎到

寒舍一敘。

　　祝您：

　　　　健康長壽！

　　　　　　　　　　　　　　　　　　　同仁　魏英敏　敬上

　　　　　　　　　　　　　　　　　　　1996 年 4 月 30 日

宋在雲教授來信（一）

魏英敏教授：

　　你好！我聽說您退休以後依然積極參加活動，並常常演講，眞是又高興又羨慕您。有幸與您相識，已有 12 年的光景了。如我所記不錯，最後一次見到您是於 2005 年在中國南京召開的中韓國際倫理學會上。之後，我雖然也很希望能夠常常見到您，但因爲條件有限，未能如願。

　　如您所知，今年小弟步入古稀之年了。所以很想把我一直非常尊敬的魏教授的文章收入到我這次出版的《古稀紀念文集》中。因此，通過我的學生朴喆洪拜求您一篇文章。

　　您不僅欣然接受了我的要求，並親自撰文祝賀我出版《古稀紀念文集》，讓我感慨萬分。尤其是，您在文章當中不僅稱讚了我，還詳細描述了 12 年前在首爾召開的學術會議情況，讓我不知不覺中想起了那些日子。這些回憶，如同描給歷史場景的一幅畫，生動、形象，成爲小弟文集中最珍貴的記錄。因此在我的紀念文集中，您爲我所寫的文章，也是最寶貴的文章之一。

　　您雖以高齡，但仍如同從前繼續參加活動，對此，我深感敬佩又非常羨慕。對於這次，您爲我撰寫文章，表示由衷的謝意。

　　這本紀念文集出版後，我會立刻寄給您，以表達我對您的敬意和謝意，一直以來，您非常關心我的學生朴喆洪，對此，我也表示深深的謝意。最後，祝您和您的家人身體健康，生活幸福！

　　此致

敬禮

宋在雲拜上　2008 年 9 月 16 日

宋在雲教授來信（二）

魏英敏教授：

　　魏教授，您好！

　　我是韓國的宋在雲教授。最近學子們幫我完成、并出版了本人的紀念古稀論文集。能夠收入魏教授的玉稿使本人的論文集增色不少。藉此機會想再次表示感謝。看著魏教授寄來的原稿我彷彿又回到了 1996 年的那屆「韓・中國際倫理學會」的現場，使我覺得那件事情好像是昨天發生似的生動得很，依然聽得見魏教授您的氣概之音。當時參加研討會的人們都還想見您。

　　魏教授的玉稿收入在紀念論文集的第三十六頁到四十頁。論文集將在不久後寄給您，請您到時過目。

　　本人很珍惜與魏教授的這份友誼，願魏教授身體健康、學德無限。

　　在此相約下次的相逢，並向您致以衷心的感謝。

　　此致

敬禮

東國大學名譽教授　宋在雲
2009 年 10 月 29 日

王連龍女兒王麗麗的來信

尊敬的魏教授您好！

　　我是王連龍同志的女兒王麗麗。首先在此我代表我們全家對您能出席我父親的壽辰活動表示最眞摯的感謝！

　　父親這一輩子老老實實做人，從不巴結高官也從不欺侮弱小。平平淡淡、勤勤懇懇。雖如此，一生中卻也難免在歷史舞臺上有失足之處，但我相信他已經盡力做好他自己了。

　　那天您在活動中用您那洪鐘般的聲音講給我們關於孔夫子的五字仁愛的概括，深深打動了在場的每一個與會者，更是對我的一次深刻的教育，也讓我對中文和倫理加深了探索的興趣。

　　您給予我父親的崇高的評價，讓老父在他垂暮之年感受到如沐春風般的溫暖和安慰……謝謝您！

　　另外，我將那日的錄像刻了光盤在此一併送給您，留個紀念吧。同時我還把諸位前輩的講話錄音轉變爲文字稿，也逐一發送給在會上發言的前輩，因爲您年歲已大，不好意思再麻煩您寫東西，所以只希望您能在百忙之中加以修改和認可錄音稿就好。我將在您的允許下通過各種方式，取迴文稿，以完成老父的回憶文本。您的發言講話稿附後。爲此帶給您的麻煩我深感不安，在此我衷心地感謝您。

　　再一次祝福您全家身體健康！工作順利！生活愉快！

　　王連龍之女：王麗麗敬上

（王麗麗簽名）

2012 年 6 月 20 日

王澤應來信（一）

敬愛的魏老師：

　　您好！

　　接到我的冒昧來信，也許您會覺得奇怪，請原諒我的打擾。雖然您不一定認識我，但我可以說是認識您的。還記得嗎？在今年暑假青島師專舉行的共產主義道德講習班裏，您親自給我們講過兩次大的課。您的課，以它特有的魅力，吸引著我這個初入倫理學大門的年輕人。可以說，您的課，至少在我看來，是當時所有講課者所無法比擬的，也是我至今以來聽到過的難得的好課，熔嚴謹生動於一爐，集百家之長於一體。邏輯嚴密，說理透徹，寓教於樂，感人至深。記得那次課間休息時，我全然不顧您講課的疲勞，走上講臺與您談話，並向您打聽進修一事。當時我想，要是真能到您身邊學習一段時間，那該多好啊！您不僅以您那淵博的學識啟迪和教育著我，而且還以您那平易近人和藹可親的情操和德性感染和鼓舞著我。您向我展示出了一個嶄新的天地！魏老師，這一點也不誇張，全然沒有奉承，完全是一個年輕人的肺腑之言。

　　回到學校以後，我立即要求到您那裡去聽課，要學校領導出面聯繫。領導說要我先寫一封信徵求一下您的意見，看是否允許旁聽，如果可以的話，就行。魏老師，我有個舅父在北京教中學，他答應過我替我解決進修吃住的問題。最近，我查看了教育部編制的一九八四年高等院校接洽教師進修的一個冊子，欣喜地看到了您校哲學系倫理學接收 2 名進修生，是跟研究生一起聽課。魏老師，請您跟我聯繫一下，允許我來旁聽，可以嗎？您可知道，我是多麼急需進修倫理學啊！我現在擔任師專倫理學的教學任務，可我從沒系

統地學過倫理學！我是湖南師範學院政治系一九八二屆的畢業生，我們的唐凱麟老師雖是倫理學老師，但我們在校時他是專教中哲史的，沒法給我們開倫理學。就是現在他還是一身兼二任，倫理學也只開四五個課時。他很希望我能進北大或人大進修一段時間。魏老師，就請您幫一下忙吧，哪怕是聽一個學期也好。我將永遠忘不了您的關懷提攜之恩！

　　遙祝

　　　　大安！

您的新學生　王澤應

1983 年 12 月 2 日

王澤應來信(二)

敬愛的魏老師：

收到您 4 月 18 日的來信，我好高興呦！一連讀了幾遍，仍是興猶未盡。您所說的每一句話，在我讀來是那麼親切，「如坐春風之快慰」，難以比擬。您給予我的幫助及教誨，足夠令我舉家肅然起敬，令我終生受用。能成爲您的學生，並能得到您那樣多的提攜幫助，是我感到無限的幸福和溫暖。《論語》子貢贊孔子人格光焰萬丈，普及四方，「他人之賢者，丘陵也，猶可逾也；仲尼，日月也，無得而逾焉，」而您，在我看來，正是如孔子之賢一樣，世人是無法達到的。尊敬的師長，這完全不是溢美之詞，而是愚生心意情感的自然流露。因爲我感覺到我難以突出胸中塊壘，只好借子貢之說略表心意罷了。

賢師忙於修改《倫理道德問題再認識》一書，愚生以爲此書無論從理論上講還是從現實上講，都是具有很高價值的。確確實實是對倫理學的一個偉大貢獻。作爲學生，我是多麼盼望它能早日問世並先睹爲快呵！就我現在的記憶而言，我認爲您所講的《倫理學問題研究》確是非常成功的，學術性、現實性以及批判性、創造性都是令我爲之傾倒的。我除了好好學習，實在提不出什麼好的建議。如果說果有師生之間的思想遺傳，那我可能說我是深受您思想影響的。我感覺到，在我這次論文的寫作中，這種影響就非常強烈。在中外學術思想史上，並不是所有的學生都能達到老師的水平或超過老師的，絕大多數的學生只是團結到一個卓有聲譽的老師周圍，闡釋老師的學說和觀點，整理校點老師的著述與文章，從而形成一個聲勢浩大的學術流派或影響久遠的學術派別！在中西方思想史上，第一代、第二代、第三代乃至第

四代的學派流傳或發展流變並不是數量不多的。我以為，您現在就是中國倫理學界的獨特一派，您有您的風格、您的氣派，既不同於李奇、周原冰等老一輩共產主義道德教育和道德宣傳家，也不同於人大羅老師包括溫克勤、陳瑛、張善誠等同輩馬克思主義倫理學工作者，也不同於下一輩像王潤生、肖雪慧、蘭秀良包括黃萬盛等心醉西風的中青年個人本位主義倫理學工作者，您是熔中西倫理思想於一爐，集古今於一體，既面向現實又面向未來，既重視疏證和考解之理論分析，又重視歸納與類推之現實綜合的新穎倫理學家。只是您找到的同伴太少了，理解您思想的人並不多。我立志做您學說的傳播者和理解者，然而我自己目前所面臨的問題以及我所處的環境又使我難以如願。不過，我將堅持在困難的環境中發奮學習，力爭能夠成為您所建立的學派的一員，談不上發展縱算是傳播也好。您所寫的幾篇力作，我已仔細讀過，有些還作過認真的讀書筆記。

「試玉要燒三日滿，辨材須待七年期。」我不認為我會在時代和家庭的挾裏下沉淪，因為我有您這樣一位好老師。我將以極大的信心去集聚力量，力爭能夠不辜負您的教誨與期望。

我所寫的《中國歷史上的義利之辨及其理論分析》的申請學位論文，在家庭生活以及繁重的教學工作的催逼下終於脫稿，雖然談不上有什麼創新與突破，總算寫出了自己的一些看法。值此之際，向給我選題和悉心指導的老師——您，表示衷心的感激與無比的敬意！

敬愛的魏老師，此文我先寄給您，您看後能否向北大成人教育學院打個招呼，順便為我辦理一下有關手續。如需修改，請將具體意見連同原稿寄給我，以便我再作修改。因為我所寫的前二稿與這一稿頗多差異，怕影響修改進度。

您的事情特別多，教學、科研外加諸多社會工作，還有家事，使您忙得不亦樂乎。給您添麻煩太多太多了，實在是對不起。

代問師母及全家好！

此致

敬禮！

愚生　王澤應頓首

1989 年 5 月 15 日

何風雲來信

魏英敏教授：您好！

　　給您寫信眞實冒昧。您並不認識我，可您去年暑期在遼寧省倫理學講習班上的幾次專題演講給我留下的印象實在是太深了。您的風度、語言、氣質、高水平的演講使我看到了「北京大學」這一全國最高學府的水平。聽到您的演講眞比看到一場好的電影都有吸引力。俗話說：「名師出高徒」，我十分渴望能到您校去聽聽課，但我也一直認爲這是可望而不可及的事情。我是遼寧阜新市委黨校教員，學校決定讓我今年下半年出去進修，我想有這樣一個機會是比較難得的。故才冒昧給您寫信想通過您到北京大學去聽聽課。我們學校在北京租了一所房子，如您們學校哲學系能辦師資進修班（哲學原理、倫理學、經典著作、馬哲史都可以），正式名額我們當然弄不到了，您是否能幫我辦一個聽課證呢？望您能在百忙的工作中來信告知與我，來信請把聽課費寫明。給您找麻煩了。

遼寧阜新市委黨校哲學教研室

何風雲　85 年 4 月 30 日

鍾芸香來信

魏老師：

　　您好！

　　您從桂林登機飛抵北京後工作一定挺忙吧！本來，我從桂林回校後按理早該給您去信道安致謝的，考慮到開學之際，您的事情很多，不便打擾，因而，時至今日才冒昧上書求教，若有不妥，盼您海涵！

　　八月，在風光旖旎的桂林，我能與您「會晤」，聆悉您的諄諄教誨，恭聽您在講壇上的滔滔雄論，實在是我此生之幸運。在桂林的兩周學習期間，我既喜歡武大陳老師娓娓道來的斯文學者風格，但我更欣賞您講學的那種大將學者兼而有之融於一體的不凡風度。講壇上，您那恢宏磅礴的氣勢，慷慨激昂的陳詞，將清晰地留在我記憶的屏幕上，於我今後的教書生涯大有裨益。加之，平地拔起的山峰，秀麗如畫的灘江，也使我大開眼界，一飽眼福。尤其是能夠幸遇您們倫理界的名人學者，我身心受益匪淺。看來，此次榕城之行確實不枉也。不知您八月南巡講學時印象感觸是何，我想您定有一番感慨。

　　「言歸正傳」吧，我現在擔任兩個教學班的政治經濟學輔導老師，並準備明年上期一個教學班的倫理學講課教案，因為倫理學在我校只是一門副課，課程少，而學校師資奇缺，無可奈何，我只好「一專多能」了。但我確實不想自己朝著一無所長的「萬金油」方向發展，為應不測，我主動選擇了政治經濟學而放棄了哲學，個中緣由，一言難盡！目前，我在專攻倫理學，主攻英語，閒暇時也抽空自學高等數學及古代漢語，做好兩種準備。三年後（學校規定工作三年後可以報考兩次，前提是不影響教學）如果不能成為您

的弟子，就只能成爲終身遺憾而另尋出路。當然，現在我將在不影響工作的前提下盡一切努力準備研究生考試，因而也懇請您百忙之中多加指教！如果您能幫忙找到貴校近兩年倫理學專業的有關考試之卷（尤其是哲學系綜合考試之卷，中西哲學史試卷）以及有關的重要資料，勞駕您郵寄到我校，對您的關照栽培我將銘記在心，感激不盡。

另外，如果您時間允許的話，能否談談有關倫理學教學的經驗及方法？望您賜教！

打擾您了，謝謝！

致禮！

順頌教安！

鍾芸香　敬呈

86 年 9 月 13 日

宮志明來信

魏老師：

　　您好！

　　從二月十六日晚由田歌主持的《熒屏連著我和你》節目中我看到了魏教授剛正不阿的紳士氣質、直言不諱的豪放情操。

　　就在王鳳興受冤以「莫須有」的罪名被公司解雇後，他到處上訪，上訴未果，後幾經周折才以勝訴告終。但他卻因此受到了許多無法補救的精神創傷，尤其是老伴的怨言、女兒的不理解。而魏教授卻毅然決然地站在了王鳳興的一邊，替他搖旗吶喊，堅決主持正義。旨在讓正義的舉措響應全球！同時從本來不多的薪水中拿出一千元支持王鳳興的正義之舉。

　　我看過這個節目後被魏教授的這一正義之舉深深感動了，也被魏老前輩剛正不阿的高貴氣質和直言不諱的豪情所傾倒。

　　我生在農村，長在農村，但自幼就喜歡讀書。在八六年高考落榜後，為了繼續圓大學夢，四處奔波補習高中功課，但終因自己努力不夠適應不了當時的高考命題僅以幾分之差名落孫山。後就為了維持生計四處打工，但稍有時間還主動往書堆裏鑽，期間主導刊物《讀者文摘》（現改版為《讀者》），一時不離伴隨我同步走著人生路。我不想沉淪，整天除了維持生計的打工生涯就去聚眾賭博、酗酒，只覺得那樣的生活乏味，不想為。於是下班後就往書堆裏鑽，從中得到了我許多不知道的東西，其樂融融。長此以往，周圍的人也就疏遠了我，自己也覺得不隨群，挺孤獨的。剛開始似乎有點兒苦惱，隨著時間的推移，也就習以為常了，又感難得清靜。

　　我嚮往高校生活，連做夢也常是自己邁著矯健的步伐走進高等學府的大

門，坐進了教室。如果有可能的話通過我自身的努力改變目前生活的拮据，我仍想圓我的大學夢。這樣也就不虛此行（指人生），而且永遠深造。

在我沒能走進學府門時，能否結識魏老，渴望魏老在百忙之中抽出一點時間與我保持書信往來，我從中學一些做人的本領，更加完善自我思維。您願意收我爲徒嗎？

叩拜師長！

敬禮！

學生　宮志明

2001 年 4 月 25 日

柒、書評課評

倫理學的「三新」教材
——評《新倫理學教程》

熊坤新

　　由北京大學魏英敏教授主編的《新倫理學教程》，自 1993 年 5 月出版以來，已先後四次印刷，累計達 19000 冊，這在我國目前倫理學同類教科書中並不多見。頗有意思的是，與我相交甚篤的一位韓國朋友也買一本《新倫理學教程》送我，這也從一個方面說明了該書所具有的價值和所產生的社會效應。

　　以筆者觀之，該書在倫理學學科建設和教材建設上的獨特價值，主要表現在「三新」上：

一、體系新

　　該書注重於其體系的開放性與融合性。所謂開放性，就是不僅要介紹和吸收西方倫理思想的精華，更要立足於具有中國特色倫理思想的整理和介紹，從而站在全人類倫理文明的高度，用馬克思主義的科學世界觀和方法論來加以審視、評價和分析。所謂融合性，就是通過東西方倫理文化的比較分析，求同存異，去粗取精，批判改造，綜合創新，建立起一套符合中國國情和民情的倫理道德新體系。該書的內容、結構和安排，與同類教科書相比，都或多或少有新意，在體系上有所不同。一本教科書要避免重蹈別人的覆轍，首先就應該在體系上有所創新，而該書正好做到了這一點。

二、結構新

　　該書之所有題名爲《新倫理學教程》，除了體系新外，其次就是結構新。書的結構是指其各個組成部分的有序搭配和邏輯排列。體系與結構是相輔相成、關聯甚密的。故《新倫理學教程》的主編者在考慮該書的框架結構時，

顯然是動了一番腦筋的。該書從學術開放的視野和宏觀把握的角度，全面闡述了當今世界三種類型的倫理學及其相互間的關係，並對當代美國、蘇聯和中國的規範倫理學作了詳盡的介紹和評價，不僅使讀者知道了描述倫理學、元倫理學和規範倫理學的類型、性質和特徵、地位與作用，還讓人們懂得了為什麼規範倫理學竟然具有無限的生命力。接下來，該書還就馬克思主義新規範倫理學的產生及其意義，馬克思主義新規範倫理學研究的對象、任務和方法，社會主義初級階段的道德建設及其規範體系，倫理學的發展前景與未來等問題進行了論述和探討。這些都是其他同類教科書中很少涉及或根本沒有的。結構新與內容新是相通的，這在該書第十二章「特殊情境中的道德」中，體現得很明顯。該章作為該書的特殊結構，分別探討了時年道德、角色道德和性別道德以及獨處道德和閒暇道德，不乏其新穎處，給人以較多的啟迪，而在其它同類教科書中卻都是沒有過的。

三、觀點新

主編者強調，倫理學教學和科研工作要跟上時代前進的步伐，反應社會生活和社會關係的進步，從而為社會主義精神文明建設作出貢獻，就必須立足現實，革新其理論觀點和學術思想。基於此，該書用馬克思主義的世界觀和方法論作其指導原則，充分運用心理學、法學、人類學、經濟學、生理學、哲學等多學科知識綜合研究倫理道德問題。尤其是對現實生活中湧現出來的新的倫理道德問題，如商品經濟和市場經濟的發展引起了人們社會道德價值觀念的那些變化？新科技革命所帶來的一系列新道德問題應該如何對待？根據中國國情和民情，社會主義初級階段的道德規範體系應該如何構建？社會主義初級階段的五項道德原則和五項道德規範對於廣大民眾來說，有無層次性要求？當今社會人們的環境意識與環境倫理對社會發展有何影響？個體道德中人們的時年道德和角色道德其內涵是什麼？有何特殊意義？等等。對於這些問題，該書都實事求是地進行了分析和探討，並盡可能地闡發了自己的新觀點和新見解。

雖然「新」是相對的，但無疑是難能可貴的，具有獨特的價值，對於廣大學生和讀者，有較大的啟迪和教益。對此，應充分地肯定。

（作者單位：中央民族大學民族學研究院）

（原載：中國教育報，1997年3月21日）

新時代呼喚出的新道德理論
——《新倫理學教程》評介

魏長領

　　當代中國正處在由傳統的計劃經濟體制向社會主義市場經濟體制的轉軌時期，無論在政治、經濟領域，還是在思想文化、價值觀念諸領域，都發生了重大的變革，倫理道德觀念的變化也是空前的。新時代呼喚新的道德思考和新的倫理學理論。值得慶賀的是，北京大學魏英敏教授繼其 1984 年出版《倫理學簡明教程》以來，經過七八年的深入探索和認真思考，又推出了由他主編的第二代教科書《新倫理學教程》（北京大學出版社出版），書中提出了諸多新觀點、新見解，讓人讀後啓發良多，耳目一新。

　　該書在編寫過程中，本著面向世界、面向未來、面向四個現代化的開放精神，以馬克思主義哲學爲指導，立足於中國社會主義初級階段的社會現實，充分地運用心理學、社會心理學、法學、人類學、社會學、經濟學、生理學和哲學的知識，來研究倫理道德問題。

　　《新倫理學教程》在理論觀點上創新之處很多，比較突出的有三：其一，本教程對古今中外各種倫理學類型作了較爲詳細且獨到的分析，並在此基礎之上突出了馬克思主義新規範倫理學的時代特徵和歷史地位。作者綜合國內外學者的研究成果，認爲倫理學可分爲三大類型，即描述倫理學、規範倫理學和元倫理學。描述倫理學依據經驗描述的方法，著重於從社會的實際狀況來再現道德，它包括道德社會學、道德心理學、道德人類學、道德民俗學等，具有邊緣性和綜合性的特色。規範倫理學則立足於價值——規範的方法，側重於道德規範的論證、制定和實施來研究道德。元倫理學則憑藉邏輯語言分析的方法，從分析道德語言（概念、判斷）的意義和邏輯功能入手

來研究道德，反映道德的語言特點和邏輯特徵，它又可以分為直覺主義、情感主義、普遍規定主義等流派。在對上述三種倫理學類型的分析的基礎上，作者指出，馬克思主義倫理學是一種全新的科學的規範倫理學，它實現了經驗倫理學、理論倫理學和規範倫理學的有機統一，是倫理思想史上的一場革命。

其二，本教程對社會主義初級階段的道德建設及其規範體系作了系統的、深入的、創新性的研究。作者立足於社會主義初級階段的基本國情，對中國當代的政治、經濟、文化以及人與人、人與自然的關係作了認真的分析，並對中西倫理文化中的優秀道德遺產作了公允的考察和借鑒，在此基礎之上，鮮明而獨到地提出了社會主義初級階段的道德規範體系應包括兩級結構、三個層次。所謂兩級結構，一是社會主義道德，而是共產主義道德。所謂三個層次，從低到高依次是：社會公共生活中的道德規範、社會主義道德和共產主義道德。

其三，本教程突出了對個人特殊情境中的道德的探究，不僅對時年道德、角色道德、性別道德作了深入的探討，而且對獨處道德、閒暇道德作了認真的分析。在分析過程中，作者廣泛地吸收了社會學、心理學、人類學、生理學等學科的最新研究成果，結合我國社會生活中的具體情況，提出了一系列創建性的理論成果。這在我國倫理學教科書建設尚屬首次，豐富了倫理學與個體道德的研究。

（原載：光明日報，1995 年 2 月 19 日）

倫理學理論研究的新探索
——評《新倫理學教程》

王中田

　　魏英敏教授主編的《新倫理學教程》（以下簡稱《新教程》）已由北京大學出版社出版，此書無論是從內容上、體系上都是一種新的探索，是倫理學理論研究的新進展。

　　眾所周知，改革、開放十幾年來，社會生活突飛猛進的向前發展，人們的思想觀念、道德價值傾向急劇地變化，特別是社會主義市場經濟的建立、商品經濟大潮的衝擊，社會的倫理價值觀念也隨之發生了迅速的變遷。與此極不協調的是我們的倫理學理論卻遠遠地落後於現實，不能對社會變革作出相應的解釋，更因爲帶著前蘇聯模式而與中國社會有著相當的距離。近年來，有許多倫理學工作者對此進行了不同角度的探索。《新教程》一書力求把握時代脈搏、立足於社會現實，面向 21 世紀。讀過之後，使人感到耳目一新，具體說來，該書有以下幾方面的特點：

　　第一，在總體內容劃分上，綜合國內外的學術研究成果，將倫理學理論劃分爲描述倫理學、元倫理學和規範倫理學三種類型。這種劃分，既符合歷史發展的邏輯和事實，也符合倫理學理論本身集理論科學與實踐科學、價值科學與規範科學於一身的特點這種觀點是在比較研究國內外倫理學理論研究的基礎上產生的。《新教程》從總體上比較了諸種倫理學理論的性質和特點，強調指出，規範倫理學既不同於描述倫理學只停留於對社會道德現象的經驗描述，又不同於元倫理學對道德語言的純邏輯分析，而是以人的行爲及其道德標準爲自己研究的要義。規範倫理學的任務就在於通過探討善與惡、正當與不正當、應該與不應該之間的界限與標準，研究道德的基礎（來源）、本質

及發展規律等，從理論上論證道德基本原則、規範和美德要求，以約束和指導人們的道德實踐，達到完善社會、完善人類自身的目的。因此，《新教程》就是試圖建立一種新的規範倫理學，即考察東西方規範倫理思想的發展過程、基本特徵、主要理論問題，指出馬克思主義新規範倫理學是對人類倫理思想史上一切優秀道德遺產的批判繼承的必然成果。這樣，《新教程》就從橫、縱兩個方面的比較研究出發，確立馬克思主義新規範倫理學的對象、任務和方法。

第二，注重個人道德的研究，這是目前倫理學研究中的比較薄弱的環節，儘管已發表了不少這方面的論文，但把它納入倫理學理論體系中去，尚不多見，以至於形成了只注重研究社會倫理，而忽視了個人道德的局面。《新教程》從考察個人道德意識與情感入手，分析了個人的道德心理結構，不是分別陳述個體道德意識或道德情感的內容及其關係，而是從其基本範疇的角度，揭示其既為道德意識又為道德情感的涵蘊與特性。作者認為，諸如善與惡、榮與辱、正義與不義、自尊與自卑以及憐憫與忌妒範疇就既可以說是一種個體道德意識，也是一種個體道德情感，是一種集個體道德意識與個體道德情感於一身的個體道德範疇。因此，個人的道德行為、品質和人格是在個人道德意識與情感的基礎上產生的，這是一個個人道德發生、發展的過程，從而形成道德人格。《新教程》強調在研究個人道德時，必須注重個人特殊情境中的道德，包括：時年道德，角色道德、性別道德、獨處道德、閒暇道德，具體分析現實生活中的個人在特殊時期和特殊場合中的道德。這不同於西方帶有宗教色彩的境遇倫理學。研究個人道德最終是探索人生的價值、人生的理想，進而達到人生的不朽和至善，把個人道德的研究推向了更高的層次。

第三，立足現實、聯繫實際，反映時代。任何理論的出現，都不是憑空產生的，特別是作為時代的倫理精神，更是產生於社會現實之上。《新教程》對現實生活中湧現的新的倫理問題作了探討。如對商品經濟的發展引起社會道德價值觀念變革，作了較系統的研究和分析，充分肯定商品經濟帶來道德上的進步，認為商品經濟催化著個性的豐富、人性的發展；商品經濟激化著人的進取精神，促進人的自主意識、獨立人格的形成，商品經濟產生人的平等、自由和公正觀念，推動著人的主體作用的增強；商品經濟促進著人的效益觀念和時間觀念，拓展出人的道德品質的新領域。當然，商品經濟既有它

的積極作用，也能對道德產生副作用。應從理論上分辨是非，對現實生活作出實事求是的解答。

第四，社會主義初級階段的道德建設向題。

《新教程》認爲社會主義初級階段的基本國情、經濟、政治和文化的特點決定人與人、人與自然的關係，也從根本上決定社會的道德關係。在此前提下，社會主義初級階段的道德建設要充分吸收過去的經驗、教訓，注意初級階段的根本特點，強調社會主義倫理、道德是人類倫理道德發展的新階段。爲了加強現階段的道德建設，必須把對中國傳統倫理、道德的反省、批判和對西方倫理、道德文化的省察結合起來，決不能像過去那樣再持獨斷主義和教條主義的態度。要以馬克思主義爲指導，對中國傳統倫理文化作實事求是的分析，吸收有益的思想、觀點與範疇，弘揚民族的傳統美德。該書對西方古典與現代倫理觀，客觀地分析、評價，不是用一句話罵倒，而是作了多方面的積極的吸收和借鑒。

第五，在道德規範體系的建築上，提出獨到的見解。

數年來，關於道德規範體系、道德原則、道德規範的建構問題，學術界曾進行過長期的爭論。《新教程》在吸收學術界的研究成果的基礎上，根據現階段的政治、經濟狀況，人們的思想覺悟、價值觀念、道德意識等的多元化，注重我國歷史文化背景，提出了社會主義初級階段的道德體系，包括，兩級結構：一是社會主義道德、二是共產主義道德；三個層次：從低到高依次是，社會公共生活中的道德規範、社會主義道德和共產主義道德。在此基礎上，《新教程》又提出社會主義道德五項基本原則，並作了層次的劃分：愛社會主義是第一層次的原則，也是社會主義道德體系中最高的、最根本的原則，集體主義是第二層次原則；社會主義的人道主義、公正和誠實守信三項屬於第三層次原則。這種劃分，是非常富有建設性和啓發性的。在改革、開放，建立社會主義市場經濟的條件下，如何建設社會主義初級階段的道德規範體系，仍然是理論上、現實上的重要問題，《新教程》的觀點，爲我們提供了一個新思路，也必將推動我國倫理學界的理論探討。

總之，《新教程》是一個具有開放性和融合性的理論體系，從多方面、多角度探討了倫理學上的一些重要理論問題，爲我們提供了有價值的思考。當然，任何理論體系都不是完美的，《新教程》也存在著不足，依筆者所見，在反省西方倫理思想的發展時，忽視了自由與必然的問題，在探討中國古代倫

理思想的發展歷程時，忽視了古代倫理思想家一直爭論不休的義、利關係問題。這些都是不小的疏忽，有待於作者在以後修訂時補充進去。儘管如此，我們還是應該充分肯定《新教程》的編著者歷時四年的艱苦勞動，可貴的理論探索精神。

（作者單位：吉林大學哲學系　責任編輯：李淑珍）

「與時俱進、革故鼎新」的倫理學力作
——讀《當代中國倫理與道德》感言

北京大學　吳毅京

最近，筆者拜讀了著名倫理學家魏英敏教授的新著《當代中國倫理與道德》，可謂受益匪淺，啓發良多，油然而生一種走出了當代中國道德迷宮的豁然開朗的感覺。這部充溢著「與時俱進、革故鼎新」精神的倫理學力作，立足於當代中國道德建設的現實需要，以實事求是作爲最根本的研究方法，對中外史上和當代西方的重要倫理學理論進行了濃縮性的鳥瞰，對新中國倫理學發展的曲折歷程、特別是一系列重大的倫理學論爭進行了回顧與反思。作者在批判繼承中國古代的道德遺產、大膽借鑒西方文明的優秀成果的基礎上，「反省以往，關注現實，展望未來」，本著綜合創新的精神，就我國馬克思主義倫理學的許多老問題提出了自己的新看法，體現了馬克思主義的與時俱進的理論品質。該書篇幅不算長，不過三十萬字而已，卻幾乎論及了「當代中國倫理與道德」的所有重大理論問題和實踐問題，或者至少爲它們的正確解決啓示了科學的倫理學方法。其重大的理論意義與強烈的現實意義，僅僅從作者對道德基本原則和倫理學研究方法的闡述中即可窺見一斑。

關於社會主義道德的基本原則

我們所講的社會主義道德，確切地說，是指我國社會主義初級階段的同社會主義市場經濟體制相適應的道德。這種社會主義道德的基本原則是一條（即集體主義）還是多條？如何理解這條（或這些）原則？這是倫理學界爭論已久的老問題，但至今仍然眾說紛紜，莫衷一是。這個事關社會主義道德

的規範體系如何建構的重大問題，是作者多年來對當代中國倫理道德問題再認識的焦點之一。作者直率地指出，「以前的倫理教科書、學術論文，包括本人撰寫的在內，對社會主義道德規範、原則的認識，有不足、不完善和不夠科學的傾向，……現在有必要重新認識和闡明。」（《當代中國倫理與道德》，崑崙出版社，2001 年版，第 99 頁。以下所引該書只注頁碼）從這一正確判斷出發，作者首先分析了社會主義市場經濟條件下不同於以往的複雜的道德關係，認爲它「不僅僅指個人與個人、個人與集體，還包括集體與集體。……人與環境的關係，也被列入道德關係的範圍之內。」與此同時，「就人的道德意識而言，隨著商品經濟的發展，自由、平等、公正的觀念勢必要強化起來」。（第 95 頁）在這種變化了的社會條件下，體現時代精神的道德原則，怎麼能教條主義地固守於以往計劃經濟時期倡導的「集體主義」呢？作者明確指出，集體主義是社會主義道德的基本原則之一，但絕不是惟一的基本原則，因爲它「只能調節一個方面的關係，而不能調節一切方面的關係，例如，在調節個人與個人的關係上，集體主義的局限性就立刻暴露出來了。」（第 101 頁）是的，例如調節夫妻關係、鄰里關係等私人關係，顯然難以應用集體主義原則。面對當今社會複雜的多層次的道德關係，作者主張，社會主義道德體系至少應有五條道德原則，即「爲人民服務」，「集體主義」，「人道主義」，「公正」和「誠實守信」。在這五條原則當中，爲人民服務是最高、最根本的第一等級原則，集體主義是第二等級原則，而人道主義、公正和誠實守信屬於第三等級原則。（第 105 頁）這是對社會主義道德規範體系的深思熟慮的新見解，其創新性不但在於提出了五條道德原則並作了科學的等級劃分，尤其在於作者對它們作了合乎時代需要的闡釋。

就拿「爲人民服務」來說吧，人們一般僅僅把它理解爲「共產黨的宗旨」和對幹部的道德要求；或者認爲「大家都是爲人民服務」，從而把幹部混同於普通老百姓。針對這種誤解，作者把爲人民服務區分爲政治倫理原則（即官德原則）和社會倫理原則（即國民道德原則）兩個不同層次。作爲官德原則的爲人民服務，就是要求各級官員做到甘當公僕，而現實生活中嚴重存在的主僕顛倒的腐敗現象，正是對這一官德原則的直接背離。（第 126 頁）作爲國民道德原則的爲人民服務，「它的精神實質，就是人民大眾的自我服務、互相服務的問題，亦即『我爲人人，人人爲我』」。（第 118 頁）作者有力地論證說，「我爲人人，人人爲我」作爲「爲人民服務」倫理原則的新內涵，

體現了目的與手段的統一，權利與義務的統一，利己與利他的統一，也就是馬克思主義經典作家所揭示的社會主義新道德的特徵：「既不拿利己主義來反對自我犧牲，也不拿自我犧牲來反對利己主義」。（第132～134頁）作者對「為人民服務」的這一新釋，符合馬克思的「沒有無義務的權利，也沒有無權利的義務」的科學論斷，同市場經濟條件下人們日益增強的權利意識相呼應，因而易於為人們所接受。我們以往所宣講的道德，給人造成一種印象，似乎道德就是要求「自我犧牲」，「以至我們現在所講的馬列主義倫理學，幾乎不談權利問題」。不能不說，這是「為人民服務」等道德教育之所以常常被譏為「高調」和「空談」、不能入腦入心的一個重要原因。據我所知，作者近年來在許多文章、演講中大聲疾呼，要在全社會叫響「我為人人，人人為我」的道德口號，這對推動「為人民服務」道德原則的落實，改善黨德民風，起到了積極的作用。

至於其他四條原則，作者認為，它們都是從如上正確理解的「為人民服務」這個道德核心中自然地引伸出來的，因而也都要在發展馬克思主義倫理學的動態過程中予以把握。例如就公正原則而言，作者指出，「在我們的馬克思主義倫理學教科書中，很少談公正。即使談到，也只是作為個人道德品質範疇來談的。顯然這是很不夠的。（隨著）市場經濟的發展，等價交換的原則成為人們經濟行為的基本準則。人們的平等意識增強了，（而）平等是公正範疇的基本內容，這樣在道德生活領域中必然要求把公正原則提到基本原則的地位上來。」（第112頁）何謂公正？說到底就是要確保社會成員的權利與義務的統一，它「蘊含著目的與手段、權利與義務、貢獻與索取的對應性或對等性」（第136頁），因而成為社會制度的「首要美德」，而不僅僅是「個人道德品質範疇」了。今天，大力倡導公正原則，更是反腐敗鬥爭和市場經濟健康發展的迫切需要。

總之，該書關於社會主義道德的基本原則的論述，回應了我國現代化建設的現實需要，極大地推進了在道德基本原則問題上的長期爭論，為我們構建社會主義道德的規範體系作出了理論貢獻。

關於馬克思主義倫理學的研究方法

應該指出，不但在上述有關道德基本原則的問題上，而且在倫理學研究方法、倫理學基本問題、道德結構和倫理學類型、合理利己主義與個人主義、

人性觀與價值論、經濟改革與道德建設、家庭倫理與職業道德、傳統文化與
國民倫理教育等等理論與實踐問題上，該書都可謂新見迭出，處處透露出創
新精神與道德智慧。要問作者的道德智慧從哪裏來？該書在論述倫理學研究
方法一章中給出了答案——肯定地說，堅持「解放思想，實事求是」的方法
論；否定地說，反對教條主義、絕對主義與獨斷主義。這是作者從事倫理學
研究與教學幾十年寶貴經驗的總結，也是我們與時俱進地發展當代中國倫理
學的不二法門。

作者一針見血地反思說，「在我們以往的倫理學研究中，教條主義習氣十
分濃厚。教條主義者們，把馬克思主義經典作家的某些論斷、觀點，甚至詞
句，當做千古不變的眞理，到處套用。……近些年來又出現了新的教條主義」，
例如儒家教條主義和西方的洋教條主義。（第 339 頁）此外，「絕對主義的思
維方式，在倫理學園地中也表現得相當突出」。所謂獨斷主義，指的是「唯我
獨正確」的自詡的「正統的馬克思主義」。作者尖銳地指出，在我國倫理學界，
一向以馬克思主義自居的獨斷主義是夠嚴重的，其「倫理觀點不是一般的僵
化，而是極端的僵化」。更可怕的是，你要是不同意其僵化觀點，「對你不是
批判，就是列入另冊」。（394 頁）飽學而愚昧的教條主義閉眼不看中國的國情
和現實，弄得當代中國的倫理學不大象「當代中國」的，危害了精神文明建
設和道德教育的實效性。違反辯證法的絕對主義則極大地妨害了對道德本質
和規律的科學把握。無知加霸道的獨斷主義，更是我們發展馬克思主義倫理
學的大敵。作者鮮明地提出「反對教條主義、絕對主義與獨斷主義」，這在倫
理學界具有振聾發聵的現實意義。凡眞正有所成就的倫理學研究者的經驗無
不證明，不首先把自己的思想「從教條主義的束縛下解放出來，從絕對主義
的枷鎖中解放出來，從獨斷主義的桎梏中解放出來」，就不可能認眞貫徹實事
求是的思想路線和研究方法，也就不可能在學術上有所建樹。古人說，「授之
以魚不如授之以漁」。從這個意義上說，作者對於倫理學研究方法的創造性論
述，比起許多其他方面的創新觀點來，對讀者將更有啓示和警示意義，對我
國倫理學的未來將會產生更大的影響。

我們的精神文明建設特別是道德建設，多年來投入甚多，產出不足。究
其原因，恐怕倫理學研究的滯後是一個重要方面。在江澤民「七一」講話精
神的鼓舞下，在深入貫徹《公民道德建設實施綱要》的今天，我們希望有更
多的倫理學研究者，爲社會奉獻出更多的「與時俱進，革故鼎新」之作，爲

推進我國倫理學的眞正繁榮而共同努力。

　　也許，新世紀第一年面世的《當代中國倫理與道德》，恰好預示著我們必將迎來倫理學眞正繁榮的新世紀。

2001 年 12 月 20 日

久違了，聽課的感覺

　　7 月 25 日到 8 月 1 日，來北京參加「2006 年中國經濟社會名家大講堂」學習班。在中央社會主義學院的教學樓階梯教室，已經聽了一天的課，很久沒有坐在教室裏聽課當學生了，這種感覺很親切，很熟悉，我喜歡。

　　7 天的課程，我們可以聆聽 12 位專家、學者的講授，也算是吃一次精神的饕餮大餐，我很期待。

　　今天爲我們上課的有兩位，一位是北京大學哲學系博士生導師魏英敏教授，另一位是中央黨校社會學教研室主任吳忠民教授。他們都是自己研究領域的專家，所以，講課包含的信息量很大，站的也很高，有些觀點是很超前的，特別是他們都很敢「說」。收穫還是蠻大的。

　　印象最深刻的是上午爲我們講課的魏老先生，他講的是「榮辱觀與官德修養」。因爲工作的關係，這半年我也沒少看這方面的資料，但是，經過他的講授，我覺得脈絡更清楚了，理論上也挖掘的更有深度，很受啓發。收穫更大的是他講課時傳達給我們的他的獨特的人格魅力。也許一段時間、許多年後，我已經忘記了他上課時講的內容，但我相信，我依然忘不了他講課時的姿態，這也許是「教書匠」與「先生」的最大區別。

　　魏先生今年已經 71 歲了，他走進教室給我的第一印象就很特別，穿了一件白色對襟布衫，圓口布鞋，齊齊的短短的頭髮，白色，走上講臺的身手也很矯健，很像個俠客、武林高手。一上臺，他就把給他準備的椅子扒拉一邊兒去了，他說他從來不坐著上課，因爲站著講直截了當，於是，70 多歲的老人一直站著講了 3 個多小時，而且聲如洪鐘、慷慨激昂，語言擲地有聲，很感動。

　　他講的題目是「榮辱觀與官德修養」，介紹他自己時，他說自己是一介書生，但不是白面書生也不是書呆子，因為，他 1948 年就當過哈爾濱市兒童團副團長，也做過多年的共產黨的官，（北大的紀檢委員，哲學系黨委副書記）所以，有資格講這個題目。

　　演講過程中，我深深地感受到一個有 50 多年黨齡的老黨員、老革命對黨的無限忠誠和他所信仰的主義的深信不疑，同時，面對社會的醜惡現象他痛心疾首、義憤填膺，而面對民生多艱，他悲天憫人，深深的憂慮又無可奈何。3 個多小時，感受著他脈絡清晰的梳理、鞭闢入裏的分析、流暢幽默的論述，個性張揚的表達，我被這節課深深地吸引。

　　我忽然覺得，學生聽課並不僅僅聽他在說什麼，更多的在感受老師的整體：他（她）的氣質、文化、性格、人生觀、價值觀、他的責任感……這些東西會潛移默化地影響給他的學生，這樣想，忽然出了一身冷汗，下學期我還有課，我將怎樣面對我的學生？是以「先生」的姿態出現而不是「匠」？

　　認真的聽課吧，感受每一位先生特有的魅力，當我站在講臺上時，也許我會更有底氣。

（引自靜子的博客，2006 年 7 月 27 日，
靜子是遼寧工學院一位女教師）

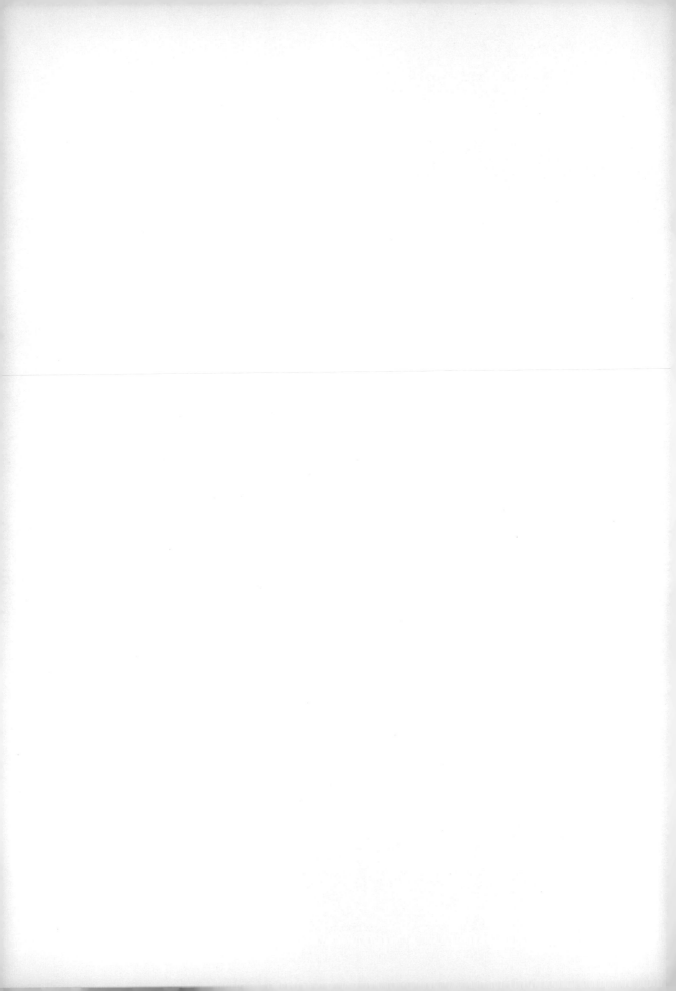

捌、人生感悟

辭　行

（散文詩）

青春已逝無蹤影，
白鬢相聚盡歡顏。
情深似海六十載，
世事滄桑言不盡。
彭城小往農家樂，
歷史長河一瞬間。
雲龍山水萬年長，
拔劍泉湧永不竭。
今日分手淚滿襟，
不知何日再相逢。

　　注：應杜爾濱之邀，在杜府鄉村別墅老同學聚會休閒數日，受到熱情款待。故賦詩一首，以示感激之情

魏英敏

2010 年 9 月 28 日

人生之八大要務

人生第一要務：珍視生命、維護健康

生命只有一次，健康是事業成功之根本。

人生第二要務：自立自強

依靠自己自立人群，勉勵自己奮發向上。

鄭板橋曰：「流自己的汗，吃自己的飯，自己的事情自己幹，靠天靠地靠祖上，不算是好漢。」

民諺：「寧起三個早，不求別人落下峰」；「天上下雨地下滑，自己跌倒自己爬。」

人生第三要務：知位、盡責

知道自己的身份地位，做自己應做的事情。盡心盡力，盡職盡責。

成語：人貴有自知之明。

諺語：要知道自己吃幾碗乾飯。

人生第四要務：自省、自訟

自我省察、自我批評。曾子曰：「吾日三省吾身——為人謀而不忠乎？與朋友交而不信乎？傳不習乎？」（《論語・學而》）

經常自我反省，為人處世、待人接物，做得怎麼樣？有何不當？有何不對？

不做壞事（傷天害理之事），少做錯事，多做好事。

一旦發現做了錯事，應立即檢討，切實改正，彌補過失。

人生第五要務：知恥、守節

羞惡之心，不可須臾離也。《禮記‧中庸》云：「知恥近乎勇。」朱熹說：「人有恥，則能有所不為。」（《朱子語類》卷十三）

言行有節制。話不可說滿，事不可做絕。

俗語：話到唇邊留半句。

人生第六要務：尊重他人、成人之美

尊重一切人，盡量幫助需要幫助的人。

不傷他人自尊，不犯他人利益，不占他人便宜。

人生第七要務：不自欺欺人

誠實對自己，誠實對他人。誠感天地。精誠所至，金石為開。

人生第八要務：感恩與回饋

對於給予我關懷、支持與幫助的人表示感謝。可以口頭的，也可以是物質的。不欠人情債是原則。

俗語：施恩圖報非君子，知恩不報是小人。

2010 年 6 月 18 日

於美國拉斯維加斯

人生的基本矛盾及其解決的對策

人生的基本矛盾，據我的思考，至少有以下十點：

（1）生與死的矛盾；

（2）知與不知的矛盾；

（3）自我與他人的矛盾；

（4）私與公的矛盾；

（5）理想與現實的矛盾；

（6）需要與可能的矛盾；

（7）義與利的矛盾；

（8）順與逆的矛盾；

（9）喜悅與痛苦的矛盾；

（10）得與失的矛盾。

（1）生與死的矛盾

生與死，乃自然規律，人無法抵抗，但可以選擇。人對付的辦法，居安思危，聽其自然，不貪生，不怕死。

（2）知與不知的矛盾

知識是浩瀚無際的海洋，人的知識再多，也是少。且自然、社會、人生處於不斷發展變化之中，因此不知的東西實在太多太多，所以要虛懷若谷，以不知爲知。

（3）自我與他人的矛盾

人字頂天立地，但需要支撐，所以人字，一撇加一捺。即俗話說，「一個

籬笆三個樁，一個好漢三個幫。」倉頡造字，當初他怎麼想的，不得而知，但人最需要人。人必須與他人合作共事，共生共榮。今日只講人與人的競爭，不講合作，乃西方哲學鬥爭的絕對性的片面傳統遺存。

須知人生在世，除了自我之外，還有他人，對他人要尊重，要關照。否則，人將不人。

（4）私與公的矛盾

人過社會生活，任何個人，不論何等偉大，都有一個與群體的關係問題，這種關係是和而不同。不同怎麼辦？不同是正常的，完全相同不正常，也不可能。因此要協調個人與公眾的關係。協調辦法，應當是先公而後私，或因公棄私。

要去掉「私」字，絕無可能。越是狠鬥「私」字，一閃念，「私」字越要增長。

（5）理想與現實的矛盾

理想是美好的，現實是醜惡的。沒有理想，人就失去奮鬥的意志，沒有生活的驅動力，得過且過。所謂「腳踩西瓜皮，滑到哪裏算哪裏。」

現實生活，總是十有八九不如意。所謂「萬事如意」，只不過是美好的祈願而已。要擺脫現實的困惑、災難與不幸，唯一的辦法，就是戰勝自我，勇敢地應對。

（6）需要與可能的矛盾

人有諸多需要，物質的、精神的、心理的、道德的、社會的，等等。但基本的需要則是生存的、安全的、交往的、社會的需要。

人的需要，首先要剔除不必要的、過高的或過奢侈的需要。

而且要估量實現需要的條件，要努力創造條件實現需要。需要的實現是逐步的，不可能一步登天。

（7）義與利的矛盾

人生在世，需要有義與利。如漢代大儒董仲舒所言：「義與利，人之兩有也，利以養其體，義以養其心，無利體不安，無義心不樂。」

義與利有一致的方面，也有不一致的方面。大利，眾人之利、國家之利、民族之利，即為義，可以說，義是利的昇華。

然而義與利也有不一致、甚至矛盾的方面，正義、道義與個人的私利的

矛盾常常發生。面對這種矛盾怎麼辦？解決之道，見利思義，見得思義，以義取利。恰如孔子所云：「富與貴，是人之所欲也，不以其道得之，不處也；貧與賤，是人之所惡也，不以其道得之，不去也。」

（8）順與逆的矛盾

人生不是平坦的，充滿荊棘與坎坷，有許多感到不如意、甚至有不少的煩惱事，一句話，不順暢。

順遂的事、通暢的事，也有許多。順的時候。不要忘乎所以、得意忘形。逆的時候，不必唉聲歎氣。因爲事情都在變化，有轉機的可能。

請記住：「沉舟側畔千帆過，病樹前頭萬木春。」「山重水複疑無路，柳暗花明又一村。」

（9）喜悅與痛苦的矛盾

高興、愉快、快樂，人人嚮往。痛苦、不悅、沮喪，人人討厭。這是生活中不可避免的現象。

追求快樂與愉悅是人的本性。痛苦與不幸，在所難免，但應要努力忘卻它，快樂地過好每一天。

（10）得與失的矛盾

得與失，也是人生常見的現象。人們常說，「有所得，必有所失，」或「得失相當」、「得不償失。」但從人們的心理上觀察，都願得不願失。這是可以理解的。

但須明瞭，沒有絕對的失，也沒有絕對的得。這裡得了，可能那裡失了。那裡失了，可能這裡得了。今日失了，可能明日得了。

總之得失互相滲透，又可以互相轉化。

2014 年 2 月 3 日

生活中要恪守不渝的準則

（1）自立、自強、自律、自省的準則

（2）和而不同的原則

（3）公平、正直的原則

（4）禮尚往來的原則

（5）見得思義、以義求利的原則

（6）感恩回饋的原則

（7）公私兼顧、以公爲先的原則

（8）適可而止的原則

（9）留有餘地的原則

（10）知足常樂的原則

（11）自強不息的原則

（12）實事求是的原則

（1）自立、自強、自律、自省的準則

依靠自己的努力、奮鬥，求得自己的生存、發展。

鄭板橋說：「淌自己的汗，吃自己的飯，自己的事情自己幹，靠天、靠地、靠祖宗，不算是好漢。」

經常反省自己的言行，改過遷善。

（2）和而不同的原則

「和實生物，同則不濟。」合群，但不合流，保持自己的獨立性。

（3）公平、正直的原則

堅守公平、正義，直道而行。

（4）禮尚往來的原則

「來而不往，非禮也」，「往而不來，亦非利也。」有來有往，「剃頭的挑子，一頭熱」不行，因爲它違背均衡的自然法則。

（5）見得思義、以義求利的原則

一件好的東西擺在面前，白送給您，要嗎？抑或不要？「無功受祿」，不能接受。「利」是人欲求的，然而求利要符合義的原則，否則一概拒絕。

（6）感恩、回饋的原則

對於他人對自己的幫助、饋贈、鼓勵、支持，應由衷地表示感謝。在適當的時候要努力回饋。

（7）公私兼顧、以公爲先的原則

公私不同，有時發生矛盾。通常的情況下，應公私兼顧，兩全其美。兼顧不了怎麼辦？棄私從公，或先公而後私。

（8）適可而止的原則

不可貪得無厭，滿足需要即行停止。

（9）留有餘地的原則

話不可說盡，所謂「話到唇邊留半句」。事不可做絕，好事、壞事都不可做到絕對的地步。所謂「除惡務盡」，不過是良好的願望，事實上做不到。

（10）知足常樂的原則

對美好事物的追求與享用適可而止，不可最大化，否則「樂極生悲。」

（11）自強不息的原則

生命不息，奮鬥不止。不屈不撓，堅忍自強。

（12）實事求是的原則

求眞務實，不虛誇，不掩飾，不說假話，不說大話。

2014 年 2 月 3 日

八十述懷

時光流逝如閃電，不知不覺八十了。
兩校足跡四十年，讀書教書南北跑。
文章著作不算多，革故鼎新常思考。

2014 年 5 月 17 日

附　錄

正直無私、襟懷坦蕩
學而不厭、誨人不倦
——永遠懷念北京大學哲學系教授魏英敏先生

張雲飛

　　2014 年 11 月 18 日的晚上，手機鈴聲響起，一看，是譚忠誠師兄的來電。電話那頭，一貫爽朗的師兄表現十分異常，好半天才擠出一句話，低沉地說了一句：「魏老師走了。」我聽了之後，呆了很久，因為我不相信這是真的。前幾天還從先生家裏回來，先生送給我的柿子，還在桌子上放著。就在幾天前，先生還跟我通過電話，讓我查對一下抗美援朝時期聯合國軍三任司令的名字，我查對之後給先生回電話，先生所記一毫不差。先生在電話那頭，談到中朝聯軍不畏強敵、不畏強權的英雄氣概，慷慨陳詞，情緒激昂！……

　　回過神來之後，我不得不接受了這個讓人痛心的事實！回想當初有幸拜識先生，也是因譚師兄之緣故。

一、緣起

　　2009 年，在一個初冬的下午，我路過北大西門外的公交車站臺，看見譚忠誠師兄在那等車。於是我上前問道：「師兄，您這是上哪兒去啊？」

　　譚師兄一臉自豪地道：「去魏老師家。」

　　「魏老師？哪個魏老師？」

　　譚師兄道：「魏英敏老師啊！」

　　我心頭一亮，趕緊說道：「啊？您能見著魏老師？他可是倫理學界德高望

重的前輩啊，能帶我一塊去拜訪嗎？」

師兄立刻撥通了先生家的電話，說明了緣由。電話那頭傳來爽朗的聲音：「歡迎歡迎！」

就這樣，我得以拜見這位我心中景仰已久的前輩。2003 年，我認真研讀了先生所編著的《新倫理學教程》，從此加深了對倫理學的系統認識，並深深折服於作者於書中自然而然流露出來的傑出才華與浩然正氣。

先生留給我的第一印象是慈眉善目、和藹可親，同樣慈祥和藹的是師母李國秀老師。師兄介紹道：「師母可不簡單啦，她是研究自然辯證法的名家，曾任北京大學哲學系科學哲學教研室主任，桃李滿天下。」師母擺擺手道：「那都是哪時候的事了，呵呵。」師母鶴髮童顏，言行舉止從容優雅，總是面帶著發自內心的微笑。

我們開始借機請教倫理學等領域的問題，先生耐心地為我們解答。他思路清晰，嗓音洪亮，中氣十足，神情豐富而得宜。當講到反腐敗問題的時候，先生突然嚴厲了起來，那神情猶如掌握著千軍萬馬的將軍，不怒自威，令人敬畏。當講到其它更為溫和的問題的時候，又回到常態，溫文爾雅，幽默風趣。我們聽著聽著，不知不覺就陶醉其中了。聽了先生講課，我才真正地理解了愛因斯坦的相對論——時間過得太快了。幾個小時過去，竟如幾分鐘一般。回去之後，先生的講話還在心中迴旋。那鏗鏘有力的聲音、那發自內心的民生關切、那頂天立地的正直立場、那指點江山的豪壯情懷，都給我的心靈以極大的震撼，感染我改惡遷善、見賢思齊。那天晚上，先生和師母請我們到外面去吃餃子。譚師兄說道：「過去我們來老師家，師母經常親手包餃子給我們吃，印象深刻啊。」師母笑了笑說道：「現在年紀大了，不想動了，呵呵。」師兄笑道：「是的，年紀大了就要量力而行，不要操勞過度。」師生四人，如過年一般的開心。

此後，我便經常有機會向先生請教問題。有時候是登門請教，有時候是通過電話。後來，有幸為先生整理文稿，見面求教的機會就更多了。無論何時，先生都以極大的熱情和極其充沛的精力，耐心細緻地講解。先生善於獨立思考，在許多問題的理解上都有獨到之處，令人耳目一新而又由衷歎服。先生的記憶力非常驚人，引經據典信手拈來，而且記得極其準確。難怪曾有另一位師兄早就談到過：「先生什麼都知道。」我曾經將這一評價如實地轉告先生，先生嚴肅地說道：「你那位師兄過獎了，什麼都知道是不可能的。我嘛，

就是一個普通的教師，僅此而已。」

先生還經常給我（們）講故事，其中有一些是他親身經歷的，或者他身邊的人所經歷的。先生在講述自己的經歷的時候，神情是超然的，似乎講的不是自己的事情，而只不過是在客觀地陳述一些事實，藉以說明一些道理而已。先生的故事，同他對倫理學、哲學問題的講解一樣，都給我留下了深刻的印象。先生的這些講話、故事，還有我與先生交往過程中所受的感染、薰陶，都是寶貴的精神財富，茲大略整理如下，以勉勵自己牢記先生的諄諄教誨，並或能分享於有緣之人。

二、正直無私

先生生性耿直，曾經講道：「孔夫子曾經說過：『益者三友，損者三友。友直，友諒，友多聞，益矣。友便辟，友善柔，友便佞，損矣。』諫我過者是我友，良藥苦口，忠言逆耳哪！誰要是指出了我們的錯誤，我們要感到高興、感到感激才對。同樣的道理，我們對於朋友，也要當他們的益友，而不要做別人的損友。一位地阿諛奉承，盡說好話，無論於人於己，都是有害的。」

「我們黨有三大優良作風：理論聯繫實際、密切聯繫群眾、批評與自我批評。現在，有老百姓說道：『三大優良作風改了，變成：理論聯繫實惠、密切聯繫領導、表揚與自我表揚。』當然，老百姓說的不是普遍現象，但這一類的現象確實存在，而且還正在逐漸蔓延開來。這是很讓人擔憂的啊！學術界更要有真正的學術批評，這樣才會有進步。表揚來表揚去，結果只能是原地踏步。」

「人要正直，要敢於說真話。即使是領導做得不對，也要敢於提出不同意見。我們北大原先有個老師，領導說他的課講得不好，要停止他講課，甚至調出。我就直接找領導說：『有些教師講課沒有經驗，很正常啊。學校是一個大家庭，對這位老師應該幫助其進步才對啊，怎麼能動不動就停課調出呢？』後來，領導把這位老師留下來了，這位老師也非常爭氣，工作十分努力。這就對了嘛，教書育人，教育者也要被教育，既要自我教育、自我提高，也要相互學習、相互幫助提高，甚至向學生學習、教學相長嘛。」

先生提倡先公後私，提倡處處以集體利益為重，反對私心太重的想法和做法。他曾經講道：「做人，不能總是打自己的小算盤，要多想想人家。普通

人猶且如此，領導幹部的就更加應該這樣了。領導手中的權力，是人民賦予的，只能用於為人民群眾謀公利，而不能濫用為謀求一己私利的工具。我也曾經當過黨的幹部，在幹部崗位上也做過一些事情，比如提拔人才。我提拔人才，從來不看這個人跟我的私人關係如何，只看這個人是不是真正的人才，適不適合這個崗位。只要是人才，就要衝破重重障礙，加以提拔任用。在我擔任教研室主任期間，費了不少功夫留研究生任教，原因是我認為他們都有很大的潛力。但我沒有留自己帶的研究生。倒不是說我的學生就不優秀了，要看哪個方面。每個人都應該揚長避短，找到最適合自己的崗位。所以，教學上，要因材施教；工作上，也要因材用人。」

　　「可是現在有些人啊，有時候就是私心太重。道德教育的路，很漫長啊！有人說，經濟發展與道德進步是相背反的，這種觀點有一定的道理，至少用在一部分人身上是合適的。改革開放後，人們的生活水平提高了，可利己主義、享樂主義也跟著開始盛行，有些人全然忘記了什麼叫做艱苦奮鬥。如果一個人僅僅是拿自己的勞動所得去享樂，那還好說一些。如果一個人拿著老百姓的血汗錢去享樂，那就是犯罪了。」

三、襟懷坦蕩

　　先生之心胸十分寬廣。《論語》有言：「君子坦蕩蕩，小人長戚戚。」先生就是這樣一個坦坦蕩蕩的人。對於自己、對於他人，他都能夠客觀地加以評價，毫不遮遮掩掩。先生曾經自我評價道：「我這個人，也不是十全十美的，也有些事情處理得不是很得當，有些話說得有點過頭。孔夫子曾經說過：『可與言而不與之言，失人；不可與言而與之言，失言。知者不失人，亦不失言。』我這個人哪，口直心快，眼睛裏容不了沙子，所以有失言的時候。如果我覺得誰錯了，我就會指出來，目的是幫助他改正。當然我也歡迎別人給我提意見，幫助我進步。有的人聽了我的意見以後，能夠坦然以待、認真聽取。有的人就不一樣了，他可能會懷恨在心。世界上最難知的，是人啊！有些人實際所想的和他所表現出來的完全不一樣，令人防不勝防。遇到這種人，你要是說了他什麼不是，他就要伺機報復了。這就叫因言惹禍。有些人的仇恨，是刻骨銘心的，幾十年都忘不掉，一有機會就會狠狠報復。我是吃過虧的，吃的虧還不少、不小。但我不後悔。儘管可能有些話可能不說為好，但我所有的話都是憑良心去說的，都不是為自己，沒有自私自利的打

算。但一般情況下，還是要慎言爲是，說話要注意場合、注意方式、注意不要說過頭的話、做過頭的事。」

先生對於他人的包容，到了常人難以想像的地步。他曾經講道：「文革期間，我也被捲入了鬥爭之中。我是不提倡武鬥的，總是設法調和矛盾。尤其是批鬥老師，我更是不贊成，我總是勸大家別爲難老師了。但沒辦法，那個時代大家都好像瘋了。當時的矛盾錯綜複雜，鬥爭無處不在。有一天早上，我去「三紅」（人大的一派）總部，路上遇到對立面的一群工人，他們讓我放他們的「頭」肖教授。我說：「肖教授怎麼了？」他們說：「你別裝糊塗。肖教授就是你策劃抓的！」我說：「我根本不知道這事。」其中一人拿鐵鍬狠狠地打在了我的肋骨上。我當場倒在了地下，幸虧有我們這邊的人來了把我救了回去。那時候，我還很年輕，感到有點痛，過了一段時間，就沒事了。（幾十年後我去體檢，醫生才告訴我說我的肋骨曾經斷過兩根，早已鈣化。醫生所指的位子就是當年爲鐵鍬所擊的位子）後來，組織上派人來調查向我調查打我的那個人的材料時，我說：『事情過去多年，當時軍宣隊倡導『大聯合』，我們握手言歡了。不要再寫什麼材料了。』有人不解地問道：『那人打了你，現在正是你找他算賬的時候來了，你怎麼不寫呢？』我回答道：『他們誤會了，不應該跟他們計較。』如此犯而不校，這是活生生的原諒有過失的人，眞可謂「將軍額上跑下馬，宰相肚裏能撐船。」先生不是將軍、不是宰相，但在這一事件中卻顯示出將軍之風、宰相之量！

先生對於他人給他的幫助念念不忘。哪怕是很小、很細微的事情，或者在當事人自己看來是分內之事，他也感念於心。我清晰地記得，在一次晚飯後，我們坐在紫城嘉園小區裏的木椅子上，先生深情地回憶他少年時代求學的歷程，當談到他的小學老師、中學老師、乃至於當時一個曾經給他批准過助學金的教育局領導的時候，感恩之情都溢於言表。

先生教育我們要有正確的成敗觀，要曠達樂觀：「中國古人云：『謀事在人，成事在天。』這話是有道理的。一個人，要有理想，有目標。當他爲理想而奮鬥、爲目標而努力的時候，首先要勤奮積極，不怕挫折，不怕失敗，善於利用現有的條件，並且善於創造條件，這就是『謀事在人。』但一個人再怎麼努力，都還受制於主客觀環境和條件的局限性，還是有無法把握的方面。於是，一切事情都有失敗的可能。從不失敗的人是沒有的，除非他從不做任何事情。而且，所做的事情越重大、越是前無古人，就越有可能失

敗。積極努力之後，結果成敗如何，就不要過於計較，而應該順其自然了。
這就是『成事在天。』甚至，有時候，儘管知道成功的希望微乎其微，但如
果這件事是符合道義和良心的，那就要努力去做。孔子『知其不可爲而爲
之』，堪稱積極進取的典範。謀事在人和成事在天是辯證的統一。例如孔子，
當時社會禮崩樂壞，周王朝風雨飄搖。他要復興禮樂，不辭勞苦奔走四方。
可同時，他也做好了『道不行，乘桴浮於海』的心理準備。當然，他終究還
是沒有『乘桴浮於海』，依然始終以自己的方式在現有的條件下做力所能及的
事情。」

「對於他人答應你的事情，也不要抱太大的希望。『希望愈大，失望愈
多。』要體諒他人。人家可能純粹是爲了讓你高興，一時答應了他自己根本
就辦不到的事情。還有，許多事情都受制於複雜的主客觀條件，此一時，彼
一時。答應你的時候，他覺得此事好辦；真正辦起來，卻又爲難了。對於這
些，我們都要予以包容和理解。對於那些真誠地想幫助我們的人，即使最終
沒有幫成，我們還是要心懷感激。人家有那點心，就已經很不容易了。反過
來，我們在答應幫助別人的時候，一定要愼重。一方面，要真誠地、盡心盡
力地幫助別人。另一方面，又要考慮到現實的難處，不要輕易許諾他人，尤
其是不要輕易地許諾他人某某事情能夠辦成。古人云：『輕諾者必寡信。』有
時候，真心要幫助一個人未必要有什麼事先的許諾，甚至在事情辦成了之後
很久，人家都不知道是誰幫了他。我們學校有一個老同志，與一個天津來的
老太太結婚後分手了，老太太佔了他的房子，不肯搬走，對法院的判決也置
之不理，學校房管部門也無可奈何。後來，我對這個老同志（當年的地下黨
員，如今孤身一人）心生同情，於是向後勤部門支招，讓他們聯合校保衛部
等六大部門一起做老太太的思想工作。頗費周折之後，老太太終於將房子物
歸原主。這件事情，那老同志多年都不知道，直到後來才無意中瞭解到。我
跟這個人老同志沒有什麼私交的，純粹是路見不平，當然，咱也沒有『拔刀
相助』啦，不過是說了幾句公道話出了解決問題的點子罷了。」

四、學而不厭

先生不但給我講許多東西，而且還耐心地聽我講一些事情。當我講到我
們那裡有一個九十多歲的草藥醫生是個文盲卻準確地記得幾百種中草藥的藥
性的時候，先生感歎道：「學海無涯，天外有天，人上有人，我們知道的東西

少得可憐，真可謂九牛一毛、滄海一粟。我們所不知道的東西，比之知道的東西要多得多。我常常這麼想，不要以爲當了教授了就有多了不起。厲害的人多著呢。有些人可能沒有受過正規教育，但人家勤奮好學，結果所掌握的東西，未必比一般的教授要少。你看你說的這位老人，字都不認識，只能靠向人請教而學習，這需要多大的毅力啊！學習，就要有不怕苦的精神，要克服困難，終身學習。當然，在當今知識爆炸的時代，要掌握全部的知識，是不可能的。但我們還是要盡力掌握多一些知識，如果能有一專多能，那就更好了。廣博和精專，是辯證的統一。只有廣博了，才能真正地精專。如果一個人視野狹隘，囿於所學專業，那是成不了大器的。」

先生的好學讓人肅然起敬。好學的前提是虛心，先生的虛心是骨子裏的。俗話說：「同行是冤家」，古人云：「文人相輕，自古已然。」但先生不是這樣的。他從不吝惜對於他人的讚美之詞，他對於他人成就的肯定、對於他人的讚美，是發自內心的。先生談道：「我們哲學系有個楊辛教授，步入老年之後還多次攀登泰山。他的書一再重版，影響深遠。他還是一個著名的書法家，創造了『一字書』的書法，幾十年如一日地耐住寂寞、刻苦練習、潛心鑽研，終成名家。他還熱心教育事業，自己生活簡樸，卻將多年的積蓄拿出來設獎助學金。厲害的人還多著呢。我有一個老同學，現在要出中國哲學的論文集了，據說要出十卷本，五百萬字哪！你想想看，這是什麼概念！最近，還有一個叫田森的老先生送給我幾本書，寫得真是好啊，我要一本一本地認真讀完，現在讀完第一本了。這個老先生可真不簡單哪，八十多歲了還在寫作，寫出來的東西有思想、有見地，而且文字優美，真是一流的好！……」

在人民群眾當中，先生也總是虛心好學，走到哪裏都與群眾打成一片。他說道：「現在，我經常在外面散散步。小區裏有些人問道：『老先生，你是幹什麼的啊？』我回答：『我啊，教書的。』有些人問到這裡，就不再往下問了。人家知道你是個老師，也就行了。非要一來就說自己是個北大教授，就是脫離群眾，就是自以爲高高在上，就是自己把自己陷於被疏遠的境地。也有人繼續問道：『哦，當老師的？教大學嗎？』我就點點頭。如果還問：『您年紀這麼大了，該是教授了吧？』我也就點點頭說：『差不多吧。』與人接觸，不要誇耀自己的身份，不要誇耀自己的成績。不要說我還沒什麼身份地位，沒作出什麼成績。越是身份高、貢獻大，就越要謙虛謹慎，一不留神就

遠離群眾了。要平等待人，要多看到別人的長處。對人要一視同仁，力所能及的時候盡量幫助他人。我會一項手藝，那就是磨菜刀、磨剪子。鄰居家有菜刀、剪子什麼的要磨，總是送到我這裡來。後來，我評上教授後，人家就不往我家送了。我就覺得奇怪，問他們為什麼。他們說：『怎麼能讓一個大教授磨菜刀、磨剪子呢？』我哈哈一笑道：『教授也是人嘛，是人就要食人間煙火，就得幹點家裏的活嘛，這個不跌身份。』」

先生治學的態度是嚴謹的。有一次，我們談到一個較為偏僻的典故，原文有點印象，卻記不清了。如果是我平時，一般就這麼算了，最多下次方便的時候多留心一下。先生不是這樣的，他起身就要去查原文。我說：「先生，這個典故又不常用，不查也罷。」先生鄭重地對我說：「最好不要把問題留過夜，有條件的話，就應立即解決。學習要克服惰性，要從當下用功。有問題，不能拖，自己能解決就自己解決，自己不能解決就盡快請教別人。」這種嚴格的要求，對我觸動頗深。自此之後，我也盡量如此嚴格地要求自己了。可惜先生沒找到他所要找的書，他輕輕地說了一句：「忘了，那本書送給人家了。請你回頭幫我去圖書館找找原文，找到了就打電話告訴我。」後來我才知道，先生曾經一口氣給一所民辦大學的圖書館送了三千冊書。對此，師母笑笑道：「我們年紀大了，也做不了那麼多學問了，不如給年輕人送去。」

先生是不恥下問的典型。自己能夠查資料查字典解決的，他必定自己努力解決，絕不依賴別人、不輕易麻煩別人。但通過自己的努力之後還不能確定的，他就要請教別人了。先生請教的對象極其廣泛，其中既有他的師長、同輩，也有他的學生、晚輩。我就見到聽到先生打電話向一個晚輩請教一個非常專業的問題。

打完電話，先生呵呵笑道：「向學生請教，也不怕人家笑話我。『知之為知之，不知為不知，是知也。』不知道就是不知道，誰懂我就向誰請教。人家要是說：『瞧這個教授，連這個都不知道。』我也不管了，反正弄明白就好了。」

我接著說道：「不會笑話的啦，人家只會更加敬重您！孔夫子還向七歲的小孩項橐請教過問題呢。」

先生道：「是啊。韓愈曾經說過：『弟子不必不如師，師不必賢於弟子。聞道有先後，術業有專攻。』師生在人格上是平等的，在真理面前也是平等

的。另外，教育學發展了幾千年，但一些基本的原則，還是沒有改變。例如孔子所講的溫故知新、不恥下問、因材施教、舉一反三、教學相長，等等，至今依然是顛撲不破的真理啊！」

最讓我感慨萬分的是，我跟先生的最後一次通話中，先生說道：「外孫子來了，他很頑皮，很好玩，我跟他玩，很開心，就是可惜書讀得少了。」一個進入耄耋之年的老人，退休已經這麼多年了，心中還對學習念念不忘，這是怎樣的一種好學精神啊！

五、誨人不倦

如果說，前面所述的都是先生身上所體現的或曰其所推崇的普適性的道德的話，那麼，「誨人不倦」則是先生作為一名教師所體現的職業道德。先生誨人不倦的精神，讓我深受感動，並且據我所瞭解，也感動著許許多多的其他人。先生是真有「為往聖繼絕學」的情懷啊！按常理而言，他已經退休多年，本當是怡養天年、悠然自得遊山玩水的時候了。可先生還在不停地學習，不停地思考，不停地寫作，並努力將自己最新的思想成果與他人分享。先生絕不「好為人師」，他與學生和聽眾平等相處，總是帶著共同探討的心態，總是虛心聽取眾人的意見乃至批評意見。他因材施教，對症下藥，往往一針見血、震撼人心！他激情澎湃，具有極大的人格魅力。另外，據一位師兄說，先生的板書是豎著寫的，一堂課後，留在黑板上的直接就是一幅書法作品。更有人說，先生的講話，稍加整理，就是一篇上好的文章。通過深入接觸後我發現，果然是名不虛傳啊！

先生對於教育事業的忠誠、無私和不遺餘力，讓無數的人感動！在先生的追思會上，有一位教授提到，她曾經介紹一位邊遠地區的學生認識先生，這位學生希望能夠得到先生的指點。本以為能得到三言兩語相贈即已滿足了，沒想到先生極其熱情，無比耐心地指導他學習，還給他寄書、寄資料。像這一類的事情是數不勝數的。先生真正做到了孔子所說的「有教無類」，對所接觸到的一切求知若渴的年輕人，都悉心指點，毫無保留，而且一視同仁，關懷備至。至於我個人，如前所述，與先生的相識相交乃是機緣巧合。當我於 2007 年進入北大求學的時候，先生已經退休多年。按輩分而言，先生是我的「師公」了。但先生絲毫沒有「師公」的架子，他是個性情中人，平易真誠之至。先生對所在先生晚年的最後歲月裏，我有幸得以經常拜見先生，聆

聽了先生無量無數的諄諄教誨，實乃三生有幸！特將先生所直接傳授的部分思想略述如下，溫故知新，以促知行。

（一）關於教育與教學

「教育要從小抓起。不良的習慣，要從小改起。幼兒教育，要重點抓以下三個方面：其一、培養孩子的自主性和獨立精神。自己能做的事自己做，父母不可代勞。例如學習，父母陪讀不可過分。小學、中學，你能夠陪讀。大學之後，還能夠陪讀嗎？縱然還能，又能陪出個什麼結果來呢？只能陪出個依賴心強、不懂創新的頭腦來。總之，孩子要養成自己讀書的習慣。其二，培養孩子的紀律性和秩序性。要遵守公共秩序，並養成良好的生活習慣。如果從小就養成凡事井井有條的習慣，將來學習和工作的效率就有保障了。其三，培養孩子的道德品性。品行教育一定要從小抓起，對於一些不道德的行為，一定要及時糾正，絕不能任其蔓延。要培養孩子從小學會尊重他人、關心他人，乃至於愛護公物、保護環境、愛護小動物。如此，孩子長大以後就不至於誤入歧途。」

「外語教育，是重要的。要放眼世界，不能閉關自守。外語教育要有良好的氛圍即語言環境。如果大學裏的外語課還摻雜著許多中文，那是不合格的。拳不離手、曲不離口，外語也少不了大量的實際訓練。學外語，就要隨時隨地全神貫注地活學活用，強化外語的表達能力。聽外語的歌、用外語演講、組織外語辯論賽，都是很好的方式。」

（二）關於可知論與不可知論

我曾經向先生請教道：「先生，我有一個不成熟的想法，想聽聽您的意見。我認為，徹底的可知論和徹底的不可知論，都是站不住腳的。宇宙是無限的，而人類是有限的存在。既然是有限的存在，其認識就有局限性，永遠都有不完全的方面。因此，有限的人類，是不能完全認識無限的宇宙的。人類總體尚且如此，人類個體就更不用說了。所以，徹底的可知論是站不住腳的。但徹底的不可知論，也是不符合實際的——直覺告訴我們，人類還是掌握了許多知識的，人類個體也都有各自所知的東西。所以，世界只能說是『不完全可知』的。」

先生微笑著回答道：「我同意你的觀點。可知和不可知是辯證的統一，所以，世界既是可知的，又是不可知的。之所以說是可知的，是因為我們確實

可以通過一定的方法、借助於一定的條件，去認識事物的規律。我們還應該積極地這麼做，而且我們也在不斷地取得進步。之所以說是不可知的，是因爲就如莊子所說的：『吾生也有涯，而知也無涯。』有限的生命個體，乃至於人類整體，都不可能窮盡所有的認識、所有的眞理。對世界的認識的不可窮盡性體現在兩個方面，其一是事物本身的無限性；其二是事物的運動變化的無窮性。第一條尙有爭議，有人提出宇宙有限論。但即使宇宙萬物是有限的，其運動變化也是無窮的。而我們對於事物的認識，只能在運動變化發生之後才有可能確證。在此之前的認識，只能是作爲預測、猜想而存在的，是不完全的認識。當然啦，儘管如此，我們還是相信，借助於辯證唯物主義和歷史唯物主義的思想武器，我們能在很大程度上認識和掌握歷史發展規律，並順應歷史潮流而行事。所以說，就對人類活動的指導而論，抱有一種溫和的、辯證的可知論，是比較合適的。」

（三）關於辯證法與形而上學

當我向先生請教關於辯證法和形而上學的問題時，先生說：「你先說說看，你是如何理解這個問題的？」

我說：「辯證法是用全面的、發展的、聯繫的觀點看問題，形而上學是用片面的、靜止的、孤立的觀點看問題。當然，這只是一般教材上的說法，我想聽聽您是怎麼理解這個問題的。」

先生說：「教材上說的也沒錯，只是還可以進一步凝練。這三個方面的對立，可以歸結爲一種對立。辯證法與形而上學的最爲本質的對立，在於形而上學主張『絕對的絕對』，辯證法主張『相對的絕對』。辯證法與形而上學的區別，借用恩格斯的一個公式來表達，就是：形而上學：『是——否』，『否——是』；辯證法：『是否，否是』。也就是說，在形而上學看來，『是』與『否』絕對對立，兩者冰炭不相容，你就是你，我就是我。用文學語言來表達的話，形而上學是『雙水分流、兩峰對峙，各不相交，各自獨立。』而辯證法則認爲冰炭可熔於一爐，你中有我，我中有你。辯證法看客觀世界，始終是以矛盾的觀點來看的。任何一個事物一個概念都是矛盾的綜合體，而不是清一色的。

「事物的產生和滅亡，也是辯證的統一。沒有舊事物的滅亡，就沒有新事物的產生。同樣的道理，盛衰也是辯證的統一。在一個朝代的鼎盛時期，形而上學者會很高興。而在具有辯證思維的人看來，他就會感到憂慮

了：從頂峰下來，就要走下坡路了。看人也一樣。張三紅得發紫，那麼倒黴的日子也就要來了。發紫，就是紅得太過了，太過了就必定要朝著對立面轉化。」

「所以，辯證法要求我們居安思危，始終看到事物向另一方面的轉化。有時思無時，富有的時候要想到很有可能下一步就要變成窮光蛋，要有防範和應對的措施。無時思有時，窮困的時候也不要自暴自棄，而應該想到將來很有可能會富裕和發達起來。唯有真正地做到了『勝不驕，敗不餒』，才能長久地立於不敗之地。」

「新中國成立後，有一個叫楊獻珍的人主張『合二為一』。理論界以擁護毛主席所提出的『一分為二』為理由而發動了對楊獻珍的批判，我認為這場批判本身就是犯了形而上學的錯誤的。「一分為二」與「合二為一」，都是必不可少的，合起來就是辯證法，片面地強調其中的任何一個而拋棄另一個，都是形而上學。『一分為二』是分析、演繹，『合二為一』是綜合、歸納，兩者相輔相成。一分為二，講的是矛盾的對立；合二為一，講的是矛盾的統一。矛盾雙方是對立統一的關係，只將對立而不講統一，或只講統一而不講對立，都是錯誤的。」

……

我聽了之後，感歎道：「先生，聽您這麼講辯證法與形而上學，我覺得您真是講到底、講到位、講到家了，今天真是耳目一新、受益匪淺啊！」

先生謙虛地說道：「不敢當。不過，多思考，總是會有些收穫的。孔子說：『學而不思則罔，思而不學則殆。』」

不得不提及的是，在我向先生請教問題的時候，師母也經常參加一起探討。伉儷情深可見一斑，並足見對後學的關心。師母學養之深厚不待多言，她「不鳴則已，一鳴驚人」，言簡意賅，十分精闢。就在我向先生請教關於辯證法和形而上學的問題時，師母突然發表了一番經典的言論：「現實生活中的形而上學，可以用三個『一』來概括：一窩蜂、一鍋煮、一刀切。見了好處，大家一窩蜂就上了，也不看看是不是真的好東西，也不管自己是否有能力取得，也不顧是否錯過了最佳的時機。」

聽到這裡，我脫口而出：「是呀，有一個真實的笑話說道，有人見大街上排了好長的隊伍，生怕錯過了什麼好東西，於是就跟著排了起來。像他這樣的人還很多，隊伍越排越長。排到最後才發現，原來是在排隊上公共

廁所。」

師母繼續說道:「對了,這就是『一窩蜂』。『一鍋煮』呢,就是拿回來的東西不知道分門別類,不知道分別處置,好的壞的兼收並蓄,精華糟粕混同一等。例如外來文化和商品,不加選擇地輸入,魚目混珠、認廢作寶,甚至乎有毒有害之物,也一併進來了,還得意洋洋地用著。所謂『一刀切』,就是在處理不良事物或樹立某種標準的時候,不加分析,玉石俱焚,或思想僵化,將好的事物拒之門外。例如過去『破四舊』的時候,將許多好東西都破掉了。這些就是形而上學在現實生活和現實工作中的表現。當然,這些不合理的現象不是普遍的,人們在現實生活中活學活用辯證法的情況是居多的,例子也就更多了。」

(四)關於義務論和目的論

我曾經問先生道:「先生,您認為目的論和義務論哪個更根本?或者是否有哪個更根本?目前,很多地方不談這個問題,就是談到,也經常迴避它,認為目的論和義務論是兩種不同的立場,二者不可調和,無所謂何者更為根本的問題。」

先生答道:「目的論與義務論二者並行不悖。但目的論更為根本,目的論是基礎,義務論則是目的論的昇華。為什麼目的論更為根本?因為人的一切行為都離不開物質利益。馬克思說過:『人們為之奮鬥的一切,都和他們的利益有關。』人們的利益,有他自己的『私人』利益,也有他人、團體和社會的公共利益。自己的『私人』利益就是他生活的目的。而他人、團體和社會的公共利益,就是他的道義精神。」

「荀子曾經說過:『義與利者,人之所兩有也。』漢代大儒董仲舒說:『天之生人也,使之生義與利。利以養其體,義以養其心。心不得義,不能樂,體不得利,不能安。』目的論、道義論對人來說兩者不可偏廢。有一副對聯說:『百行孝為先,論心不論跡,論跡天下無孝子;萬惡淫為首,論跡不論心,論心世上無完人。』這副對聯就說明,功利與道義兩者同等重要。」

(五)關於道德的普遍性和特殊性

先生講道:「道德既具有普遍性,又具有特殊性,是普遍性和特殊性的統一。普遍性存在於特殊性之中,特殊性包含有普遍性。我們過去常常誇大了道德的民族性,而對道德的普世性認識不足;誇大了道德的階級性,而對道

德的全民性認識不足；誇大了道德的時代性，而對道德的超越性認識不足。民族性、階級性、時代性，都屬於特殊性；而普世性、全民性和超越性，都屬於普遍性。增強對於道德的普遍性的認識，對於推動民族融合、化解階級、階層矛盾、增進道德共識，乃至於增進世界和平，都是有幫助的。現在有些人竟然批判自由、平等、公正、人道、人權之類的普適價值，這是毫無道理的。他們的思維、他們的觀點，還停留在 40 年前的水平。可悲！可歎！」

……

千言萬語道不盡，哲人思想放光芒！

六、永遠懷念

先生極其重情重義。先生晚年最重要的一項工作，是寫作《未名湖畔的往事》。書稿從先生自身的身世寫起，飽含感情地回憶了自己的父母、班主任等人，包括後來遇到的良師益友等，字裏行間流露著真切的感情，感恩之情躍然紙上。對於曾經打擊、傷害過自己的人，先生也有著極大的包容。對於書稿，先生一再斟酌增刪，十分謹慎，充分考慮到文稿對於他人、對於社會的種種影響。幾年下來，先生想寫的、想說的，基本上也寫完了，說完了，沒有留下太多的遺憾。先生走了，走得是那麼的乾脆，一如先生的為人——磊落爽利；一如先生的處事——雷厲風行；一如先生的為文——乾脆利落！

在美麗的西子湖畔，病而不苦，含笑而去，天年既到，說走就走，按照傳統的說法，先生的福報是很大的！在先生的追思會上，師母在悲痛之中說道：「死而不亡者壽！」是的，一個孤兒，從艱難困苦中活出精彩，在無私奉獻中步入耄耋之年，已是高壽，已是奇跡！先生之文章傳播四海，德行遍及天下，古人以立德、立功、立言為三不朽，先生兼而有之，當之無愧！

先生永遠活在我們心中！

2014 年 12 月 3 日
末學：張雲飛　敬識

《魏英敏先生傳奇》詩並序

序：

北京大學哲學系教授、著名倫理學家魏英敏先生的一生，頗具傳奇色彩。先生早歲多經不幸，飽受風霜，發奮圖強，知行合一，爲國爲民，終成大器，一生多經激盪沉浮而始終屹立，道德文章皆爲世人楷模，不可不謂之奇跡也！本詩雖名《傳奇》，實爲紀實之作，所有內容皆以先生將版大著《未名湖畔的往事》爲依據，所以傳事實之奇也。末學不才，三生有幸曾爲先生整理文稿，今日參加先生追思會，聆聽諸位前輩與師長對先生的追憶，歸來之後，思潮翻滾，念及與先生相處之點點滴滴，耳提面命，諄諄教誨，音容笑貌，宛在眼前，感慨萬千，夜不成寐！不揣淺陋，奮筆長吟，追憶先生之生平，以寄哀思，並以繼承弘揚先生之德行也！是爲序。

> 先生身世不尋常，
> 祖爲良吏父岐黃。〔註1〕
> 昆玉仁義禮智信，〔註2〕
> 天降大任振綱常！
> 自古英雄多磨難，
> 生逢日寇鐵蹄患。
> 可憐年幼失所天，〔註3〕

〔註1〕先生祖父，人稱「祿先生」，在衙門當差，爲人仗義，頗有聲望。先生父親爲郎中，懸壺濟世。

〔註2〕昆玉：兄弟。先生同祖父的五兄弟分別名振仁、振義、振禮、振智（即先生）、振信，故下文曰「振綱常」也。

〔註3〕所天：所依靠的人，此處指父親。先生15歲喪父。

孤兒弱母可悲歎！
物換星移又三春，
慈母患病日沉沉，
考取高中母令往，
一灑雙淚別娘親。
報到歸來母已故，
淒風苦雨墳頭哭。
千呼萬喚不歸來，
惟願平坦天堂路！
皇天不負苦命人，
黨和政府亦母親。
養育更兼師恩重，
一朝鯉魚躍龍門！
寒窗苦讀四春秋，
留校任教品學優。
先留人大後北大，
教學相長勤探求。
愛生如子慈父懷，
海納百川心量開。
昔日手栽桃李樹，
如今已作棟樑材。
也曾臨危來受命，
千里南下為「四清」。
同吃同住共甘苦，
開門辦學在大興。
亦有往事不堪提，
右派波平文革起。
風起雲湧形多變，
赤膽忠心志不移。
俠肝義膽救師友，
橫擋覆雨翻雲手。

丈夫威武不能屈，
「基本」之名不脛走。〔註4〕
改革開放春風來，
長風破浪濟滄海。
教學行政雙肩挑，〔註5〕
用人唯賢留英才。
剛直不阿崇法紀，
除暴安良不遺力。〔註6〕
仗義執言無欲求，〔註7〕
俯仰無愧於天地。
倫理學會數十年，〔註8〕
更兼講學南北連。
振興倫理爲己任，
移風易俗道統延。
入新千年已退休，
不在其位更心憂。
獻策建言無不盡，
鞠躬盡瘁出奇謀。
寶刀未老猶出鞘，
氣壯山河如大炮。〔註9〕
口誅筆伐敵魂驚，
衛我紅旗永不倒！〔註10〕

〔註 4〕 文革期間，先生曾不屈服於造反派的壓力，堅持說自己「基本上是無產階級
知識分子。」
〔註 5〕 先生曾擔任北京大學哲學系黨委副書記等行政職務。
〔註 6〕 先生曾任北京大學紀委委員達十二年之久，期間堅持原則，懲惡揚善。
〔註 7〕 先生富有正義感，即使事不關己，亦多有「打抱不平」之言行且多奏效，伸
張正義，不計個人得失乃至安危。
〔註 8〕 先生爲中國倫理學會資深副會長，爲學會發展作出了重大貢獻，並積極關心
和支持各地倫理學分會的成長與工作。
〔註 9〕 先生正直無私，直言敢諫，仗義執言，從不畏懼，經常「炮轟」假、醜、惡
現象，聽者無不爲之動容，故獲「魏大炮」之雅號也。
〔註 10〕 先生曾於國外學術會議發言，力挫對方的言語挑釁，捍衛馬克思主義倫理學，
捍衛社會主義理論。

學而不厭樂忘憂，
誨人不倦永無愁。
耄耋之年勤著述，
直指人心達自由。
修齊治平大學目，
先生修爲人人慕。
襟懷坦蕩聖賢心，
天地境界宰相度。
自古家和萬事昌，
先生齊家亦有方。
伉儷情深甘苦共，
兒孫個個皆賢良。
先生之道堪輔國，
曾提黨政第一德。〔註11〕
推之可以平天下，
人類相親永久和！
先生功德已圓滿，
天道循環歸自然。
西子湖畔含笑去，〔註12〕
德業流傳萬萬年！

末學：張雲飛　敬作

2014 年 11 月 25 日凌晨於北京

〔註11〕早在 1996 年，先生即於《探索與求是》雜誌發表《試論黨政幹部的道德建設》一文，提出黨政幹部道德的十條規範，並明確提出黨政幹部道德的第一規範是「立黨爲公，執政爲民。」

〔註12〕先生於 2014 年 11 月 17 日於杭州美麗的西湖畔留下一張笑容滿面、無比慈祥和藹（此亦先生一貫以來之常態）的珍貴照片，是日，先生因心臟病突發搶救無效離世，期間並未受多少苦痛，走得甚爲安詳！

先生永遠活在我們心中！

高山仰止，景行行止
——紀念我們的恩師魏英敏教授

江雪蓮、葉蓬

　　1985 年 9 月，我們倆與同學李創、張一莉通過激烈的競爭有幸成爲魏英敏教授指導的第一屆碩士研究生，從此在北京大學開始我們三年的倫理學原理專業碩士生的研習生涯。作爲北京大學哲學系八一級的學生，江雪蓮在本科生階段倫理學原理課程的授課老師就是魏老師。之所以選擇在碩士階段繼續師從魏老師，即源於對魏老師的學識及人格的瞭解。可能是因爲江雪蓮在本年級的倫理學考試中取得了較理想的成績，魏老師也非常歡迎江雪蓮報考。葉蓬報考魏老師，不僅出於他在學術刊物上閱讀到魏老師的論文時所產生的認同感，更是出於他對於章海山教授在談及魏老師時發自內心的敬重之情的深刻印象。傳統中國人講天地君親師，現在我們不講君，所重的只是愛國，但天地親師仍然是我們中國人的重要價值，因此我們將天地君親師換爲天地國親師，我們中國人的重要價值一樣在。「天」、「地」、「國」、「親」我們不能選，但「師」我們能選。不同於「天」、「地」、「國」，「親」和「師」的價值不是自然的客觀存在，而是取決於其德性或品格，不同的是「親」不能選，在不稱職的父母面前，「親」的價值不能完滿實現，子女只能被動地屢受其苦；而「師」則可以選，「師」的價值是否較好的體現，取決於學生的選擇的正確或恰當與否。對於「師」有不同的價值觀念，比如你是將碩士導師視爲往上走的工具還是將其看作是其重要性不亞於父親或母親的人，決定人們做出不同的選擇。與不少三年光陰也見不上導師幾面的同時期北大碩士生相比，我們倆很慶幸，在五大價值之唯一能選的價值中，在我們的碩士研

究生階段，我們通過辛苦的努力，在正確的地點、正確的時間選擇了正確的導師。

魏老師在上世紀 50 年代畢業於中國人民大學哲學系，是在中國人民大學任教後才調到北京大學的，自然他身上具有不少中國人民大學哲學系畢業生的風采或烙印。但難能可貴的是，魏老師卻是北京大學的教授中少有的具有北京大學教授的傳統或風骨的老師，不少人都說在魏老師身上能看到著名的哲學系教授張岱年先生的風采。魏老師給我們開專業課，用的是國外研究生教育通用的討論班教學方法。這在上世紀 80 年代中期中國大陸的倫理學碩士生教學中應該是獨此一家。在學術上兼收並蓄、唯眞理是從，勇於自我否定，尊重、寬容學生的學術觀點和學術選擇，是魏老師在望生成龍的教學過程中所體現出來的優秀品格。魏老師通過個人的努力，動員北京大學哲學系的優秀師資爲我們夯實藉以獨立思考的倫理學專業的原著底子。我們的中國倫理思想史、西方倫理思想史、當代西方倫理思想、馬恩倫理思想等課程都配有原著資料課，這當時在全國僅此一家，別無分店。通過在魏老師主持的「倫理學專題研究」討論班的學習，我們發現，魏老師在大部分的倫理學原理學術問題上較之作爲本科生教科書的《倫理學簡明教程》在觀點和境界上有了較大的改變和提升，而這些改變和提升成爲後來的《新倫理學教程》的基礎。對於當時思想界在人性問題上人的自然性和人的社會性二分的主導觀點，葉蓬在討論班中提出將人的自然性概念等同於人的生物性概念是否恰當的疑問。雖然不同意葉蓬的觀點，但魏老師對葉蓬的獨立思考仍然給予支持，當看完葉蓬將對這個問題的思考所撰成的文章《確定人性的方法論原則之我見》一文時，魏老師很高興，說此文「有辯證法」。兩年後此文發表於《學術研究》1988 年第 2 期，並爲人大複印報刊資料所轉載。假如因觀點不同就任意打壓，那葉蓬在二十二、三歲時所體現出來的哲學思辨能力可能就被扼殺了。現在葉蓬也到了當時魏老師的年紀，對魏老師對學生的思想觀點的開放、包容和尊重的感念，三十年來不曾淡忘。在三年的學習中，江雪蓮有幸先後協助魏老師整理撰寫《1978 年至 1988 年中國的倫理學研究》（教育部課題）、參加《中國倫理學百科全書》的編輯撰寫以及《新倫理學教程》、《現代倫理學》、《毛澤東倫理思想新論》等的撰寫工作，深深感受到恩師對學生的莫大信任和由衷的關切。特別是在承擔《新倫理學教程》第一章《導論》的寫作任務時，魏老師給江雪蓮充分的信任，讓江雪蓮放開寫。其中有些觀

點屬於江雪蓮個人的私見，並不完全與魏老師的觀點相吻合，他不僅能理解，而且帶著欣喜的心態鼓勵江雪蓮進行學術探索。假如沒有魏老師的鼓勵，當時所有的中國大陸倫理學教科書都沒有同樣內容的那一章《導論》，也許江雪蓮是不可能完成的。

魏老師對學生的殷切關切之情透過他那率真、磊落、熱枕的天性體現在各個方面。1986 年元旦，我們同屆的四個弟子是在魏老師家吃的團年飯。飯菜都是魏老師在師母李國秀教授的幫忙下親自做的。1987 年元旦我們的隊伍擴大到了 8 人，1988 年元旦擴大到了 10 人，仍然都是在魏老師家吃的團年飯，體味著師恩及家的溫暖。即使我們兩畢業後一個到人大讀博、一個在京工作，回到魏老師家蹭好吃的次數仍不在少數。我們調到廣州後，魏老師來廣州時曾專門到我們的寒舍看望我們，令我們倍感溫暖。2001 年深秋，我們帶著女兒回北京，專門到魏老師家看望他和師母，他把天天抱在懷裏和師母一起叫「小葉蓬」「小雪蓮」的那個喜悅勁，我們至今難忘……。

借「望子成龍」的成語，我們創造一個「望生成龍」的詞來表達魏老師對學生由衷的關切。關切是人的價值活動的核心環節，在某種意義上可以說，沒有關切，屬人的價值就無以產生。魏老師的關切，是將我們這些學生都視為如同自己要成長的子女那樣的殷切關懷及望生成龍的期盼。正因此關切，我們這些學生更真實地感受到自我的存在，並因而更為自重，珍重自己的生命價值。無論我們有沒有取得成就、有沒有得到物質利益、有沒有占居重要的社會位置，都絲毫無損於我們的敝帚自珍。我相信我們所有有幸在北京大學倫理學專業就學的同學都同感真實而淳厚的師生關係，同受惠於透過率真、磊落、熱枕的天性所散發出來的師德。英國登山家喬治·馬洛里在被問及為何熱愛登山時說，因為山在那兒。魏老師對學生的關切也如同山一樣真實地在那兒。現在他的肉身雖然離我們仙去，但他的品格和德性仍然如同山一樣在那，真真正正、實實在在地聳立在我們面前，讓我們能時時刻刻體味及擁有「師」的價值。

有師如斯，不負為學生一場，不負為人一生……。

英敏恩師天堂千古*

雷 希

東北漢子東南圓寂四海弟子徒孫同悲
道德文章道行合一五湖仁山善水共鳴

門生雷希率雲南師大全體哲學研究生本科生敬挽
甲午歲末於昆明

---

* 雷希，北京大學哲學系倫理學專業，1989 屆魏英敏先生親炙弟子，現爲雲南師範大學教授。此輓聯係本人親撰，於北京大學哲學系追思會前電傳該系王博主任並轉李國秀師母，後由同門大師兄王澤應教授在會上代爲宣讀，以表弔唁之忱。

良師、益友、榜樣——追憶魏英敏教授

李　創

　　魏英敏教授已經離我們而去。但是，他的爽朗笑聲，他的慷慨陳詞，他的慈祥面容，還常常浮現在我的眼前。就讀北京大學，從師魏英敏，在我的人生裏寫下了濃重的一筆。

　　我是魏英敏教授首屆招收的碩士研究生中最年長的一位，在同期北京大學哲學系碩士研究生中，我的年齡也排在前邊，入學當年 35 歲。我能夠就讀北京大學，直到順利畢業，並在本學科領域有些微成績，都離不開導師的諄諄教誨和鼎力相助。

　　我原本是華北水利水電大學（原華北水利水電學院）工程機械專業畢業並留校工作的。1982 年被學校抽調到新成立的德育教研室工作，從事學生思想道德教育，並不准再報考工科專業研究生。爲了充實思想道德學科理論基礎，1984 年我硬著頭皮填報了北京大學哲學系倫理學專業碩士研究生志願。當時考研是需要導師簽字同意才能夠准予報考的。儘管我當時根本不認識魏英敏教授，也從未到北京大學拜訪過魏英敏教授，他還是給了我一個參加考試的機會。入學以後，魏老師對我說，沒想到我能考得這麼好。當初，他也曾經猶豫，是否同意我這個工科生報考，後來考慮既然我敢報考，就應該有所準備，所以，還是給了我這個參加考試的機會。在報名通過之後，我工作之餘，全部身心投入到備考中去。憑藉上個世紀七十年代全民學哲學、用哲學、學習馬列主義的熱潮中自己積累的知識和「老三屆」素質教育打下的功底，鄭州大學哲學專業自學考試輔導，以及借讀一位北京大學哲學系畢業生的課堂筆記，我順利通過了考試難度最大的涵蓋哲學專業主幹課程的「綜合考試」和政治、英語、倫理學課程的考試，1985 年順利進入北京大學攻讀倫

理學專業碩士研究生。

進入北京大學學習之後，我遇到的第一個困難是專業功底薄弱。魏老師根據我的情況，給我擬定了學習方案：邊進行專業學習，邊補課。我按照導師的要求，一邊學習碩士研究生課程，一邊在北大圖書館、國家圖書館惡補基礎知識，閱讀本專業相關世界名著和知名專家學者的文章、著作。爲了不給導師抹黑，儘管我已經做了母親，但是三年的學習期間，除了寒暑假，我從未離開過北大，認認眞眞讀了三年書，基本彌補了知識功底的不足。

進入北京大學學習之後，我遇到的第二個困難是工科思維模式與文科思維模式的碰撞。工科講究言簡意賅，文字表述時能少寫一個字，絕不畫蛇添足；文科，則講究旁徵博引，每篇文章都要求在 8 千字以上。開始，我非常不適應，寫文章像數學證明，乾乾癟癟。魏英敏教授沒有嫌棄，認眞批改我的文章，耐心指導我的寫作，並指導我參加了國家教委哲學社會科學理論研究調查材料之一《倫理學理論、學術爭論基本情況》和《職業道德十二講》的編寫工作。經過二年磨礪，我終於在提交畢業論文時，洋洋灑灑寫了四萬餘字，獲得碩士畢業論文答辯委員會的好評。

1988 年北京大學畢業之後，我回到了華北水利水電大學。那時候，全國對高校思想道德教育還缺乏統一規劃和指導。1989 年，我在主持學校黨委宣傳部工作期間，聯合河北省（當時原華北水利水電學院校址在河北省邯鄲市）相關高校同行，主持編寫了一套《思想政治教育課程教學用書》，含《大學生成才思想修養》、《人生哲學》、《大學生道德基礎》、《法律基礎》，共四本。在本套教材編寫期間，魏英敏教授對我這個初出茅廬的學生給予了極大的支持和指導，他審閱了前三本教材的編寫大綱和書稿，嚴格把關；同時引薦北京大學法律系劉昇平教授對《法律基礎》一書的編寫大綱和書稿進行了審閱和把關。最後，魏英敏教授還爲這套教材寫了《序言》，使這套教材順利出版，收得較好效果。參與本套教材編寫的教師也都因此而順利評聘了職稱。在我畢業之後，魏英敏教授還繼續指導我參加了他主持的《毛澤東倫理思想新論》、《中國倫理學百科全書·職業倫理學卷》等的編寫工作，使我繼續得到鍛鍊和提升。

魏英敏教授既是我的良師，還是忘年之交的益友和榜樣。在離開北大以後，我與魏英敏教授一直保持聯繫。每次見面或者通電話，他都關心我的工作、學術、家庭生活的方方面面，我也毫無隱瞞一一向他彙報。對於我取得

的每一個成績，他都由衷給予鼓勵和鞭策；對於我遇到的困惑，他也都給予耐心的指教。當談到子女教育問題時，他告誡我：做父母的，不管子女表現多麼不如意，都不要放棄教育。我遵照導師的教誨，對孩子耐心引導，使他鼓起勇氣，奮起直追，最終考取了碩士研究生，並通過公開考試招聘找到自己滿意的工作。魏英敏教授 65 歲退休之後，依然滿腔熱情地從事倫理學學術研究，筆耕不輟。每次通話，都能從他那裡聽到倫理學學術探討的新見解，使我的崇敬之意油然而生。我退休之後，也以導師爲榜樣，應聘到民辦高校，繼續著我的教學和科研工作，還出版了專著。

魏英敏教授離我們而去，他的精神、人品、追求，依然鼓勵我們前行。

懷念恩師魏英敏先生

魏長領

　　11 月 18 日晚，我正一邊和朋友聊天，一邊看手機微信，看到了南京師範大學王露璐教授發的一個微信圖片，是《2006 年經濟倫理學年鑒》關於魏英敏教授的簡介，她在圖片上面加的幾個字「魏老師安息」使我一下子驚出一身冷汗，我急忙走到電腦邊，打開北京大學哲學系網頁，一眼就看到「魏英敏教授逝世訃告」，得知恩師已於 2014 年 11 月 17 日晚上 21：15 在杭州市浙江醫院逝世，頓時眼淚奪眶而出。朋友問我怎麼了，我聲音發顫「魏老師去世了……」

　　這些天，我一直非常內疚，爲什麼一年多沒有給魏老師聯繫，今年春天到北京出差時沒有去看望一下恩師？我感覺，這種內疚和慚愧在我心中也許一輩子都不會消失。我拿出《倫理學研究》2013 年第 5 期，再一次翻到魏老師爲《倫理學研究》創刊所親筆寫的較爲長篇的賀信，那熟悉的字體和表述的語氣方式映入眼簾，讓我回到在北京大學和恩師在一起的歲月。

　　1985 年，我於河南師範大學本科畢業留校的第二年，因教學需要，系裏派我到北京大學哲學系進修倫理學。我懷著憧憬的心情來到燕園，拜見了魏英敏先生、金可溪先生等老師，魏老師安排我跟倫理學專業的研究生一起上課，爲我指定了進修課程計劃，讓我參加課堂發言和課餘討論，布置了閱讀書目，從此我就開始了倫理學方面的較爲系統的學習，對倫理學產生了濃厚的興趣，開始了大量的閱讀，並聽了哲學系的相關課程，還跑到中國人民大學聽了羅國傑、許啓賢等老師的課。開始習作並在《河南師大報》上發表了我的倫理學處女作《儒家的人生智慧》。

　　一年後，我回到河南師範大學，開始講授倫理學課程，並對倫理學問題

產生了越來越濃厚的興趣，發表了多篇倫理學方面的論文。5 年後決定考研究生，並下決心報考北京大學。經過認眞刻苦的復習，特別是外語，天隨人願，1991 年，我成爲了北京大學哲學系倫理學專業的碩士研究生，導師魏英敏教授。

在其後的三年裏，無論是學業方面，還是生活方面，都得到了魏老師無微不至的關懷、引導、指教和幫助。魏老師引導我們認眞閱讀弗蘭克納的《倫理學》、蒂洛的《倫理學：理論與實踐》、諾蘭等著的《倫理學與現實生活》等國外倫理學名著，還有臺灣韋正通的《倫理思想的突破》、黃建中的《比較倫理學》等著作，開展課堂討論，包括目的論與義務論、規則功利主義與行爲功利主義、功利主義與集體主義、人道主義與功利主義、利己主義與利他主義、人人爲我我爲人人，還有中國倫理思想與西方倫理思想的比較等等學術熱點，通過魏老師的講授和課堂討論，拓展我們的學術視野，激發我們的學術熱情，使我們掌握倫理學界的前沿問題和最新學術動態。魏老師大膽探索、敢於創新、勤於思考的學術精神鼓舞著我們，對我們以後的學習和工作產生了深遠的影響。

魏老師對學生的生活也非常關心，要求也嚴，多次到我所住的 26 號樓 1101 房間理解我的生活情況，關注我們的作息情況。記得有一次我們打撲克打得太晚影響了別人休息，魏老師知道後，把我叫到外面狠狠的批了一頓，記得那是魏老師第一次批評我，好像也是唯一的一次，所以印象非常深刻，相當長一段時間不敢打撲克了。

記得在 1992 年元月，我讀研究生的第一學期末，我的兒子出生了，我非常高興非常激動，從新鄉回到北京就跑到魏老師家報喜，想讓魏老師給我兒子起個名字，魏老師欣然同意，想了想說，孩子父親姓魏，母親姓師，又出生在河南，就叫魏師豫吧，豫有大象、祥和等意思。我一聽非常高興，記得師母李老師也說起這個名字好，從此我兒子就叫魏師豫了。時光荏苒，20 多年過去了，魏師豫已經大學畢業參軍入伍了。每當說起他的名字的來歷，他也非常的驕傲。可以說，這個名字一直在激勵著他。

在我的記憶裏，魏老師一直在關心著我們，愛護著我們，他是位認眞負責、熱情洋溢的人，是位敢講敢當、坦誠直率的人，是位富有人格魅力和感召力的人。但令我慚愧和遺憾的是，畢業後，我給魏老師的聯繫太少了。現在非常想去看他老人家一眼，可惜他老人家已經駕鶴西去，豈不令人悲哉痛

哉悔哉！這些天，魏老師課堂上那洪亮而充滿激情的聲音一直在我們耳邊迴蕩，他老人家的音容笑貌一直浮現在我眼前，那麼親切、那麼溫馨，卻又那麼遙遠⋯⋯

魏英敏恩師永遠活在學生們的心中！

北京大學哲學系 1991 級倫理學專業研究生　魏長領

魏英敏先生，您走好！

劉光采

　　在美麗的西子湖畔，先生走了，雖然走得有點匆忙，但似乎冥冥中一切早有安排：有來自海外的女兒女婿及外孫的陪伴，在一個最接近天堂的地方仙逝，沒有痛苦，了無遺憾，這在常人不知需要多大的修行才能修成這樣的正果。

　　先生一輩子教書育人，勤奮做學問，寫下大量著述，在倫理學界負有盛名。即使在 80 歲的高齡，仍然堅持讀書、寫文章，關心國家大事。「起早貪黑，汗流浹背」是他每一個弟子都熟詳的口頭禪。先生博覽群書，知識面廣，有著超凡的記憶力，並且喜歡談古論今，引經據典，無論是談話、上課，還是講演，總是充滿自信，並且聲音洪亮，底氣十足，讓我們這幫弟子佩服不已。就是到了晚年談起話來也依舊思路清晰，記憶超群。

　　在學術觀點上，由於時代的原因，今天看來會顯得有一些正統，但和倫理學界的其他老先生相比，他算是相當開明的了。

　　作為一個馬克思主義者，先生忠誠於自己的信仰，堅持自己的觀點，但這並不影響他的弟子們擁有自由的學術觀點，他在學術上對於不同的學術觀點難得的寬容和開放，是我們幾個師兄弟姐妹們的共識。而且他不固守，對於一些新的觀點看法只要言之有理，他最後完全能夠接受。記得當時寫過一篇關於集體主義和個人主義的文章，遭到了先生的嚴厲批評：這種觀點應該是不及格的，可寬厚的導師還是給了一個及格。尤其是到了晚年，他的開放和寬容更是上升到了新的高度。

　　北大人才濟濟，學識淵博者無數，但像先生那樣不只是埋頭於書齋，關心社會問題，並且愛憎分明，敢於直言的教授絕無僅有。他具有中國大多

數知識分子所缺乏的勇氣和擔當，這在當今的知識界非常難能可貴的。所以先生的名氣在北大也是響當當的，只要提起「魏大炮」，北大教授幾乎無人不曉。

據說，清華曾經佔了北大藍旗營的一塊地，誰都要不回來，連教育部都奈何不了，先生領著一幫北大教授，準備遊行。學校黨委書記找他談話，他不接待，最後書記以個人身份找到他，說「世界穩定看中國，中國穩定看北京，北京穩定看北大，北大穩定看魏教授」，最後雖沒有遊行，但地愣是給要了回來。

先生是東北人，東北人的豪爽和講義氣在他身上表現得淋漓盡致，他對人總是有求必應，並且不求回報，因此在他身邊彙聚了一大批的學生和朋友。

他對弟子們在學業上要求非常嚴格，在生活上卻非常的仁慈寬厚。常常利用自己的影響為弟子們遮風擋雨，排憂解難。在念博士時，因為懷孕面臨被開除的可能，是先生為我擋住了壓力，讓我得以繼續學習。在博士論文答辯時，因為政治觀點的不同，除先生之外參加答辯的所有教授都不同意通過，因為「我們黨培養出來的學生怎麼寫出這樣反黨的東西呢？」。如果是黨的會議上這樣說沒有問題，但在論文答辯上北大學者說出這樣的話，當時讓我對北大非常非常的失望。虧得是先生跑前忙後為我力爭，另請了教授，最終論文得以通過。

先生的仁慈寬厚不僅惠及每一個弟子，甚至惠及素不相識者。一個北大校友因參加六四從牢裏出來沒有出路，是先生讓他念了研究生，並且在找工作時，為他擋了許多麻煩事。這個校友至今感激不盡。

從 86 年讀倫理學碩士到畢業十年後再回先生那裡念博士，我整整五年的時間在先生左右，較之其他弟子，得先生之教誨和恩澤自然要比其他的師兄弟姐妹要多得多。在先生身邊的五年，收穫最多的不是來自於書本，而是來自恩師的教誨和環境的滋養。先生的剛直不阿，嫉惡如仇，寬容大度的性格深深地影響了我，北大自由平等的精神亦深入骨髓。導師者，指引方向者也。弟子雖然在學術上無所建樹，但在有幸有緣在先生麾下聆聽教誨，便一生謹記先生的教誨，踏實做事，認真做人，因而社會上便多了一個堂堂正正遇事不退縮，堅持自己原則的人。雖胸有大志，但無力迴天。不能治國平天下，然憂國憂民之心猶存，無奈退而修身齊家，把先生踐行的仁德由內及外，由

近及遠一點一點地擴散出去並延續下去，不僅讓自己的存在有意義，而且讓自己的存在惠及家人、他人及社會。

雖然先生去世已有些時日，但每每想起先生，總是淚流滿面，先生的音容笑貌歷歷在目，彷彿就在昨日。

先生您放心地走吧，您的諄諄教誨，弟子不會忘記，先生憂國憂民，剛直不阿，寬厚仁慈的品質會永遠激勵弟子及後人在世上做一個堂堂正正仁慈善心的人。

安息吧，先生，希望您在天堂裏也是快樂的，也是笑聲朗朗的。等弟子到時和您相聚時，我們再一起探討學術，談論國家大事吧。

著名倫理學家魏英敏逝世

倫　輯

　　北京大學哲學系教授、博士研究生導師、著名倫理學家魏英敏於 2014 年 11 月 17 日 21：15 時在杭州市浙江醫院因病醫治無效，不幸逝世，享年 80 歲。魏英敏 1935 年 6 月出生於遼寧蓋州，滿族，1956 年 7 月入中國人民大學哲學系哲學專業學習，1960 年畢業留校任教，曾任中國人民大學校團委常委、宣傳部長，1970 年調入北京大學哲學系，從事馬克思主義哲學、倫理學等的教學與研究工作。曾任北京大學哲學學科委員、學位委員，北京大學倫理學教研室主任，北京大學哲學系黨總支副書記，北京市倫理學會副會長，中國倫理學會常務理事、副秘書長、副會長，國家職業技能鑒定專家委員會道德指導委員會副主任委員，中國東方文化研究會學術委員等。著有《倫理、道德問題再認識》，《當代中國倫理與道德》，主編有《倫理學簡明教程》、《新倫理學教程》、《毛澤東倫理思想新論》、《孝與家庭倫理》等，在《北京大學學報》、《紅旗》、《哲學動態》、《道德與文明》、《倫理學研究》等發表學術論文 120 餘篇。《新倫理學教程》、《簡明倫理學教程》獲北京大學優秀教材獎，《倫理道德問題再認識》獲北京市哲學社會科學優秀成果二等獎，《傳統倫理與家庭道德建設》獲北京市社會科學聯合會優秀成果一等獎。魏英敏教授在倫理學基礎理論、毛澤東倫理思想研究方面作出了突出貢獻，2010 年獲中國倫理學會「終身成就獎」。

永遠活在我心中的恩師

王澤應

一

　　恩師魏英敏教授逝世近半年了，我一直有一種十分怪異的感覺，一方面總覺得魏老師並沒有離我們而去，他的音容笑貌，他的義正詞嚴，他的慷慨激昂，乃至他跟我打電話時的那種爽朗與快活，那種對社會不公的義憤填膺，還有對我的款款忠告和善意提點，是那樣真切鮮活，又是那般富有生機，始終叫我不敢相信他真的已經駕鶴西去；另一方面，當我不經意間打他的手機或家庭座機電話時卻又有一種涼遍全身的冷意告誡我，魏老師確實離我們而去了，不管是師母的呼喚，還是他兒女的思念，還是我們所有學生的祈求，我們都沒有那種起死回生的能力，再也不能讓親愛的魏老師重新回到我們中間，我們得承認魏老師再也不能像過去那樣給我們以許多人生的教誨，他那種永遠不知疲倦、永遠樂觀向上、永遠嫉惡如仇的身影再也見不到了，這又是多麼令人扼腕長歎、仰天長嘯而痛苦不已啊！一個多麼好的老師就這麼走了！我真不敢相信！近半年以來，我還不習慣沒有魏老師電話的生活！聽不到魏老師的電話，打電話到魏老師家裏，魏老師再也接不到了，真的叫我很難過，不知怎麼是好！特別是當我有一些理論的困惑或是工作上的困頓想向魏老師求教時再也得不到魏老師的當場點播、即時提醒，那種性靈的囧啊，那種內心的窘啊，那種說不出的塞啊，實非有形的語言所能表達。多少次夜深人靜之時，我倚靠在床上，讀著帕斯卡爾《思想錄》中關於生命無常、關於意義虛無、關於痛苦人生的種種論述時，好像覺得目前的心境同帕斯卡爾有某種共鳴。因爲魏老師帶給我人生諸多希望與幸福，所以他的逝

世對我的打擊實在很大很大。當然，魏老師是不希望我痛苦的。我把對魏老師的思念、感念與懷念轉化爲努力工作、認眞教學、刻苦鑽研。在忙碌而又緊張的日子裏，總能感覺到魏老師在爲我加油！給我鼓勁！叫我慚愧，催我自新！

二

我與魏英敏老師相識於上個世紀 80 年代。1983 年 8 月，我在教了一個學期的道德概論課後去山東青島師專參加全國師專倫理學教師講習班，有幸聽到了周原冰、魏英敏、許啓賢、馬博宣、臧樂源等老師的講課。雖然時間不長，所得甚多。期間我同魏英敏老師接觸頗多，尤其對魏英敏老師講解的「合理利己主義的不合理性」感興趣，並多次與魏英敏老師單獨交談。魏老師既解放思想、實事求是，又擺事實、講道理的方式，深深地嵌入我的腦海，也爲我的倫理學教學提供了難得的範本。在他的指導下，我對倫理學的認識有所提高。回校後，我多次跟魏老師寫信，希望到北大去學習。

1984 年上半年，徵得魏英敏老師同意，我到北京大學哲學系進修，從頭到尾聽完了魏英敏老師講授的本科生的「倫理學原理」課程和研究生的「當代中國倫理學問題」課程，對魏英敏老師的學術思想有了比較全面的認識。回校後，我便做出報考魏英敏老師碩士研究生的準備。1986 年，我考上了北京大學哲學系倫理學專業碩士研究生，正式成爲魏英敏老師的學生。魏老師是一位對工作對事業非常熱心、對國家對人民充滿愛心、對學生對後輩無比關心的倫理學家。他希望我們倫理學的研究生要密切關注時代和社會的倫理需求，體悟我們民族倫理的內在機理和精神，並把眼光投注到世界和未來，力求會通中西、融合古今、史思諸重。同時，他也要求我們在學術問題的探求上一定要解放思想、實事求是，勇於並善於回答現實生活所提出的種種倫理道德問題，將倫理學事業推向前進。

在讀研究生的幾年時間裏，得到了魏英敏教授的諸多指教與扶持。雖然我在衡陽師範專科學校教書時就已經寫了幾篇拙文，但是我的倫理學功底，包括治學思路都是得益於魏老師的教誨、指導與扶持。他給我們講倫理學基礎理論碩士生課程，就選了美國弗蘭克納的《倫理學》、前蘇聯季塔連科的《馬克思主義倫理學》，臺灣龔寶善的《現代倫理學》以及國內羅國傑主編的《馬克思主義倫理學》等著作加以比較性的講解，要求我們博采眾家之長，形成

自己的學術見解。魏老師還鼓勵我們到中國人民大學、北京師範大學等向其他老師請教。1987 年上半年北京市社會科學聯合會、北京市文明城市建設協調辦公室和北京市倫理學會聯合主辦了兩期職業道德講習班，魏老師推薦我與李創去授課，並要我承擔第十二講「美國和蘇聯的職業道德」，當時我的倫理學知識可謂處於入門階段，要去講習班授課，頗感壓力，自信心也不足。魏老師鼓勵我要把授課當作一種訓練，把壓力變成動力，強調指出只要認真準備，你們完全可以把課上好。後來我們的講稿被編成《職業道德十二講》，其中第一講為羅國傑老師，第二講為許啓賢老師，第三講為魏老師，第四講為甘葆露老師，第一次發現自己的名字與這些倫理學界的大師們編入一本書中，那種惶恐、不安還有莫名的幸福，至今還能清晰地感受到。

不久，魏老師意欲重新編寫倫理學教材，他把我、雷希、戴素芳、劉光采召來一起商討編寫倫理學新教材的有關事宜。他談了自己的一些想法，決意編出一部角度新、方法新、內容新、觀點新的教材來，以此推動倫理學學科的發展。在魏老師的鼓勵和信任下，我撰寫了新倫理學教程第二章、第五章和第十二章。後來，我們幾位同學相繼從北京大學哲學系畢業，奮戰在各自教學研究的舞臺上。鑒於其他幾位同學寫作風格不一、表述方式差別較大，魏老師指令我來當他的助手，對全書作一次全面系統的修改統稿。老師的信任與攖愛，既令我感動萬分，又唯恐自己學養太差、學力不夠而無法完成任務。魏老師知道我的困惑後，總是正面激勵我，化解我心中的塊壘，讓我信心倍增。我結合平時自己教學的一些心得體會，再加上在北京大學學習時所吸收的倫理學知識，對教材作出了一次系統的修改統稿。為了修改《新倫理學教程》一書，幾年間我們書信往來不斷，討論的問題涉及倫理學科的方方面面，從倫理學的理論類型、學科體系到當代中國和世界倫理學的發展趨勢，從道德的定義、本質、功能、作用到道德觀念的變革和社會主義初級階段的道德建設，這些討論和交流不僅大大深化了我們的師生之誼，而且使我對魏英敏老師的學術觀點和治學之道有了更深刻和全面的瞭解。該教材從對倫理學的類型分析起步，探討馬克思主義新規範倫理學的產生及意義，對馬克思主義新規範倫理學的研究對象、研究任務和方法，以及基本問題和特徵作出論證，進而揭示道德的起源及其發展規律，論說道德和社會生活的關係，道德現象的結構功能與特徵，在此基礎上探尋社會主義初級階段的道德建設，構築社會主義初級階段的道德規範體系，對社會三大道德領域的道德

建設及其要求作出闡釋，接著探討個體道德的問題，最後歸結爲人生的不朽與至善。該書對當代倫理學的體系類型，社會主義商品經濟條件下的社會道德建設，以及個人特殊情境中的道德問題等均作出了許多別開生面的論述，對倫理學的發展前景與未來亦作了前瞻性的預測研究，是一本被學人譽爲結構新、觀點新和內容新的「三新教材」。《新倫理學教程》的寫作，使我受到了一次系統的倫理學思維訓練，爲日後倫理學的教學上水平、科研上臺階奠定了基礎。

魏老師對我的修改稿比較滿意，在教材正式出版時還在扉頁上把我定爲副主編，並在後記中視該教材爲我們師生共同的研究成果，表現了一種提攜學生、扶持後學的大愛精神。魏老師在寄給我的樣書中簽名爲「老師與同事：魏英敏」，使我既興奮無比，也感動無比。我想這就是恩師的德性人格。他的待人平等、友善親愛，確實像一個朋友。但是他的學術成果特別是解放思想、大膽創新的學術氣度，還有醍醐灌頂的教導，實在又是一個嚴師！這樣亦師亦友的老師，怎麼不會受到學生發自內心的欽敬和尊重呢！有幸成爲魏老師的學生，實乃我人生最大的驕傲和光榮。

三

魏老師不僅是我倫理學學術研究的指導老師，而且在我離開北京大學後還一如既往地關心我的學術事業，給我創造條件，向有關學校、老師和刊物推薦我和我的作品，可謂不遺餘地，眞正達到了愛生如子的地步，甚至超越了父子之間的程度。多少年以來，我之所以能夠在學術上有所進步，有點成就，完全是因爲魏老師栽培、教導和扶持的結果。這裡僅舉幾例加以說明，可以豹窺一斑。

1992 年魏老師申報了一項北京大學出版社關於紀念毛澤東誕辰一百週年的著作項目，書名爲《毛澤東倫理思想新論》，邀請了李創、江雪蓮、葉蓬、楊華、張永和我一起參與寫作。當時我正在衡陽師範專科學校從事倫理學教學工作，魏老師在來信中說作爲一個當代中國的倫理學學人，特別是作爲一個湖南人，應當好好研究毛澤東倫理思想。毛澤東倫理思想是中國馬克思主義倫理思想的優秀成果，很多理論命題、觀點和主張，是我們黨和國家最可寶貴的精神財富，永遠不能丟。並且指派我寫作第一章「改造舊道德，建立新倫理」，要求把毛澤東在湖南第一師範學校讀書時寫作的《〈倫理學原理〉

批註》、《講堂錄》以及早期文稿中的倫理思想全面揭示出來，服務於當代中國的精神文明和道德建設。老師的信任與鼓勵，給了我極大的信心和力量。我到學校圖書館借書，並且到北京等地購買了很多關於毛澤東的圖書，然後著手文獻的閱讀和初稿的寫作，經過半年多的研究終於完成了初稿的寫作。魏老師在後記中寫道：「本書是我們師生共同學習、研討毛澤東倫理思想的心得與體會，也是我們師生友誼的象徵。」

幾乎是在同時，魏老師擔綱羅國傑教授主編的《中國倫理學百科全書》中的「職業倫理學卷」的主編工作，他把我選進本卷編委會，委託我撰寫司法倫理學和企業倫理學數十條詞目。爲了該卷詞目的統一風格、統一進度以及質量要求，我還幾次赴北京參加學術會議，到他家裏聽取專門輔導。他希望我通過寫作職業倫理學卷詞目知識面能夠進一步拓寬，爲以後系統研究職業倫理學和應用倫理學打下基礎。

記得 1990 年 7 月在長春機車廠召開的全國第五次倫理學學術討論會上，魏老師推薦我到大會上發言，那是我第一次在全國性的學術會議上發言，發言的題目爲我寫的學位論文「義利之辨與當代中國」。會議期間，他多次與我的大學本科老師唐凱麟教授面談，向唐凱麟老師推薦我，要唐老師把我調到湖南師範大學去，認爲這將會有利於我的學術進步。1992 年底我調入湖南師範大學倫理學研究所，魏老師爲我感到高興，並叮囑我一定要好好幹，爭取在學術上能夠有所成就。

2000 年福建《東南學術》開闢一個「跨世紀學人」欄目，責任編輯陳支平在北京找到魏老師請他推薦人選，魏老師首先推薦我。我從陳支平口中聽出魏老師以我爲榮的感覺，眞的覺得魏老師待我太好了，而我做的卻並不怎麼樣。後來我以「童孫未解供耕織，也傍桑陰學種瓜」爲題，寫了一篇我對倫理學的學習與研究的文章，階段性地總結了 20 多年來自己學習倫理學和研究倫理學的發展歷程和心得體會。我在文中感言，二十年來我取得的一點成就，完全是魏老師栽培、教導和扶持的結果，沒有魏老師的栽培、教導和扶持，就沒有我及我的學術成就。

四

前幾年，我因參與中央馬克思主義理論研究與建設工程第三批重點教材《倫理學》撰寫工作，多次赴京開會，期間到魏老師家裏請教，魏老師總是

不厭其煩地向我傳授編寫倫理學教材的體會，提出許多建設性建議。每次到魏老師家裏，見到他精神矍鑠，神采奕奕，聲如洪鐘般的講話，絲毫不曾感到他已經老了。從他家裏出來，每每產生一種生命就應當像魏老師一樣精彩，像魏老師一樣永遠朝氣蓬勃，奮發向上的感覺，學習魏老師成為我一種發自內心的信念……

2013 年 11 月在湖南師範大學倫理學研究所召開「《倫理學研究》創刊十週年暨全國第七屆經濟倫理學研討會」，魏老師與師母李國秀一起赴會，期間我們雖然有過交談，但因為忙於會務和其他工作，沒有更多地陪陪老師和師母，到韶山、花明樓和開慧村的遊覽全憑戴素芳、譚忠誠他們效力。自己心想下次有機會一定好好陪陪老師和師母到三湘大地多走走。

魏老師和師母回京後，特別想念 60 年代在湘潭四清時結識的一些老人，很想再到那裏去看看，順便想到曾國藩老家荷葉塘去觀光，去領略曾國藩家庭環境、鄉土風情對曾國藩成長的影響。當時我都說好，我說，我，還有戴素芳、譚忠誠可以好好陪您們走走，並說您們的健康絕對不是問題……

誰知道，這竟成了無法兌現的承諾，也是魏師一生未能了卻的遺憾。我作為魏老師關心最多、攙愛有加的學生，總以為魏老師身體好，肯定長壽，日後有機會孝敬恩師，而隨著噩耗傳來，魏師於 2014 年 11 月 17 日晚病逝於杭州，我的想要孝敬恩師的願望也就永遠無法實現了。這又是多麼令我慚愧汗顏、內疚痛苦啊！在 11 月 24 日北京大學人文學苑一號樓 108 會議室魏英敏教授追思會上，我代表魏門弟子發言。當時我一個十分清晰的感覺就是魏老師是一個最好的老師，而我卻不是一個好學生。習近平總書記在北京師範大學考察時提出一個人一生遇到好老師是最大的榮幸。判斷一個老師是不是好老師的標準就看其有沒有堅定的理想信念，高尚的道德情操，紮實的知識功底，廣泛的仁愛之心。我認為，我們的老師魏英敏教授用自己的生命和行動詮釋了好老師的豐富內涵，他的教澤和恩德將會永遠激勵我們前行。做一個無愧於魏英敏老師期望的好學生，是我要努力為之的奮鬥目標！……

2015 年 4 月 11 日
於湖南長沙嶽麓山下

魏門求學師友記

譚忠誠

　　追憶起我與魏英敏教授相識相知的整整 20 年殊勝師生情緣，實要溯源於湖南師範大學王澤應老師對我的那次薦學之恩。當時（1994 年）我剛入湖南省教育學院修讀歷史專業本科，爲了不虛度自己好不容易掙來的這段難得的大學時光，我很快就適應了當時盛行於教育學院的考研浪潮。可是，對於自己究竟該報考國內哪所高校的研究生，我一直卻是舉棋不定的。其實當時我已打定了要攻讀倫理學碩士的決心，就近湖南高校中的中南工業大學和湖南師範大學都是我的備報對象，可礙於無人引薦，自己內心深處不免會流露出某種志大才疏式的焦慮。於是，我就不時地穿梭於同鄉關係網中，總幻想著能夠奇跡性般地遇上一位可以幫助我引薦倫理學導師的貴人。一次很偶然的機會，我在湖南師範大學中文系李生龍老師家裏聊起了我欲報考倫理學研究生的想法，沒想到，李老師竟善解人意地表示：他和湖南師範大學倫理學導師王澤應教授是密友，並樂意替我引薦。我的興奮之情，頓時溢於言表。或許，在洞察到了我的心思後，李老師索性趁著我餘興未消，順路就引著我朝王澤應老師住在上游村的家裏去了。

　　幸會王老師的初衷，我本以爲自己能夠僥倖躋身於王老師門下充當一掛名弟子就足以快慰平生了。哪承望王老師與我一見如故，尤其是在對我志存倫理學學術理想的一番抱負甚爲默契之後，王老師試探性地建議我不妨直接報考北京大學魏英敏老師的倫理學碩士。其實，在我先前閱讀魏老師主編的《新倫理學教程》一書時，我已知曉了王老師乃是北大魏老師門下的高足弟子。現在，突然聽到王老師希望我直接報考中國最高學府研究生的建議，我還頗有一絲受寵若驚般的惶恐。畢竟，挑戰中國最高學府，對於我這種半路

出家的寒門學子來說，簡直無異於癡人說夢。沒想到，王老師卻鼓勵我說：「爭乎其上，得乎其中；爭乎其中，得乎其下。」並建議我給北大魏英敏老師直接通信聯繫。於是，我就懷著忐忑不安的心情給魏老師修書一封，信中大意是向魏老師咨詢報考北大倫理學碩士時需要閱讀哪些入門書籍。信件發出之後，我本以爲就此石沉大海了，自己也從未奢望過一名北京大學的倫理學泰斗級教授會給我什麼回音的。哪知道，信件發出的第二個星期，我就收到了一封印有「北京大學哲學系」字樣的信封，拆開一看，竟然是魏老師的親筆回覆！在信中，魏老師開門見山地歡迎我報考北京大學倫理學，並替我開列了一大堆有指導性的倫理學參考書目。當時，我那番激動的心情，實在並不亞於我後來領到北京大學研究生錄取通知書時那份愜意。從那以後，我就堅定了一顆自己「非北大不讀」的考研決心，並在臨近教育學院畢業的 1996 年度毫不猶豫地選擇了正式報考北京大學的研究生。然而，囿於我純粹自學式的英語教育背景，當年我並未如願以償地夢圓北大。這種結果固然合乎我的意料，畢竟，聞名中外的北京大學並非僅憑我的一腔熱情就能輕易地挑戰成功的。因此，我本人並未因此氣餒與沮喪。相反，令我欣慰的是，我第一次報考北大倫理學的專業成績分數卻大大超出了我的預想。這無疑更加堅定了我後來壯志不懈地報考北大的決心。因此，1996 年從教育學院畢業後，我毅然主動選擇了一所交通閉塞而清淨的鄉村中學任教，憧憬著以一種與世隔絕的生活方式來一如既往地堅守自己的北大夢。不可否認，在鄉下教書兼苦讀的這段蹉跎歲月裏，我不可避免地也曾經歷過某段情緒低落的沮喪時期，尤其在我 1997 年再次考研落選之後，我竟然還如獲至寶地收到了魏老師給我的一封鼓勵信。最終，皇天不負有心人，1998 年我如願以償地考取了北京大學的倫理學碩士研究生。

然而好事多磨，就在我考研分數夠得上北大錄取線時，我卻因爲專業排名靠後（我的總分排名是第二，當時北大倫理學只面向全國招收二個名額，這除掉當年度的一個保送生名額，北大倫理學實際上就僅對外公開招收一個名額了），有可能面臨著要自費承擔研究生期間的全部學費與生活費。這時，魏老師考慮到了我的寒門子弟處境，毅然替我親自出面去游說北大哲學系與研究生院的相關領導，沒想到，領導們居然被魏老師這番眞摯的愛生之心感化了，最後就設法從哲學系當年度的邏輯學專業挪用了一個空缺的公費指標給我。至今，每當憶及魏老師對我這番尚未謀面的師生情分時，我依然總是

感恩不已，潸然淚下。

　　我平生第一次與魏老師謀面乃是在我們書信交往了四年之後的 1998 年 4 月份。當時，我在魏老師的悉心爭取下，已獲得了去北京大學參加碩士研究生復試的資格。在復試前一天我就先期抵達了北京，安頓之餘，我迫不及待地給魏老師家打電話，沒想到魏老師在電話裏就爽快地邀請我徑直去他家中面敘。當晚，我循著魏老師電話中提供的地址，按下了魏老師當時住在承澤園家的門鈴。片刻過後，就傳來了我平時在電話中耳聞已久的魏老師那種洪亮而沈穩的獨特聲音。門開後，我眼前就閃爍著一位身材魁偉、頭髮斑白而精神矍鑠的魏老師形象。雖然是初次見面，令我驚訝的是，魏老師對我竟然絲毫也不覺陌生，相反，卻給了我一種如同久別重逢的親人般感覺，不斷地詢問我旅途勞頓和家裏父母的身體情況，並饒有興致地向我聊起了他和師母年輕時曾經在湖南湘潭從事「四清」工作的那段特殊的人生經歷（後來，魏老師曾經兩次來湖南講學，我和王澤應老師均安排他舊地重遊了位於湘潭縣他曾經工作過的板塘鋪。另據王澤應老師透露說，或許恰是因為這番魏老師年輕時曾在湖南基層工作過的特殊情緣，這使得魏老師後來在北大招收研究生時，尤其親睞湖南籍的學生。）。於是，我先前曾經擔憂自己一旦晤面魏老師時的那種忐忑與拘謹立馬就蕩然無存了。那一晚，我和魏老師相見如故，聊得也特別投機，不知不覺三個小時就過去了。臨近晚上十一點，魏老師竟然毫無疲倦與睡意，這令我不得不佩服他那康健的身體與過人的精力。相反，魏老師似乎倒是察覺了我第二天還有面試的顧慮，也未敢留我太晚。臨行告別時，魏老師還在樓下叮囑我說，北大哲學系的碩士招生實行等額復試，一般情況不存在淘汰一說，因此也吩咐我在明天的面試時無需緊張，一切正常發揮就是了。

　　為了不辜負魏老師對我的青睞與厚愛，北大上研的三年時光，我一直不敢懈怠自己的學業。更何況，我剛去北大念倫理學碩士的 1998 年，由魏老師所主持的北大倫理學教研室正處於全國倫理學師資隊伍最為強勢的陣容，當年萬俊人老師仍在北大任教，何懷宏老師剛調入北大，王海明老師也從北大歷史系調整到倫理學教研室。諸多名師加盟北大倫理學，這對於我——一名對倫理學有著如饑如渴的嗜欲狂來說，無疑正是天遂人願的大好良機。因此，在入學北大一年後，我幾乎就把北大圖書館和哲學系資料室收藏的中文類倫理學書籍一覽無餘了。2000 年以後，還在程煉老師的指導下，閱讀了不少西

方倫理學方面的英文原著。總之，三年碩士期間，位於北大 46 樓的宿舍只不過是我晚歸就寢的棲息地而已，大部分時間裏（包括寒暑假）我都是在北大文史樓裏占座看書（當時，陪伴我在文史樓朝夕共讀的，還有我的同班同學——現在北大外國語學院南亞語言學系留校任教的薩爾吉。）。總之，在北大倫理學碩士的三年求學期間，我之所以如此刻苦攻讀，除了我本身對於倫理學那種天性的酷愛之外，很大一部分因素還是為了酬驗魏老師對我那份難能可貴的知遇之恩。結果，功夫不負苦心人，北大碩士畢業時，我的碩士論文竟然被評為北大哲學系的優秀碩士論文。當我及時把自己的這一好消息向魏老師彙報時，電話那頭即刻傳來了魏老師開懷爽朗的笑聲。

憶及至此，尚有一事需補充，由於年齡問題，魏老師在我念碩士的第二年（即 2000 年）就已退休了。此後，我碩士學業的論文導師就是陳少峰教授。因此，從這個意義上說，我可謂是魏老師門下名副其實的一員關門弟子了。儘管這樣，我至今仍為自己因錯過了魏老師在北大開講的最後一次課程而深感愧疚！事情是這樣的：2000 年 6 月 20 日（農曆五月十九日）正是我母親 50 大壽，為了給母親祝壽，我私自回了一趟老家，沒想到，等我回來時，魏老師在北大的最後一次課程業已結束。後據上課同學劉祥和告訴我，最後的結課那天，魏老師發表了不少自己的人生感言，又在課後親自領著所有的選課同學（含訪問學者秦紅嶺、張傅二位老師）去南門外的一家東北餐館盡情地聚會了一場。劉祥和還告訴我說，他似乎已感覺魏老師對我那次缺課有點生氣了。待母親祝壽已畢，我就馬不停蹄地回京。返校後，我立即懷揣一些從老家預備的特產去看望魏老師，沒想到，當魏老師在我陳情完此番缺課的真實緣由後，他不僅欣然理解了我，還由衷地稱讚我的一片孝心可嘉。後來，隨著與魏老師交往日久，我才逐漸明白：原來魏老師年幼失怙，這樣一位從孤兒成長起來的北大教授，對於「子欲孝而親不在」的人生遺憾是感同尤切的。在晚年，魏老師曾多次回過東北老家去尋根祭祖。生前，魏老師還曾在一些親密的學生面前調侃說：將來處理自己後事最理想的方式應是海葬，並希望由秦紅嶺和張雲飛兩位攜帶他的骨灰灑入大海，讓它隨著海風與洋流慢慢地飄回自己的東北老家去。以此可知，魏老師對於東北老家那片父母的長眠之地是有著何等深深的眷顧之情。

三年碩士學業圓滿後，我即進入了中南大學哲學系任教。對於自己弟子能夠順利地謀得這份新興 985 高校的倫理學教職，魏老師也由衷地替我感到

欣慰與自豪。在我告別燕園向魏老師辭行之際，魏老師還特意叮囑我說，做一名大學老師，應該先立足於講臺，務必要把自己的授課基本功練好。

我就這樣滿載著魏老師對我的美好祝願和自己對魏老師的無限依稀之情回到了長沙。此後，在闊別北大後相當長一段時間裏，我卻依然是身在長沙，心繫燕園。不久，隨著高校博士化工程的推進，中南大學教師的職稱晉升條件也全面要求博士學歷。這樣，考博就成了我的當務之急。或許，正是沉湎於自己對北大求學生涯的無限愜意，也爲了贏取重溫魏老師垂情關愛的那份滋潤，我毅然選擇了考博以再續自己的北大情結。然而，正如我當初攻讀北大碩士入學考試那樣，我同樣因爲自己自學英語的教育背景而嘗盡了考博英語的苦頭。結果，我連續三年報考了陳少峰老師的博士，每次皆因英語的稍遜而名落孫山。當時，在我這段考博時間裏，魏老師也同樣替我既操心又擔憂的。尤其在我第二次落選後，魏老師爲了不令我氣餒，竟然還別出心裁地做起了我家人的安撫工作。記得那次是 2005 年 4 月下旬，魏老師令我不解地接受了一次來湖南常德作「八榮八恥」的宣講活動。出於北京去常德必須繞道長沙，魏老師從長沙下機後，卻並不急於去常德，而是主動提出要求到我們中南大學去住一晚。於是，王澤應老師和我也只能順承安排魏老師住進了我們中南大學的內部專家招待所——雲麓山莊。在晚餐後的休息時間裏，魏老師提出了希望面見我的夫人。在我莫名地把夫人引到賓館後，我發覺魏老師竟然旁敲側擊地做起了我夫人的工作，希望她能好好理解並支持我的考博，不要因爲我暫時的考試失利而影響夫妻間的家庭和睦。後來，在我全程陪同魏老師去常德的過程中，我方才明白，原來魏老師之所以接受了這次常德之行，其真正用意乃是想順路找個來長沙的機會以安撫我的家人。然而，儘管魏老師對我如此用心良苦，接下來那場 2006 年度的博士考試中，我照舊因爲英語而落榜了。我至今依稀記得，就在陳少峰老師爲我力爭博士破格錄取未果之後，魏老師爲了安慰我，竟然不顧自己的年邁之軀陪伴我在藍旗營後院的清華園裏漫步了好久、好遠……。

經過這次考博失利後，我似乎感覺自己有點疲憊地回到了長沙。有一天，我突然又接到了魏老師的電話，在電話那頭，魏老師問我可否考慮來年再轉換一個考博方向，他建議我改報北京大學儒藏編纂中心設立的「儒家思想與經典收藏」方向的博士生。魏老師還在電話中分析我的優勢說，我有中國倫理學史的紮實基礎，又愛好儒家倫理，不如直接報考儒藏的博士，這樣

方可避免那些英語好卻無專業優勢考生的競爭。當我正為考博前景渺茫而一籌莫展的時候，魏老師的提議無異一語驚破夢中人。在徵得我同意後，魏老師就建議我在來年改報李中華老師的博士生，還說他已經和李中華老師交流過我的情況了。

事情果然正如魏老師所料，我很順利地考上了 2007 年度北京大學儒藏方向的博士生。由於當年李中華老師的考生上線多，開學後，儒藏中心在分配博士生導師時又把我調劑給了享譽學界的當代大儒——龐樸先生。毋庸置疑，我重回北大的諸多幸運皆承蒙於魏老師給我的福祉。因此，在辦理完博士入學手續之後，我就迫不及待地奔到魏老師在鑲黃旗的家裏致謝與感恩去了，魏老師和師母自然也非常盛情地接待了我，這再一次喚醒了我重回家園的溫馨。攻讀博士的四年，我除了潛心讀書外，每逢天氣晴好，我就給魏老師打電話，希望能陪他多去北京周邊的好地方縱情一番。譬如，爬百望山、到京郊畫家村劉光彩師姐家裏聚會等等。這樣，通過與魏老師深入四年的耳濡目染之後，我逐漸覺得自己的好多個性也越來越受到魏老師的潛移默化了，以至於魏師母也直言，我與魏老師的舉止投足也越來越酷似了。其實，我自己倒越發覺得：憑著自己與魏老師四年來老小無猜式的交往，我已感覺魏老師不僅是我人生中尊貴的良師，還更是我無話不談的益友。

當然，人生無不散的筵席。博士四年畢業以後，我依然再次回到了中南大學任教。再次闊別燕園之時，或許是我自己業已茁壯成長的緣故，我發覺自己竟然沒有了像當年碩士畢業離開北大時對魏老師的那份依戀了，然而，卻又莫名地滋生了一種對魏老師身體的擔憂。這可能是考慮到魏老師年事已高的緣故吧。其實，在我讀博士期間，我曾顧慮過魏老師的身體。為了防止魏老師因身體小恙而無端遭受庸醫的折磨，我還特地從博士班同學裏物色了一位懂中醫的同學——張雲飛介紹給魏老師相識了。沒想到的是，在我離開北京後，張雲飛竟然和魏老師成了莫逆之交。魏老師晚年許多出席北京的活動都是由張雲飛陪同照顧的、甚至連他自己的回憶錄《未名湖畔的往事》，亦全是由張雲飛整理並打印出來的。

可是，儘管榮獲了北大的博士學歷，我在中南大學的職稱問題卻仍然遙遙無期。按我校新增的職稱評審條例，凡需晉升副高者，必須要獲得國家社科基金課題的資格才行。這時，為了防止我挫敗感的萌生，魏老師經常在電話中鼓勵我要好好做學問，不要在乎所謂的職稱條例了，更不能被這些職稱

條例束縛自己。於是，直到 2014 年，我的博士論文終於獲得了國家社科基金的立項，當我向魏老師報告這一喜訊時，從電話那頭我再次聆聽到了魏老師開懷爽朗的笑聲。

不幸的是，正在我的學術事業蒸蒸日上時，2014 年 11 月 18 日晚上 11 點整，我的手機意外收到了來自王澤應老師的一則短信：「沉痛告知：剛得到消息，我們敬愛的魏老師已於昨晚永遠地離開我們了。」看完這則消息，我頓如五雷轟頂，簡直不敢相信似的。我趕緊撥通王老師電話，方知魏老師原來是陪著剛從美國歸來的女兒與外孫到杭州旅遊時，突然心臟病發作而駕鶴西去了。遙想自己與魏老師相知整整 20 年的師恩友情，我禁不住淚眼盈眶，徹夜未眠。

謹以此文紀念慈父般的恩師魏英敏教授永遠長生在他摯愛的學生們心中永垂不朽！

恩師七日祭

蔣和葆

公元 2014 年 11 月 18 日 19 點 37 分，我將終生銘記這一痛苦時刻。

這一天，我正和家人給我夫人慶生，忽然接到陳勇同學的電話「恩師魏英敏先生駕鶴西去！」

消息頓時如五雷轟頂，讓我暈眩，我忍不住「啊」的一聲尖叫，家人驚愕不已。

我無法接受這一消息，因為兩個月前我還去拜望過先生，而那時先生看上去還很健朗，思維敏捷，中氣十足，侃侃而談，用慈祥的目光看著我，我則依然如學生時代一樣靜靜地坐在先生面前，聆聽先生的教誨。

我希望這是謠傳，於是給先生家裏打電話，電話無人接聽；我又給先生的兒子魏鈞電話，魏鈞說他在浙江，可是他告訴我，老人家真的在杭州仙逝了，時間是一天前的 11 月 17 日晚上。

我的眼淚頓時奪眶而出，一瞬間大腦一片空白，緊接著，無數往事，猶如夜空中的禮花一樣引爆。

我與先生之間不是一般的師生感情，先生於我可謂恩重如山甚至可以說恩同再造。想當年我為了某種信念和理想，像林覺民一樣給父母寫絕命書，成了「殉道者」被打入另冊。在江南那所高校，我被剝奪了教學資格，只能老老實實的做一個圖書管理員，連報考研究生的機會都差點沒有（許多高校不敢收我），是與我素不相識的先生說孺子可教，沒有品質問題，並引用列寧的名言「上帝也允許年輕人犯錯誤」，應該用發展的眼光看問題，同意我報考，並在錄取調檔時與校研究生院和哲學系有關領導據理力爭，我才得以進入北大讀研，從此改寫了我的人生命運。

在北大讀研期間，先生一直希望我好好讀書，坐得住冷板凳，在學術上能有所成就。怎奈我考研的目的只是想改變處境，而且我早就看出這不是一個做學問的時代，知識分子的待遇和學術環境並不如意，特別是我的家庭狀況不允許我奢侈的埋首書山靜心向學，我必須一邊念書一邊打工掙錢，以補貼我七旬老母的藥費和生活費。

我課餘兼了兩份職，所以真正看書查閱資料的時間並不多，自然我上課和做論文的狀態逃不過先生的法眼，這讓他有些失望，不過慢慢的他從側面瞭解了我的一些情況，對於我也就沒有什麼微詞，並想法給我提供一些創收機會。

我的文章第一次見報是在《工人日報》理論版。大約是入學半年後的一天，先生找到我，說《工人日報》國內部編輯找他約稿，談談職業道德問題，他沒有時間，希望我接這個活兒，一方面讓我鍛鍊鍛鍊小試牛刀，另方面讓我多接觸報刊雜誌，以增強理論嗅覺，同時訓練文筆，還可以掙些稿費。我很快就完成了稿件，但是先生覺得文章太粗糙，在他的書房裏帶著老花鏡幫我改了一個多小時，並告訴我為什麼要這樣改？然後讓我回去重新謄寫一遍，第二天帶著他的親筆信和稿件騎車前往《工人日報》。

幾天後的周末，我在去往北京圖書館的路上，聽到中央人民廣播電臺在早間新聞聯播節目中播報了我在《工人日報》發表的這篇稿件，非常激動。我當時騎著哐當哐當響的破自行車，竟有一種春風得意馬蹄疾，一日看盡長安花的感覺。

我把這一消息告訴我的家人，家人也非常興奮。過了不久，先生交給我一張 120 元的匯款單，說是稿費來了。這對於我簡直是一筆鉅款，要知道，那時我們的研究生津貼一個月也沒有這麼多錢，先生作為北大教授一個月的薪水也才五六百元！這筆稿費完全是先生讓渡給我的。

先生還讓我們參與一些課題的研究，包括書稿的編著，變著法兒給我們發課題費，比如《孝與家庭倫理》一書，先生就讓我和幾位在學術界已經初露頭角的師兄姐一道，學習探討，數易其稿。

由於身兼中國倫理學會常務副會長，先生還帶我們參加一些全國性學術研討會。1994 年冬，中國倫理學年會在山東曲阜召開，那時我正讀研二，先生把我們教研室四位同學召集過來，說你們平時只能在學術期刊上讀到學界專家的文章，這次年會精英雲集，你們去看看，用心聽，用心思考，

多多向專家先賢們請教，當然，如果覺得自己有不同觀點，也可以發言，真理越爭越明嘛。結果，這次學術年會我們幾位倒成了一道亮麗的風景，除了東道主山東大學臧樂源教授幫著張羅會議的兩位研究生，我們四個是僅有的幾個學生。許多與會專家學者興奮的說「後生可畏，老魏就是會教書育人」。

先生不只是在學業上關心我們，在生活和作風上也處處關心我們，並為我們樹立良好的風氣與榜樣。比之於現在很多高校，逢年過節學生們往往要給老師請客送禮不同，我們那時恰恰相反，逢年過節往往是先生和其他授課老師輪番請我們吃飯，要麼設家宴，要麼下餐館，一邊吃美食喝茶，一邊探討學術問題，吃完還要打包一大堆水果瓜子零食。如果我們有同學想給老師表達點心意，往往得到的是婉拒「你們還是學生，是靠父母和獎學金過日子的，沒有必要這樣。」每每我向朋友同事說起這些，他們不禁羨慕的感歎「北大就是北大！」

那些美好的時光至今想起來真讓人心醉。在六院，在未名湖畔，在先生的家裏，在各種研討會上，我們師生相聚，坐而論道；有時候有很多同學，有時候只有我們兩個。先生告訴我們什麼叫善與惡、榮與恥、正義與不義，先生給我們分析人生的追求與煩惱、生命的價值和意義，應該樹立怎樣的人生觀、價值觀和生死觀。

聽先生論道是一種享受，先生說話聲如洪鐘，聲音如播音員般富有磁性，對事物的理解總是那樣透徹和富有前瞻性，對問題的剖析往往是入木三分；先生告訴我們無論做學問還是做人都要反對教條主義、絕對主義和獨斷主義，要與時俱進、革故鼎新。

我喜歡在先生說話時看著先生的眼睛，那是一種看透世事的澄澈，在這種澄澈面前，再躁動的靈魂也會立馬安靜下來，所以每次敘談我總會忘記時間。

先生要求我們說話做事一定要腳踏實地，講究原則，不清不白的事情絕對不做。用先生的話說「君子言行一致，如果我們從事倫理學的人不能所行即所言，說一套做一套，臺面上滿口仁義道德，背後男盜女娼，作奸犯科踐踏法律道德，這就是偽君子！我們的價值觀又如何為人民所接受？」先生非常注意道德踐履和德性的修養。所以我們看到，逢年過節先生不光常常自費請學生吃飯，還給小區不能回家與親人團聚的物業工人送紅包，路過學生宿

舍發現水龍頭沒人關也要管管，甚至給領導人寫信或者致電要求關注食品安全、提高底層勞動者的福利待遇。比如有一年我就親眼看到先生給北京市委書記劉琪寫信並致電北京市政府要求降低出租車的份子錢，一方面可以降價讓利消費者，另一方面可以減輕出租車司機的勞動負擔。

先生就是這樣一個人，細心周到，所言所行總是爲別人著想，愛幫助人卻不事張揚，即使熟悉的人當面讚揚，先生也會感到不好意思。先生總是稱讚別人的優點，而對別人的缺點從不在意，哪怕是曾經讓先生失望過的人，重新回來尋求幫助，先生也是全力相助，用先生的話說：只念前之好，不念今之惡，何況人家還是有很多優點的。先生爲人謙和，與學界人士打交道從不計較言詞方面的輸贏，也絕不說出難聽的話語，即使如 90 年代初北大的倫理學博士點因種種原因長期未能批下來也如此。

對眞善美先生從不吝嗇他的褒獎和讚美，而對假惡醜先生也毫不掩飾他的厭惡並予以鞭笞，所以先生的剛正不阿和直言不諱在首都高校和學術界贏得了魏大炮的雅號。在北大老教授中曾經流傳這麼一個故事：清華大學佔了北大一塊地，侵犯了一些老教師的權益，北大找教育部告狀，教育部說這年頭誰敢碰清華？北大無奈，先生聞訊說有理的事爲什麼要怕？你們不敢碰我來碰！準備帶領老教授團隊維權，並準備了相關策略和程序，嚇得有關領導帶著秘書和水果登門拜訪，做先生的工作說「中國穩定看北京，北京穩定看北大，北大穩定看先生。」先生對此不以爲然，認爲原則問題不值得商量，最終順利解決了相關問題。先生就是這樣一個人，人格獨立，浩然正氣。

我畢業的時候，先生曾希望送我去韓國精神文化研究院留學攻讀博士學位，或者去對外經濟貿易大學任教，我遺憾地回覆說我內心裏想去的是美國，但是高堂在不遠遊，再說老母身體不好，我必須國內盡孝，眼下我最需要的是解決我和我妻子的兩地分居以及改善經濟狀況，所以我只能選擇經濟效益較好又有一定文化氣息的新聞媒體。先生說這樣也好，時下假冒僞劣橫行，人們一切向錢看，把良心和職業道德都喂狗了，你去中國消費者報剛好發揮你的所長，維護消費者權益也是正義的體現。

這期間又發生了一個插曲。在去這家報社之前，我本來在國務院某部門實習，並有望留下來在綜合司從事秘書工作，可是由於我擔心檔案裏有六四的記錄，所以爲穩妥起見我又給有關媒體投遞了求職簡歷，很快我現在供職

的這家報社如獲至寶，派人事處長專門找到北大宿舍，說要以人才引進方式予以相關待遇，比如享受副處級待遇，解決夫妻分居，安排房子等等。當然，我也順利通過了相關新聞資質考試和公務員考試。可是，在報社用奧迪車接我去上班並調檔時，人事處長發現我的檔案裏的有關記錄，卻有些犯難了，他馬上給報社領導彙報請示，先生聞訊馬上趕到系裏，對人事處長曉之以理動之以情，從組織和政策角度進行剖析，終於讓人事處長愉快的把我接到報社。

當然，在新的工作崗位，我沒有辱沒師門。我很快進入了角色，暗訪，調查，與黑惡勢力面對面，為弱者吶喊，不懼威權的干擾恐嚇和金錢的誘惑，寫出了大量的獨家報導，甚至推翻國內最權威的《焦點訪談》和《南方周末》等兩百餘家媒體的報導結論，給最高領導層寫內參揭露某高官的無恥勾當，不到兩年我拿到了報社創刊十餘年來首次頒發的最高新聞獎。

先生為我的成績感到欣慰，勉勵我堅守「鐵肩擔道義」的職業理想。每次我去拜訪先生他總要與我探討社會治理與道德建設問題，對市場經濟下誠信缺失、道德滑坡嚴重痛心疾首，所以對國民道德的構建進行了深入的思考，於上世紀 90 年代中期即在學界振聲發聵的提出立黨為公執政為民觀點，主張老百姓有民德，官員有官德，共產黨有黨德，整個社會建立人人為我我為人人的全民道德。

與先生二十二年的交往，就是對「恩師」一詞的品味和體會，先生將這個簡單的詞彙演繹出一個個活生生的事實。先生用智慧和人格的魅力，讓我們感受到做學生的樂趣，以及什麼叫道德文章和為人師表。

有一年秋天，我老家一位農業產業化龍頭企業家因為我幫助過他們，送給我一隻野生團魚，說讓我滋補滋補。我見先生身體狀況日漸衰老，決定送給先生，並告訴他怎麼個吃法，可是沒想到老人家卻把團魚放進了未名湖。後來我經打聽，原來是先生在晚上睡覺時聽到一種奇怪的呼吸聲，循聲發現是團魚的聲音，先生覺得這東西有靈氣，不忍食之，尋思良久，覺得未名湖最安全，於是把團魚放進了未名湖。

我發現先生走路的步伐越來越龍鍾，但是我沒有意識到先生會這麼快離開我們。實際上，先生心裏卻明鏡似的。他變得愛跟我們打電話，常常一打就是半個小時以上，哪怕是他在國外。以往，都是我們主動給他電話，或者向他彙報工作，或者向他和師母請安。記得去年春天，很晚很晚的一個晚上，

我忽然接到先生的電話，我心裏有些埋怨先生這麼晚來電，爲什麼不可以明天呢？可是，我很快就自責起來，先生說他差點兒再也見不到我們了，因爲剛剛大病一場，去 309 醫院做了心臟搭橋，才死裏逃生。所以，出來以後首先想到的是給我們每個人打個電話報平安，先生說他想念我們！我責怪先生爲什麼住院期間不通知我們？好讓我們床前盡孝，或者至少可以探望他陪他聊聊天。先生說我知道你們是各自單位的頂梁柱，工作繁忙，不忍影響大家的工作。

我眞的爲自己的無知感到羞愧！因爲稍有常識的人都知道，心臟搭橋手術即使再成功也可能有意外，何況是一個快 80 歲的老人！我應該意識到先生來日無多，應該常常去看望老人家。可是，我就是慵懶，常常陷於一些不必要的瑣事並以此爲藉口。總覺得應該逢年過節才合適去看先生，並想當然的認爲先生還健康，以後會有大把的時間和機會。

然而，人生就是這樣無常，總是在不經意間讓你失去最寶貴的東西，而當你意識到時卻只能追悔莫及。

先生，您的恩德我還未來得及報答啊！

我再也見不到我的恩師了！再也看不到那澄澈的眼神了！再也聽不到那娓娓道來的哲人睿語了！我只能在記憶之中、在先生的恢宏著述之中、在記錄我們的影集照片之中，尋找先生的身影。

先生是在杭州離開我們的，杭州有著人間天堂的美譽，常言道，惡人下地獄好人上天堂，上蒼讓先生離開霧霾之都而在人間天堂實現生命的完滿。

也許是日有所思夜有所夢，也許先生也很想念我們，這天晚上，先生來到了我的夢中，鶴髮童顏，目光澄澈，說出了含有告別之意的話語。我猛然驚醒，原來是南柯一夢。悵惘中我恍惚的頓悟，先生並沒有離開我們，只是變更了交往的方式。我們之間有一個以後繼續相見的密碼，這個密碼就是先生在前往天國之前，留給我們的道德文章和人格魅力。

我忽然想起了一首詩：

> 曾經的景　是沉醉的記憶
> 如今的您　墜落在夢裏
> 別離無聲無息
> 切膚痛在心悸
> 憂傷的堅硬　是西風漸緊

美的瞬間　是一聲歎息
如何感動天地　讓落葉的情愫消弭
落葉是疲倦的蝴蝶
讓我在七日中奠祭
我的恩師

在北京大學哲學系
魏英敏教授追思會上的發言

許玉傑

尊敬的哲學系的老師們：

尊敬的李國秀師母：

同學們：

我們北大七四級在北京的同學，今天返回母校，代表我們年級 100 多位同學和原年級黨支部書記王桂英老師，來送別我們尊敬的馬克思主義哲學家和馬克思主義倫理學家魏英敏老師。

就在一個月前，我們在蘇州舉行同學聚會，本想邀請魏老師一同前往，但考慮到魏老師年事已高，行動不便，就沒有請他去。誰知這竟成了我們今天無法彌補的遺憾。

魏老師走了，他永遠地走了。我們再也見不到那個才高八斗、學富五車、思維敏捷、聲音洪亮、意氣風發、朝氣蓬勃的魏老師了！

驚悉魏老師病逝的噩耗，我們全年級的同學，都非常悲痛，大家從國內外四面八方以各種不同的方式回憶魏老師，追思魏老師，送別魏老師。

魏老師的去世，使我們失去了一位尊敬的師長和真摯的朋友。我們沒有忘記，在 1974 年的九月，作為我們班主任的魏老師，把我們 105 位來自全國各地的工農兵學員，一個一個接到了哲學系的 38 樓。在七四級這個大家庭中，魏老師既是我們的老師，也是我們的家長。他對於我們這些來自四面八方、年齡大小不一、文化程度參差不齊、手上有老繭、腳上有牛屎、身上有油污的工農兵，沒有絲毫的歧視和嫌棄，把我們當作親人和孩子。循循善誘

的教，苦口婆心的講，使我們很快適應了學習生活。在魏老師和其他老師誨人不倦的教導和體貼入微的關心下，我們學到了知識，懂得了馬列主義和毛澤東思想。從一個涉世未深的社會青年，成爲了一個馬克思主義哲學的堅定信仰者和勇敢實踐者。

我們記得，38 樓七四級同學住的宿舍，魏老師無數次地走遍了每一個房間。我們會經常看到魏老師的身影和聽到他那聲似洪鐘的聲音。他經常坐在床頭，爲我們解疑釋惑，向我們問寒問暖。

我們記得，在天堂河的農場裏，在唐山地震後的救災中，魏老師和我們一起耕地插秧，一起挖土拉車，一起抵足而眠，睡在防震棚裏。和我們一起喝涼水，一起吃冷飯。在我們之間，沒有師道尊嚴，有的只是濃濃的師生情誼。每每回憶這些往事，總會讓我們熱淚盈眶，激動不已。

魏老師的去世，使我國教育戰線失去了一個馬克思主義主義哲學和馬克思主義倫理學的泰斗。魏老師作爲一個高級知識分子，一生忠誠於黨，忠誠於人民，一生堅信馬克思列寧主義、毛澤東思想，堅信共產主義的理想，一生學習和研究馬克思主義的哲學和倫理學，一生理論聯繫實際，一生傳播眞善美，一生批判假醜惡。早在上個世紀的八十年代，黨內腐敗開始泛濫時，魏老師在一篇雜誌的文章中，響亮地提出了「立黨爲公，執政爲民」的口號，這個口號後來成爲我們黨的領導人向全黨發出的偉大號召。這裡我們不是要爲魏老師爭什麼首提這一口號的「專利權」，而是從這裡我們可以看出，一個眞正的共產黨員愛黨護黨的赤膽忠心，看出了一個馬克思主義哲學家、倫理學家對我們黨的建設和黨的事業的深刻思考和歷史責任感。

在 1993 年，當我們的社會沉淪於拜金主義的濁浪中，理想泯滅，道德淪喪，思想頹廢的時刻，已近耳順之年的魏老師，高舉馬克思主義的旗幟，主編出版了《新倫理學教程》和《毛澤東倫理學思想新論》等著作，旗幟鮮明地提出了「爲人民服務是一切道德之根、之母」的馬克思主義理論觀點。這無疑是馬克思主義理論家對於社會意識形態的混亂狀況以及社會醜惡現象的無情鞭撻和有力的反擊。

這些著作的出版，也奠定了魏老師作爲當代馬克思主義倫理學奠基人無可爭辯的大師地位。

魏老師退休以後，仍然參加了北京市的講師團和其他許多社會工作，他經常深入工廠、學校，爲宣傳馬列主義、毛澤東思想，爲捍衛社會主義制度，

為維護黨和人民的利益，不停地奔走呼喚，發出了一個馬克思主義理論家的聲音，發出了真理的聲音，發揮著他最後的光和熱。

魏老師一生愛黨愛國，護黨護國，堅決同反黨賣國的言行作鬥爭，他赤膽忠心的家國情懷和身體力行、始終如一的高貴品質，定會讓那些吃共產黨飯，砸共產黨鍋和受共和國養育罵共和國娘的無恥文人們愧汗作人，無地自容！

魏老師不僅是我們的師長朋友，也是我們做人永遠學習的楷模。他不僅是一名德高望重的學者，更是一位捍衛真理的勇士。他胸懷坦蕩，光明磊落，無私無畏，一身正氣。他對黨內和社會上的醜惡現象嫉惡如仇，敢講真話，敢批歪風。從不吹吹拍拍，拉拉扯扯。他不會為「為五斗米折腰」，更不會「摧眉折腰事權貴」。這是一個真正共產黨人的高貴品質，也是一個中國優秀知識分子的高尚節操。

可能會有人不同意魏老師的學術觀點，但絕對沒有人會質疑魏老師崇高的人品和人格！「高風亮節」這個詞，放在有的人身上，是言過其實，阿諛奉承。用在魏老師身上是實至名歸，名副其實！

在如今這個物欲橫流、意識形態領域混亂不堪的社會裏，魏老師這種大無畏的反潮流精神和旗幟鮮明的政治立場，更顯得彌足珍貴，難能可貴！

最近幾年，我們幾位同學多次向魏老師請教問題，有幸再一次聆聽魏老師的教誨，深深為魏老師既關心黨和國家的前途、憂國憂民，又對未來充滿革命樂觀主義精神所感動。他激勵著我們，在以習近平為首的黨中央領導下，為實現中華民族的偉大振興而繼續奮鬥的信心和決心。

我們在這裡也可以自豪地向魏老師彙報，我們沒有辜負魏老師的教導和期望，幾十年來，我們在各條戰線上，兢兢業業，努力工作，成為這一個時期共和國的脊梁。我們沒有與社會上的污泥濁水同流合污，我們沒有一個人為謀取個人的私利而倒下去！我們會像魏老師一樣，終生追隨共產主義的偉大理想，決不半途而廢。

當年毛澤東主席在《紀念白求恩》中提倡的「五種人」，決不是不可高攀的標準，用在魏老師身上，我們不認為有什麼不合適。魏老師無愧是一個高尚的人，一個純粹的人，一個有倫理道德的人，一個脫離了低級趣味的人，一個有益於人民的人。我們為有魏老師這樣的老師感到無比的驕傲和自豪。在我們的心中，魏老師永遠是我們的恩師，我們會永遠永遠懷念他！

恩師英敏，英名長存！

魏老師，您一路走好！

在此一併送上我們的親切慰問，請我們的師母、也是我們的恩師李國秀老師及家人節哀、珍重！

北京大學哲學系七四級全體同學

2014 年 11 月 24 日